传媒！传媒！
在中国传媒大学听讲座
MEDIA! MEDIA!

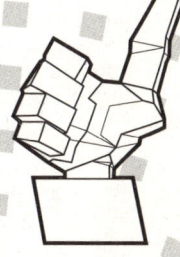

主编 ◉ 孙 靖　　副主编 ◉ 王 静　李 伟　张 芊

中国传媒大学出版社

目 录

⊙ 心平常，自非凡

杨澜：用幸福力追寻幸福生活 ··· 3

白岩松：做中国正方向的推动者 ··· 11

赵忠祥：心怀好奇，一路前行 ··· 15

周润发：心平常，自非凡 ··· 24

八月长安：生命中不重要的人 ··· 35

周星驰对话马云：梦想的天马行空 ··· 42

⊙ 新闻梦

孙礼：全媒体时代新闻人的选择 ··· 71

凯雷：时政大事件中的小细节 ··· 79

李智勇：新闻枕头 ··· 87

五岳散人：散谈时评 ··· 96

杨禹：新闻评论的力量与节制 ··· 104

⊙ 传媒的革命

申音：社会化传播和媒体革命 ··· 115

章文：传媒人的国际观 ··· 123

石述思：给你一个影响中国的理由 ··· 130

邹友开：春晚相伴三十载 …………………………………… 140

⊙ 电视！电视！

阿丘：电视从业的危机 …………………………………… 153
董路：电你个视 …………………………………………… 161
韩乔生：体育的回归是本质 ……………………………… 170
尤小刚：君子怀才，用之有道 …………………………… 178

⊙ 打不死的媒体人

邓飞：从调查记者到公益人 ……………………………… 189
刘同：打不死的媒体人 …………………………………… 199
曹保印：《新京报》的品牌与情怀 ……………………… 212
大山：一个加拿大籍的"中国人" ……………………… 222
黄西：美国相声界的中国人 ……………………………… 229
李咏、哈文：台前幕后那些年 …………………………… 237

心平常，自非凡

- 杨　澜
  → 用幸福力追寻幸福生活

- 白岩松
  → 做中国正方向的推动者

- 赵忠祥
  → 心怀好奇，一路前行

- 周润发
  → 心平常，自非凡

- 八月长安
  → 生命中不重要的人

- 周星驰对话马云
  → 梦想的天马行空

杨澜：用幸福力追寻幸福生活

【嘉宾简介】

杨澜，1968年生于北京，毕业于北京外国语大学。她是"金话筒"，是人们心中"知性美"的最佳代言人，是阳光卫视的掌门人，是丈夫口中的模范妻子，是用内心感知幸福和快乐的普通人。她用《杨澜访谈录》记录历史呼啸而去的动人瞬间，用《天下女人》倾听女性的心灵世界。不做中国的奥普拉，坚持自我，忠实内心，她就是荧幕上独一无二的杨澜。

【微语录】

如果你能找到自己、成为自己、过你想要过的生活，我觉得那就是成功。成长比成功更为重要，因为成功的定义往往在于别人，而成长的定义是可以自己来掌控的。

有两类人特别容易得到幸福，第一类就是特别有创造力的人，因为你一直在做创造性的工作，而有创造性快乐的人，他的快乐其实是比较持久的；第二类就是有亲密的家人、伙伴、社交圈子的人，一般这类人比较能够解脱自己内心的苦恼，善于和别人分享，快乐分享之后会成为两倍，痛苦分担以后则会成为二分之一。

你不需要用对高端人士的咄咄逼人来表现你的平等，也不必对一个所谓的平常人或者是小人物展示居高临下的关心和怜悯，因为在你心中他们就是平等的。

⊙ 成长比成功更重要

主持人：各位同学大家晚上好！欢迎来到中国传媒大学学生会学习实践部主办的第十四届"读书节"。"读书节"请来的嘉宾一般都是重量级的，今天这位更是如此。下面有请杨澜女士。您好像是第一次到大学里来参加读书节吧？

杨澜：嗯，的确是这样。

主持人：一般都是杨澜老师访谈别人，今天换下角色，由我来访问您。先问您个问题，转眼间《杨澜访谈录》已经陪伴我们走过十年的历程了。回顾这十年，您有没有统计过自己到底采访过多少位嘉宾呢？

杨澜：我的主要工作就是会人头，其实是这样的：《杨澜访谈录》的前身是《杨澜工作室》，那是我1998年1月份在凤凰卫视开办的，算是中国内地和香港的第一个高端访问节目，所以没有间断地播出近十三年了。你刚才说的"十年"是从2001年开始，当时《杨澜工作室》刚刚更名为《杨澜访谈录》。如果从1998年算起，那么这近十三年以来，我应该采访了超过600位来自社会各界的嘉宾。

主持人：从第一期节目到现在，您和600多位嘉宾打过交道，相信对您来说这是一笔很大的精神财富。很多人看过整理出版的《杨澜访谈录》这本书后，都会提到两个关键词：一个是成功，一个是幸福，您是怎样诠释这两个词语的？

杨澜：其实我在这本书里写了，我最初做访谈录是受当时香港电视台做的《杰出华人》系列纪录片的影响，最初就是想去寻找世界上最成功最杰出的人，分享他们的人生经历和思想。所以我常问的问题都是关于成功的。

对于成功的理解，我在思想上有一个转换的过程，最重要的原因可能是因为1999年我在普林斯顿大学采访当年获得诺贝尔物理学奖的崔琦教授。崔教授出生在一个很淳朴的河南农民家庭，他是从农村走出来的，他的父母都在五十年代末的大饥荒中失去了生命，这个故事很长。做节目的时候我问崔教授，如果当年你那个不识字的母亲不坚持让你出来读书的话，今天的崔琦将会怎样？我当时以为他会说类似于"知识改变命运""读书很重要"之类的话，但是他没有。他说："你知道吗？如果我今天还是一个不识字的农民，我还在我们村，还在河南，也许我的父母就不会饿死了，我觉得对我来说这比获得诺贝尔奖更为重要。"我听到这话后非常震撼，觉得自己有一种渺小感，因为我还在想用知识给我们带来点好处。我们整个群体追求的成功都是想通过某种途径给自己带来一些好处。就像很多家长在孩子的求学道路上会这样说：你要好好学习，这样才能考上一个好中学，才能上一个好大学，才能找一份好工作，才能够出人头地。却从没有人来给大家传递学习过程中的乐趣，我们人生中一些更重要的情感关系，似乎都被放在次一等的地方，所以那一刻，我真的觉得自己太过狭隘。

如果你能找到自己、成为自己、过你想要过的生活，我觉得那就是成功。成长比成功更为重要，因为成功的定义往往在于别人，而成长的定义是可以自己来掌控的。这也是我从很多采访当中慢慢积累而来的。张海迪在八十年代已经是中国无数青年的偶像了，但是在采访她的过程当中，给我感触最深的是她在那个年代留着披肩卷长发，这种发型是不太符合当时对于模范人物的界定的。所以有一位有相当级别的干部送给她一个发卡，说你把头发别上，要梳一个刘胡兰似的发型。这种压力很大的，你可以想象一个年轻的女孩子，突然就成为了全国青年学习的偶像，你们家的命运从此都改变了，你难道不能改变一下发型吗？在这个采访中，有个瞬间特别感动我，她说她的确把头发夹起来了，有人推着她的轮椅上了人民大会堂的台阶，推开了一重一重的大门，当最后一重大门马上就要打开、光线要漏出来的时候，她下意识地把这个发卡给拿掉了。她说我干吗要去做别人，我就要做我自己，我喜欢这样，我喜欢有美丽的披肩发，烫着大大的波浪。我觉得那一刻是她最了不起的时刻。

我们整个时代对于成功的这种执著、痴迷和近乎着魔的状态，是不是能够在一个更广阔的人生舞台上重新定义一下？那就是获得心灵的成长、过你想要的生活、按你想要的人生的样子去做真正的自己。

主持人：谈到成功，都要讨论付出，您觉得成功和付出之间有什么样的关系？

杨澜：也有很多人经常问我，出差、做栏目、管理公司事务，还有很多社会事务和慈善公益事务需要做，不累吗？我觉得这要看自己如何理解。如果你真的因为成功跟上帝做了一个交易，这个交易是说我愿意付出，也许有一天你会得到所谓的成功。但是回头想想，自己是不是真的享受了这个过程呢？对于我来说，有这份精力，有这个体力、热情和兴趣去做，是因为我在做我喜欢的事情，做这件事本身已经给了我很大的回报。我去采访的时候，并不觉得这是付出，只是觉得这是一个很好的机会，我能从采访对象身上吸收正能量，所以我要去。比如前两天刚刚做了严歌苓的采访，我觉得非常棒，然后就赶快把她的小说看了一遍，真的从中得到很多的乐趣。工作不仅仅是一种付出，我把它看做是吸收的过程，所以就没有那么累。

⊙ 幸福是一种能力

主持人：谈完了"成功"，我们再谈谈第二个关键词：幸福。杨澜老师最近的一条微博在秀幸福哦！您这条微博是这样写的：哎，吴征先生减掉了44斤，可是我那儿贴膘贴了4斤。

杨澜：啊，原来我是在秀幸福呀！

主持人：因为您平时在微博中总是跟大家交流一些您参加的重要活动或者采访，难得见您提到家庭和自己先生。

杨澜：是的，我深深为他骄傲，我觉得一年减44斤这事儿是一般人都做不到的，所以我很佩服他。

主持人：我还看到跟帖的人向吴先生请教减肥的秘方。

杨澜：是的，他不吃主食，经常走路，少喝酒，还偷偷贴什么油膏。总之我觉得减肥需要一定的毅力。不过要是提到幸福这事儿，我觉得这是没有可比性。就像你爱吃油条我爱喝豆浆，这没法交换，所以我们也不可能去模仿或者复制别人的生活。我提出了一个"幸福力"的概念，我认为获得幸福是一种能力。举个简单的例子，在《红楼梦》中，我觉得史湘云是比较有幸福力的，她不住在大观园里，但是来大观园时她并不把自己当外人，看到花儿开了就高兴，喝醉了就在里边睡着了，多有幸福感！相比来说，林妹妹的幸福力就差一点，她就住在大观园里，还老觉得寄人篱下，看到花开了她还没高兴就哭了，为什么呢？花还得落呀！所以我觉得幸福是一个你看待世界和看待自己的心态的问题。幸福是一种能力，是要一直寻找的。

主持人：我觉得幸福有大幸福和小幸福，微博上很多人喜欢晒恩恩爱爱的那种幸福，那是小幸福；还有一种幸福是获得很多社会认同。您是怎么看的呢？

杨澜：我觉得幸福没有大小之分，其实幸福就是一种内心的满足和喜乐。

有一位心理学家跟我说，我们不幸福通常有三个原因：第一是后悔过去；第二是焦虑未来；第三是比较现在。你为过去做过的事儿后悔，为没有发生的事儿不安，现在还老和别人比，这通常就是不幸福的来源。而当你想做的事儿，你能做的事儿，和你现在正在做的事儿是同一件事儿时，你就会感到幸福了。我觉得他说得很有道理，幸福是没有可比性的。

主持人：这个我深有体会，因为今天要主持这个活动，昨天我就有点焦虑，我就跟我同学打电话说，我说明天采访杨澜，我压力很大，你说我问点什么问题好呢。然后我同学说，这要看杨澜关心什么问题啊，比如幸福，咱们学校女生多，你就让她谈谈对女生幸福的指向和指导。

杨澜：我觉得你这个前提有点可怕，这个可怕就在于男人不需要幸福吗？可是如果你去问男人，幸福和成功哪个重要，会有很多人说成功重要，点头的男士都这样认为是吧？为什么说女人觉得幸福重要，因为我们最先想到的是人的本性，人的本性就是要幸福的，可能我们女性与这种天然的属性更接近。还有一个问题，我以前提过，我几乎每次接受采访的时候都会被问你是如何平衡事业和家庭的。这个问题很公平，但它的前提很不公平。因为人们从来不问男人这个问题，你们应该问马云、问潘石屹、问任志强，问这些你们认为成功的男人是怎么平衡事业和家庭的，问他们是如何做丈夫和父亲的，我觉得这种问题特别好。

主持人：我觉得还有一种幸福就是帮助别人，比如说慈善事业。

杨澜：我觉得那是分享幸福。有两类人特别容易得到幸福，可以和大家分享一下。第一类是特别有创造力的人，所以我觉得做传媒是一个非常幸福的职业，因为你一直在做创造性的工作，而有创造性快乐的人，他的快乐是比较持久的；还有一类人，就是有亲密的家人、伙伴、社交圈子的人，这类人比较能够解脱自己内心的苦恼，善于和别人分享，快乐分享之后会成为两倍，痛苦分担以后就会成为二分之一。所以这两类人都比较容易得到快乐和幸福。

主持人：既然说到成功和幸福，就不能绕开"人生"这个大命题。有一种说法：一天有24个小时，8个小时工作，8个小时睡觉，成功人士和普通人士的差别就在于剩下8个小时怎么利用。您总是以沉稳、休闲、轻松的面貌示人，对于您每天的时间安排，我其实特别好奇。

杨澜：我比较同意这一点，人和人之间没有想象的差别那么大，但是我认为这并不是在8小时之外。我觉得原因有二：第一，你真的充满热情地去做8

小时之内的事情，把它当做创造性的工作，你的效率就会很高，这是很重要的。我讲一个故事，大家可能也听说过。说三个人在砌墙，有人过来问你在干吗呀？第一个人说："累死我了，砌这个墙一小时十美元，要不是家长和孩子在家等着吃饭，我就不干这活！"第二个人说："嘿，你看我砌的这墙怎么样啊？我爸爸就是泥瓦匠，我也是，看我这墙砌得挺好的吧？"第三个人说："你难道不知道我在干什么吗？我在修方圆五英里之内最雄伟的教堂啊！"这三个人都在做同样的事，他们都在挣每小时十美元的这份工资，但是他们对自己工作的认知程度是完全不同的。第一个人是把工作当成手段，第二个人是享受这份工作，但是他并没有远大的眼界，而第三个人他知道自己的工作是一个更伟大的事业的一部分。虽然他们都在做同样的工作，但是5年以后、10年以后，他们会看到人生不同的风景。所以我觉得你怎么看待自己、看待自己所做的事情比你在做什么更重要。

⊙ "当你不能说真话时，最起码别说假话"

主持人：刚才在观众入场的时候，我们的工作人员收集了一些小纸条，这上面写的都是大家想问杨澜老师的问题。我从中挑出几个问题和杨澜老师交流。比如这位同学想问您，当您面对采访对象时，如何能够做到平等交流，既避免对高端人物的仰视，也避免对小人物的俯视？

杨澜：在面对一个小人物和面对一个高端人物时，我怎么能做到一视同仁？问这个问题说明你还是觉得他们是有尊卑之分的，只要你没有这种尊卑之分就好了。面对一个人，这个人也许权力大点，也许创造了一段历史，但是他也是一个人，所以我觉得前提恰恰应该是你心中完全没有这种尊卑之分，你也就不用故作姿态。你不需要用对高端人士的咄咄逼人来表现你的平等，也不必对一个所谓的平常人或者是小人物展示居高临下的关心和怜悯，因为在你心中他们就是平等的。

主持人：下面这个问题：在现代社会，作为一个传媒人，最需要坚守的是什么？

杨澜：我觉得最需要坚守的就是当你不能说真话的时候，起码你别说假话；当你已经不得不说假话的时候，别说得那么理直气壮。首先我们得承认我们都生活在局限当中，将来大家都要进入各种传媒机构，有些机构可能要服从广告商的各种需求，有些机构可能要服从更高级领导的各种需求。也许在你刚刚进入工作单位的时候你还没有权利拒绝什么，不一定能完成你想做的所有报道，但是我觉得你应该心中有数——知道你不能说你真正想说的话。记得12年前，我在美国采访CBS的老主播沃尔特·克朗凯特先生，大家都知道他的一些经典的报道，比如越战、阿波罗登月、肯尼迪遇刺等等。当时我问，您在一个还没有网络，通讯也还没有那么发达的时候，可以预见到这个信息爆炸的时代已经来临，一个记者的价值究竟在什么地方吗？他说，当所有信息都把你淹没的时候，你就像置身在一个黑暗当中，这时候只有隧道内那一方射过来的光亮才会引导你继续往前，这个光亮就是追求真理和追求真相。我觉得他说的这些很对。

主持人：下面这个问题来自《杨澜访谈录》的忠实观众：节目走过了11年，如果10年后还在做一对一访谈，是非常了不起的，是什么支撑您坚守这种高端人物访谈的？

杨澜：我觉得这个问题应该问电视台：是什么让你们还能允许杨澜继续做下去呢？对于我来说，根本就没有什么坚守，没有显得这么艰苦卓绝、这么悲壮，因为我的确是在享受每一次的制作过程。当然也有痛苦，但是更大的是一种享受。做这种相对有深度的访谈节目，你会发现每一点积累，都会是你的一笔财富，而且是很难被剥夺的。这并不需要某种特别强的毅力，而是你真的喜欢。在被各种各样的指令和各种各样的数据左右的今天，中国电视行业内能够允许这一类节目继续生存下去，我已经非常感谢电视台和观众了。

主持人：下面这个问题很有意思：您曾说过，不做中国的奥普拉，而是做中国的杨澜，那么再接下来的10年，您打算在实践中怎么做到"中国的杨澜"？因为在很多文章中，都会把您和奥普拉比较。

杨澜：关键是我没想成为她呀！我就一直想做我自己，所以没有那种宏大的计划。其实我觉得我怎么做我自己，这是一个很自然的事情。比如说我刚开始做高端访谈节目的时候，是政治、经济、文化、体育、艺术不分类地放在一起做。后来，类似的访谈节目越来越多，大家有了更专业的细分，有做情感类的，有做经济类的，有做政治类的，有做娱乐圈的……我们曾经探讨过很多次，《杨澜访谈录》现在要做什么，要不要做其中一种？经过了很多周折，后来发现我们的特长是做各种人的内在价值，而这种价值观的探讨不局限于这个人表面的职业。我们在一个人和他的精神价值、他与这个时代的呼应上找到了一种跨越了表面行业分割的一种精神内涵，这也成为了我们节目进行下去的一个动力。

精彩答问

观众：老师我是新闻系的，我看过您的书，您的每一张照片都特别精神，我知道您说要享受工作这个事情，但是问题是再怎么享受也会累的，您怎样看待这个问题？

杨澜：其实这是一个创造性的习惯，好多人在刚刚做记者的时候，遇见导演、演员，都会问"你的灵感从哪来啊"，这肯定不会是上帝给你你就会有的。我认为人是有习惯的，当你每次去重复一个习惯的时候，就会让自己的头脑和身体进入某种准备中。比如梅兰芳唱戏，他早晨起来练声，中午就吃一顿很清淡的饭菜，然后坐在那默戏，在脑子里边过戏的戏词、唱腔。他在默戏，他仅仅穿上服装，仅仅把这茶壶递过来喝上一口，这已经变成了一种程序，这些程序保证他那天晚上能够光彩夺目地出现在舞台上。并不是说因为那一天他精神最好，所以他表现得很好，而是他经过了这一套程序，他就一定带着某种特定的状态出现在特定的地方。很多人都觉得从事艺术工作或者创意工作的人是靠灵感，不对！是你在铸造灵感，是你在通过自己的这些工作，或者说习惯，不断地在培养灵感汇集的时间。你不能保证每次都是最好的状态，也并不能保证每天都有灵感，但是这个工作的流程能把你带上自己的特定状态，能够保持时刻都在工作状态。

讲座时间：2011年12月28日
编辑：黄蓉
校对：王瑛楠

白岩松：做中国正方向的推动者

【嘉宾简介】

　　白岩松，1968年生人。这位蒙古族汉子，戏称自己毕业于中国传媒大学新闻系"足球专业"。他的《东方时空》《新闻1+1》等节目，是中国社会的听诊器；他富有社会责任感以及严谨敏锐的职业素养，为传媒学子树立标杆。作为1989年毕业的大师哥，白岩松在二十四年后重回母校，鼓励即将毕业的晚辈们，"做中国正方向的推动者"。

【微语录】

　　不要用畏惧去看待未来，要用好奇去看待未来。
　　现实非常平淡，务实了，才可能慢慢地靠近梦想。
　　敢于去赢，但是也敢于去有尊严和体面地输。
　　趁年轻赶紧去试着输，岁数大了，机会就不多了。
　　不要去看别人，让你成为车厢后面推动中国向正前方向好的未来去前进的那股力量。

传媒！传媒！——在中国传媒大学听讲座

我从来没有参加过母校的毕业典礼，当然也从来没有机会穿过各位穿的如此漂亮的服装。我今天早早就来了，一路上看到的都是最美丽的景致——留影的、大家相拥相伴的……可是换一个角度突然感觉很奇怪。来的路上，我在听一首老歌，这首老歌有一句歌词："泪落在胸口像一场雨。"我记得有一个诗人曾经说过这样一句话："每一次告别，都是一次微型的死亡。"我想是的。人生中具有如此仪式感的事不多。而这一次告别，将来会让你如此难忘。也许你们还意识不到，结束的这四年大学生涯是什么。我已经离开这所学校整整二十四年了，是我大学时光的六倍。走得越远越清晰，原来我以为这四年不过是我的大学生涯，到现在我才清楚，这分明是我的另一个故乡啊！故乡就是你年少的时候天天想离开，而年岁大了之后天天想回去的地方。不管你曾经在故乡有怎样的抱怨，有怎样的不顺畅，或者怎样难忘的记忆，一切都会被时间慢慢地冲刷掉，剩下的都是最美好的回忆。所以，你们真心地应该在接下来要离开校园的这不多的时间里头，去触摸将来注定会在你们记忆当中永远无法忘记的故乡的每一寸肌肤。

接下来，作为一个师哥，应该给大家说几句临别的赠言了。其实我想说的不是临别的赠言，而是欢迎的话语。也许离开校园二十四年后，我可以代表这纷繁复杂的社会。今天……恕我还是用"广院"吧，今天广院交给社会一群你们，未来社会将还给广院怎样的一群人呢？该对你们说怎样的欢迎语呢？我觉得第一个要说的是，"永远对未来抱有好奇，而不是畏惧"，希望这能成为你们一生的箴言。人都希望有一种安全感，在每一次变动的时候总会有一些忐忑，觉得前途未卜。但是，永远要用好奇之心去看待未来。我今天依然如此。不管经历怎样的波折，我依然好奇：五年后、十年后的中国会怎样，我们会怎样，身边的朋友会怎样？我的很多梦想会实现吗？不要用畏惧去看待未来，要用好奇去看待未来。

第二点，有梦，但是绝不梦游，务实地去圆梦。有梦当然很好，必须要有梦。但是，不要被梦冲昏了头脑，最后去梦游，那么好多事情就难以做到。现实比我们想象的要更残酷，有更多的波折挑战。另外，现实还有一个特别的地方——绝不像大家想象的，充满着玫瑰色的梦，或者理想，或者都是浪漫的东西。我不得不坦诚地告诉各位，现实非常平淡。你做好了离开校园，去面对平淡的准备了吗？生活中，百分之九十，甚至更多的时光全是平淡的。即便恋人间也不会是天天送玫瑰花的,因为当他/她是你的老公或者妻子之后,你会说:"不用天天送了,太浪费钱。"即便是工作或者说事业,每天绝大多数的时间应对的也都是平淡的琐碎的事情。一个能接受平淡,并且把平淡变得不平淡的人,才可能让自己的人生不太平淡。但是你首先要去接受生活中大部分时间是平淡的事实。务实了,才可能慢慢地靠近梦想。

第三句话,我要把我去年在奥运会上的一个感受,跟小弟弟小妹妹们——因为二十四年了,可以说"小弟弟小妹妹们"——来分享。什么呢?敢于去赢,但是也敢于去有尊严和体面地输。这个社会上有一个非常糟糕的现实——一切都要成功,一切都要赢。不对啊,还有一种赢,叫有体面和尊严地输,尤其在年轻的时候。去年奥运会,伦敦奥运会的主旨是"激励一代人"。当奥运会即将结束的时候,有记者问伦敦奥组委的人,体育是如何激励一代人的,我们要从中学到什么?伦敦奥组委的人回答是:体育会教会每一个孩子,如何去赢,同时,如何有尊严并体面地输。所以最近我一直想传递一种观点,在当下的中国,有一种成功,叫体面和有尊严地输。大家不知道,在我的广院毕业留言册上,清晰地记录下了好几页我的同学给我的留言,指的是我在广院几次漂亮的输。我是一个跑百米和跳远的,当时我是广院最快的一两个人之一。但是有一次,班级人手不够,要参加学校的4×400米接力,结果我们系——我是新闻系的——第一棒,就被人家落到了最后一名。400米是最难跑的,我是一个从来没有跑过400米的人,我是第二棒。接到第二棒之后,我以百米的速度跑完了这400米,由最后一名跑到了正数第三,但是最后还是没有得冠军。也许很多人认为,哦,你们没赢,但是我的同学给我的留言是:"那瞬间,扶住快要吐血的你,我的心中感受,你是我们班的英雄。"我永远忘不了,因为这次没有赢的经历,却被别人当成英雄。人生中有很多的输,会让你特别体面和有尊严。我希望从这一代人开始,中国越来越接受,成功还有另外的概念,那就是,体面和有尊严地输。趁年轻赶紧去试着输,岁数大了,机会就不多了。

第四句话,接刚才袁军副校长的话,这是冯友兰先生总结的,说:人生所能有的成就有三:学问、事功、道德,即古人所谓立言、立功、立德。但是我必须告诉各位,成功不一定,它需要很多外在的环境。比如说,立言,就需要天赋;而立功,也就是我们今天指的事业有成,需要机缘巧合。我就是运气地赶上了九三年的《东方时空》,其实跟我一样的人有很多很多,但是我要承认这种运气。只有一种成功,被中国人认为是巨大的,而且没有门槛,那就是立德。但是最简单的立德却又最难，因为它需要你每天简简单单地坚持。它太难了，但却是中国最高的成功境界，那就是成为一个大写的"人"。不管社会如何现代化，请注意，你只要做一个大写的"人"，你得到的会非常多。就如《道德经》上的那五个字——"无私为大私"，当你真正无私之后，你得到的是最多的。

  最后一句话，我希望各位激活生命，让自己的人生漂亮，成为中国正方向的最大的推动者。不要总是去谈成功，去谈事业等等。我希望我的弟弟妹妹们，在未来的生涯当中，做有用的事情的同时，也多做一点无用的事——看看太阳是怎么落山的，看看春天的花是怎么悄悄绽放的，去听听莫扎特、巴赫的音乐是怎样美的……我很高兴毕业了二十四年，今天下午依然要去踢我每周两场的高强度的对抗性足球比赛。我越来越爱喝茶，依然狂热地喜欢着音乐。读到好的小说的时候，这个世界上很多的不如意就会慢慢地消失。如果没有这些仿佛无用的事情，怎么可能让我们的生命变得更加精彩？所以，一生，总有一些事情是不会改变的，那就是做人和让生命变得更漂亮。

  最后，当然要说一句话啦，要让你自己成为中国正方向的推动者。中国这趟列车，有的人从后向前推，我希望是我们；有的人从前面拦着，不让它走；还有人从侧面推；最可气的是，居然还有很多人，不管你从哪面推，他都坐在车顶上去享受。不要去看别人，让你成为车厢后面推动中国向正前方向好的未来去前进的那股力量。

  最后，拿什么做结尾呢？珍惜眼前的这一切吧！现在大家可能还意识不到，终究，在大家拼搏，然后成立家庭，然后事业有成的过程中，有一天你静下来了，然后突然发现，好多年前听过的歌，模糊了又重新清晰起来。从来不会有哪首歌，像很多年之后你再听起来那样，让你浑身起鸡皮疙瘩，然后热泪盈眶，那可能就是，"校园里大路两旁，有一排年轻的白杨……"你们会怎么唱呢？一，二，三！（全场齐唱："校园里大路两旁，有一排年轻的白杨。早晨你披着彩霞，傍晚你吻着夕阳……"）这是我们的"国歌"，我们懂的。很多年后，你会在歌声里，记住这一个上午。

  谢谢各位！

讲座时间：2013 年 6 月 26 日
编辑：刘亦凡
校对：刘亦凡

赵忠祥：心怀好奇，一路前行

【嘉宾简介】

赵忠祥，1942年出生于河北省邢台市。他在中央电视台工作四十余年，所主持的《动物世界》和《人与自然》，成为一代人的集体记忆。退休之后的他，在惊讶和质疑中，选择加盟娱乐节目，以全新的主持风格面对观众。"我只是仍然怀着童心，一种人类普遍的好奇之心，这样一步步地走下去。"

【微 语 录】

现在娱乐节目比比皆是的现象，并不是最主要的问题，最主要的问题是我们娱乐的内容是否文明，是否具有人文关怀和社会责任感。

你一定要知道世界上最有魅力的东西就是未知的最新的信息，而这种信息只能来自于新闻，因此新闻永远是我们最最应该关注的一个东西。

苏洵讲过"为将之道当先治心，泰山崩于前而色不变，麋鹿兴于左而目不瞬"。作为新闻工作者，你要修炼到这样的程度。

我能力有限，应该说有的时候是"非不为也，乃不能也"，这个时候就不要自怨自艾，而是应该想怎么能够"活到老学到老"，怎么做好自己的工作。

⊙ 从《动物世界》到《舞林大会》

主持人：大家晚上好，欢迎大家来到本次《引领者》的节目现场！今天我们请来了赵忠祥老师和大家交流，欢迎赵老师！

赵忠祥：各位同学，晚上好！看到这么多人济济一堂想听我说几句话，我受到很大的鼓舞，同时也有很大的压力。面对你们，我怀着一种敬畏之心，因为再过若干年，你们就是广播电视行业的引领者、中坚力量，而且你们这一代，一定会创造出非常辉煌的业绩，因此我对你们将来的成绩给予很大的期盼，同时，我也向你们的未来致敬。

主持人：赵老师，我们这一代都是听您的声音长大的，尤其是《动物世界》，那是我们非常非常珍贵的回忆。请问您当时是怎样与这个栏目结缘的？

赵忠祥：1980年12月31号，中央电视台引进了一档节目叫《珍妮和黑猩猩》，那时候还不叫《动物世界》。我当时是中央电视台的一个播音员，领导就发给我一个稿子叫我去念解说词。他们为什么找我？我没有给领导送礼，也没打电话套磁，是因为那个时候谁也不愿意念那么厚的稿子，并且那稿子还是手写体，歪歪扭扭，字体不一，正草篆隶都有，如果要念一上午，还真挺受罪的。但是我不挑剔，因此他们就愿意找我，并且我念得快，我能在一上午把这一集都弄完了。这样我就跟这档节目结缘了，但我必须要说人的力量、运气和智慧三者之间，运气永远是第一位的。同学们你们就等运气吧，力量也要去找到，智慧也要去磨炼，但是没有运气是不行的。《动物世界》开播的时候，我30多岁，正好是壮年时期，并且当时恰逢改革开放我国开始引进国外的片子，趁着我有为时期，让我有为的时代来临了，所以我碰上这么一个节目，这就叫运气。我碰上它了，我就一直念着它，时间长了就对它也有感情了，我逐渐看到这档节目的美，看到它的魅力，看到它的迷人之处，这是"先结婚后恋爱"。我对《动物世界》朝思暮想，所以现在节目组的人说这周有一集节目想请您配音，我都不敢说二话。我统计了一下，到现在为止，我大概配过2500集，解说词应该在1500万字左右。

主持人：其中有没有印象很深的故事可以跟大家分享一下？

赵忠祥：印象深的故事有两个。第一个，在为《动物世界》配音大概两年以后，我收到了一封信，是个农民写的，他很直率地说："赵忠祥，保护野生动物是国外的皇家有钱人公子哥他们的玩意,咱们现在还是一个相对比较落后的一个国家,您能不能今后多给我们讲一些关于养猪养鸭的事儿?这《动物世界》当然可以有,但是以后量少一点。"这话让我感到很无奈,但并没有动摇我的决心,我当时就想我是一个电视人,分配给我的工作我必须好好地把它完成,这是第一个故事。我相信这个哥们儿现在可能不这么想了,估计也没有这个要求了,因为以后我们也没有接到这样的要求。

第二个故事让我很感动,也发生在农民身上。1995年,我们刚开始做《人与自然》的时候,通县的一个中学老师在夜里打电话给我,他很激动地说:"我有一个学生,他捡了一只秃鹫,现在在家里养着,伤也养好了,他现在不知道怎么办了。您不是一直播《动物世界》么,您应该知道怎么办,他们就委托我来找您来了。"但我当时也不知道怎么办,我就是个播音员而已,并且我很怀疑一个农村的孩子怎么知道他捡的鸟是秃鹫呢?于是我说这事我先答应下来,替你想想办法。当时正好有个林业局的摄影队在我们组学习,我找到其中一个女孩,给她地址,让她带着机器去拍素材。等她把素材拍好拿回来后,我们发现,那还真是一只秃鹫,于是我们就把这事儿告诉了北京林业局的局长,他也很感动。我们节目组就去采访了那个农村教师,到他家的时候,我们发现,他用铁丝把秃鹫拴在院子里。当时很多人劝他把秃鹫宰了或者卖了,他都没理睬。他说,我从《动物世界》里看到秃鹫是国家二级保护动物,我们应该保护。为了喂秃鹫,他就去抓新鲜的耗子,逮不着耗子的时候就去杀家里的鸡,其实当时对他们家讲,买一次肉也不是件很容易的事。后来我们找国家林业局把秃鹫放生了,放生那天我没去,去的记者回来跟我描述,那位农民老兄两口子哭得跟泪人似的,而那秃鹫坐在吉普车后面,斜着眼看村里人,也有点依依惜别的意思。

所以说,做了那么多年《动物世界》,我对节目是有感情的,同时这么多热爱动物的人们的感人事迹也时时刻刻温暖着我,这都让我觉得这一生遇到一个这样的节目是我的荣幸。

主持人:《动物世界》代表了赵老师的主持风格。您后来选择去主持《舞林大会》,让大家非常吃惊。从《动物世界》和《人与自然》转到《舞林大会》,跨度很大,基本是两个完全不同的节目形式,您当时是怎么权衡的?

赵忠祥:我理解你这个问题的意思。当我在《舞林大会》上出现的时候,也料到会有这种意见。其实,在此之前我基本不看娱乐节目,也确实不知道娱乐节目为何物，因为央视基本没有。在这样一个情况下，我收到上海文广集团田明的邀请，他亲自飞到北京5次，请我吃饭，邀请我去主持《舞林大会》。我不知道他们为什么认为我主持这个节目比较合适，不过我是电视艺术家协会主持人专业委员会的主任，我们每次在上海搞国际论坛，都是文广集团解囊，这次人家来求我，我要是再不去，于情于理都说不过去。所以我在"千呼万唤始出来"的过程中，扭扭捏捏地走到了台上。

我这个人就是这样，不管处于什么年龄阶段，既然接了这件事就要好好做。但一开始我确实很难适应娱乐节目。央视是正规军团，是国家队，我们有严格的训练和严格的台本。在主持央视节目的过程中，我说完了倪萍说，倪萍说完了杨澜说，最后我再说，谁都不能"洒水"，也不能"漏汤"，我们就是这么训练出来的。而吴宗宪的训练方式是在台上随心所欲，想怎么说就怎么说。娱乐节目没台本，所以我做得很吃力。我一共做了26场，一般下了飞机就直奔演出场所，化好妆了以后就提着话筒上台了，也没给我词，我也不知道台上会怎么样。但作为一个主持人，不管外界怎么想，既然人家召唤我了，我就不能掉链子，我还得去。所以今后我还会做什么节目现在还不可知，我只是仍然怀着一种童心，仍然怀着一种探究、一种好奇，人类普遍的一种好奇之心，这样一步步地走下去。

⊙ 娱乐节目：最重要的是人文关怀

主持人：老师您刚才也和我们分享了自己主持娱乐节目的经历，那您看现今各大电视台泛滥的娱乐节目，会如何评价？

赵忠祥：这个问题很尖锐，我对广电总局的文件不太了解，只谈点个人的想法，仅供你们参考。

第一，我十分赞赏"限娱令"这样的举措，就是不能够使我们所有的电视节目都变成一种很嘻哈、很娱乐、很搞笑甚至很搞怪的形态，这是我所持有的一个基本态度。第二，我个人认为娱乐节目的引进，娱乐元素的添加，是一个未来的趋势。在一个和平年代，在一个大家相对衣食无忧的时代，我们也面临着种种压力，我们希望能够有点赏心悦目的美好事物来愉悦自己。我们需要乐观，我们需要快乐，而乐观和快乐往往能够在娱乐节目中找到。现在娱乐节目泛滥，比比皆是，但这不是最主要的问题，最主要的问题是我们娱乐的内容是否文明，是否具有人文关怀和社会责任感，如果现在还没有做到这一点，我们最重要的不是限制，而是应该让我们所有的创造团队和参与节目的人能够很自觉地从低级走向高级，从稚嫩走向成熟，从低俗走向高雅。

主持人：赵老师，谈到国内省台的娱乐节目、综艺节目存在大篇幅擅自越行的现象，很多称之为借鉴，观众却有种抄袭的感觉，那么我们对"借鉴"这个词的尺度该如何把握？是不是说我们就真的太缺乏创意了呢？

赵忠祥：创意永远是新鲜的元素。我们国家现在在制造领域绝对是一个大国，是世界的一个大型加工基地，因为很多人利用了我们的廉价劳动力和就地取材的原料，但我们缺乏原创。在这样一个情况下我们大家都应该有一种自信，不要自嘲或者自卑。我完全同意你刚才所说的，我们有一些娱乐节目实际上是在"克隆"。但是我觉得我们可以把同样的一个节目形式引进来以后，根据我们的国情、社情民意，根据我们的能力和技术条件，通过团队的合作和讨论，对它做一些修改。别抄得那么明显，抄得那么明显就不好了，就会弄得大家都很不好意思。

主持人：的确，近年来中国电视颠覆得如火如荼，但同样暴露了一些问题，比如很多观众都选择收看娱乐节目而忽略了我们播报类、调查类的社会节目。对此您认为中国电视是不是应该从这种沸腾的氛围中冷静下来，重新审视自身？

赵忠祥：这是一个现象，这是这个时期的社会存在，你必须要承认这个存在，达尔文告诉我们"适者生存"，我们作为电视工作者就必须适应这样一个形势，如果我们某个主持人想振臂一呼来改造这个世界，来让世界都服从我们，那就非常可乐了。我们有些节目是在帮闲，大家是闲着没事了，总得消磨点时间。现在什么事也没有，风平浪静，闲着也没事，然后这些节目就应运而生，只要你爱看我觉得它无伤大雅，我们应该向这些节目致敬。但是你一定要知道，一旦发生了一些事情，我们这个地球上不管国内还是国外，注意力一定都集中在新闻栏目上。世界上最有魅力的东西就是未知的最新的信息，而这种信息只能来自于新闻，因此新闻永远是我们最最应该关注的东西。

主持人：其实还有一个非常现实的问题，在近几年，"打狗血"成为中国新闻播报的一种主流。比如在进行灾难报道的时候，中国的媒体倾向于用一种非常感人的方式来向我们传达信息。但是日本与此不同，他们好像更侧重历史性和专业性，您认为他们的这种方式值不值得我们借鉴？

赵忠祥：我从来不在历史形态上欣赏日本，真的，这是一种民族感情。我诞生于1942年，抗日战争的烽火当中我呱呱坠地，我是在苦战当中成长起来的。但是在你说的这个问题上，两个国家确实有可以互相切磋的地方，我们不妨拿汶川地震来说。刚才有一个同学说我们报道灾难是以领导人为中心，其实我们不是因为他是温家宝我们去拍他，而是温总理在第一时间赶到了发生险情的最严重的一个地点，由他去部署抗震救灾的这样一种工作，那我们不从这拍，我们从哪儿拍呢？我不认为这有什么不对的，这是理所当然的，是我们的骄傲，我们的领导人在第一时间到了事发最严重的现场，而且当时温总理声泪俱下。如果你经历过中国近代历史上的很多灾难，你一定会在这样一种灾难面前产生非常大的悲哀感，不是一种悲情，而是一种悲悯，悲天悯人。我们作为新闻工作者不从这样一个主要的线索去展开，是失职的。我们和日本去对比，好像这是我们的缺点，不，我认为这是优点。当然我们的新闻工作者有时候过于感情化，可能在情感上过分渲染。但是，在那样的过程当中，他们能在那里坚守，坚守那么多天，我们应该向他们致敬。

历史上的中国人是一盘散沙，而现在我们有一种凝聚力，一种组织性、纪律性，我们国家真的在大灾大难面前彰显了人性的光辉。我看到了我们民族的一种精神，同时也看到了抗震救灾当中非常感人的故事。因此我觉得在这样一个大灾难当中，我们确实应该要求我们的新闻报道既要照顾方方面面、非常准确，又要做到有条不紊，但要使人们感同身受，能够得到一些教育，得到一些启迪，我觉得这才是最重要的。当我们的新闻工作者在第一线用自己的语言向我们的受众来传达信息的时候，我非常希望他们是坚强的，有着钢铁般的意志，但是人心是肉长的，有的时候难免会产生一些个人的悲伤。于是乎，我想到了一点，苏洵讲过"为将之道当先治心，泰山崩于前而色不变，麋鹿兴于左而目不瞬"。作为新闻工作者，你要修炼到这样的程度。但是我们很难要求年轻一代的主持人和播音员现在做到这一点，如果他们没有经过大风大浪的洗礼，没有经历过生死存亡的冲击，你很难让他们成熟起来。他们现在已经很棒了，但是我期待他们会更棒。美国"二战"期间，所有没有到过前线的记者都觉得好像无地自容。美国有海外战争的时候，很多新闻记者都要求到前线去，去弥补他们曾经缺失的那一课。我们的记者也是这样，以吃苦受累为自己的一个宗旨，用苦、用累、用灾难、用他们内心的这样一种磨炼来打造自己更坚强的、钢铁一样的灵魂。

⊙ 君子和而不同

主持人：现在有很多人都把进电视台工作当成一种理想，作为一位资深的电视人，您能不能简要跟我们谈谈电视栏目的未来发展以及对相关人员才能的具体要求？

赵忠祥：说实话，我真的不知道电视栏目未来会如何发展。我们有的媒体人会对未来有很多的思考，有他们的一种蓝图，但是他们谈的未必是未来，只不过是他们想象当中的未来。未来到底是怎么样的，我确实没有一种非常明晰的看法。比如说电视作为千家万户知晓信息的重要渠道，我觉得它现在应该说发展得已经不错了，这个不错绝对不是说我们非常满足于现状，不是说观众都很满意。观众不满意永远是对的，观众永远没有满意的时候，你们做观众时，对我们这一代不是很满意，将来你们做到极致的时候，你们的后代对你们也会不满意的，这就是世界发展的规律——我们再如何努力都不可能满足我们的消费者、我们的受众的需求。如果能够满足他们，我们也就不必要前进了。世界就是在大家的期待、不满、希望它更美好的过程当中才有动力，才能够发现问题、解决问题，我们才能够有一种不竭前进的意志和进一步成功的可能性。

主持人：谢谢赵老师！老师刚才提到了未来的不确定性给予我们的跨越和幸福，其实我觉得一个人只要在才能上足够优秀，他一定能在未来找到合适的位置。比如赵老师，其实我们知道像老师一样拥有多重身份并且经验很丰富的主持人并不是很多，所以想请教老师，主持人如何能够做到全面发展？

赵忠祥：这个问题不是我所能回答的，因为如果我现在侃侃而谈那就说明我是一个已经做到的榜样，我教你们怎么做。但是现在这也是我们追求的一个目标，因为在这样一个信息大量涌现的时代，你怎么学习、怎么充实、怎么提高，而且你达到什么程度算满意，这对我们每个人来讲其实都是一个大大的问号。

对我来讲，我可能比你们多吃了几碗饭，可能比你们多知道一点知识，但未必是这样。所以我听到这个问题以后不仅不能沾沾自喜，而且还有一些惶惑，希望你们超过我。我想跟大家分享一个过来人的一些想法，希望你们具备三个要素：

第一，学而时习之。老师在课堂上讲的，你们在课外感知的一些知识，希望你们能够都把它记忆起来,可能短时期内对你们没有用,但是日积月累,到一定程度的时候,每一件事都弥足珍贵。

第二,我希望你们走上了工作岗位以后,无论是在学习阶段,还是在实践阶段,哪怕是在你们已经很成功的阶段里,一定要具备职业的素质。什么是职业的素质?就是你的工作永远不会像最简单劳动或是体力劳动那样,比如我今天的工作做完了,就可以洗一洗,吃顿好的,第二天我再干。一个真正的职业主持人是不可以这样的,他在台上的那一瞬间只不过是他的一种释放,一种流露,而主持完毕之后,应该是他思索的开始。因此我希望你们像一个围棋棋手一样,会复盘。我希望我们做主持或者做新闻的人也有这样一种回忆的基本功,只有在这样一种情况下你才能够不断地进步,这是技术层面的问题。

第三,就是你能够经常地把职业的素养运用在自己的思维过程当中。我们知道人类的思维是用语言,几乎很少用画面,因此实际上你在想一件事情,谋篇布局的时候,你一定是用语言来思考的。因此这个语言贯穿在你的生活当中,也就是说我们这一行应该提高生活当中的一种素质、质量、形象以及专业性。把你们读的书、把你们看见的事当成一种宝贵的积累,把这种积累变成你自己的一种营养,然后把这种营养还原到你的生活当中,提高自己的素质。

主持人:其实个人的素质的确是非常重要的一个方面,并且传媒人的个人利益与新闻理想其实也是很难取得平衡的。老师您在这么多年的工作当中有没有遇到过这样的问题啊?

赵忠祥:这个问题提得很好。人生不如意十之八九,我们用最广义的一种理念来理解自己的人生或者理解人生中的职业就会知道,人是需要修炼的。从你呱呱坠地一直到你已经成熟,到达巅峰阶段,你都不可能做到理想当中的"随心所欲",因为我们进入了一个文明社会。人是最成功的灵长类种群,所以人类进入了文明社会以后就最有规矩,这个规矩就是要限制我们的行为,就是不能由着你自己,不能你想干吗就干吗。

刘少奇曾经写过一本书叫《论共产党员的修养》,其中说:"什么叫自觉?很简单,要克服自己的不愿意这叫自觉。"我读后一直想了很久很久,我觉得我每天都在克服自己很多的不愿意。因此,当你进入了职场以后,你一定要注意,最亲近的合作伙伴也未必在某一个问题上跟你持有相同的理念观点,你们一定会产生分歧,"君子和而不同",不能因为不同,我们就为敌。但是让他完全接受我的想法是不可能的,所以有时候我们只能够委屈自己,做出一些让步,但是也要争取一些权益,这个是我们和人相处的一个基本原则。我做了这么多年的工作,其实很多时候是克服自己的不愿意去做的,不见得每一件事情我都是非常想去做,有时候也会感到"审美疲劳"。但在这个时候你还是要打起精神来,把自己的这份工作做好,这其实是职场人的一个特点。也就是说我们要把自己临场的一种竞技状态充分地刺激起来,把它发挥出来,这样可以使你在职场当中做到你所能够达到的最好。

我说的可能有些抽象了,具体来讲,我也会有很多很多不如意和不满意的地方。尽管我做了这么多年的工作,其实真正回过头来看,我自己很满意、观众也很满意的节目真的少之又少。我能力有限,应该说有的时候"非不为也,乃不能也",这个时候就不要自怨自艾,而且应该想怎么能够"活到老学到老",做好自己的工作。其实一直到现在,我仍然在思考我明天怎么把今天有的毛病摒弃掉,我明天怎么能够使下一个节目做得更精彩。谢谢大家!

讲座时间:2011 年 9 月 27 日
编辑:张钰
校对:王瑛楠

周润发：心平常，自非凡

【嘉宾简介】

周润发，1955年5月18日出生于香港南丫岛。他是《上海滩》里潇洒帅气的许文强，《喋血双雄》里身手矫健的小庄，《英雄本色》里严肃冷酷的小马哥，《卧虎藏龙》里儒雅脱俗的李慕白……塑造了形形色色人物的周润发，脱下戏服后，自称还是"一个出身贫寒的农民"。

【微语录】

我演过很多不同的角色，就是过了很多不同的人生。

现在我虽然在这个行业做了大概有四十年，发现在繁华世界里头，最后真真实实喜爱的还是小时候那种生活。

年轻人，当他在年轻的时候呢，吃多一点苦头，老了以后就会轻松很多。你现在轻松很多，你老了的时候就吃苦很多。

人生不开心常八九，开心有一二，你为什么不享受一二，却常常八九呢？

编者按： 2013 年 12 月 12 日，中央电视台青年电视公开课《开讲啦》在中国传媒大学 1500 人报告厅录制周润发专场，发哥不时与同学们互动，现场气氛非常热烈。

⊙ 艰辛讨生活

撒贝宁： 今天这位嘉宾让我觉得莫名的亲切，因为在过去几十年里他所塑造的各种各样的角色，安放了我大部分的青春。接下来让我们用掌声有请今天的开讲嘉宾——周润发。在座的各位除了这部电视剧之外（现场放《上海滩》主题曲），可能在电影中看到的周润发的形象更多（现场响起了周润发饰演的小马哥的电影主题曲）。每当我听到这个音乐都能想到一个穿着黑色长风衣，戴着个大墨镜的形象（大屏幕播放《赌神2》片花）。这部电影里的形象就更清楚了，从一个加长轿车的后门钻出来一个人，头发梳得光光亮亮，这些形象给我们留下的印象太深刻了。

周润发： 不过对于我来讲这是不太真实的。说实在的，当一个演员，我演过很多不同的角色，就是过了很多不同的人生，所以每一个人生我都留不住，因为要继续创造下一个角色，创造另外一个人生。

撒贝宁： 在您的心目中，让您选择一个最经典的角色，您会选择许文强吗？

周润发： 许文强跟后期的小马哥差不多，也是披着风衣。不过他的学历挺高的，他是大学毕业然后到上海去讨饭吃，闯江湖。所以我感觉在黑社会，把有学问的人放进去，那个层次和档次是不一样的。这个戏因为有 25 集，他每一天每一天地慢慢使那个人物升华，但是小马哥只有一个半小时就完了，所以《上海滩》好看就是因为它能不断地把你带入到故事里面。

撒贝宁： 刚才发哥说的很有意思，他说许文强大学毕业在黑社会属于高学历，他一加入黑社会，立刻使这个黑社会组织变得高端、大气、上档次！

周润发： 对。我本身学历不高。因为家里条件不好，高中还没毕业就出来干事，所以我觉得现在的孩子有机会考进大学是一种幸福。

撒贝宁： 您小的时候，刚才提到家境不是很好，大概在那个时代的香港属于一个什么样的家庭环境？

周润发： 其实我出生在一个小岛，南丫岛，我可以说是个农民吧，当然不是赵本山那种。10岁以后,因为生活困难,妈妈就带我们去香港,到我的外婆家里住,她去当工人。因为我感觉妈妈的压力挺大的,后来我高中没毕业就出去干活了,我记得第一份工钱是200块钱,一个月200港币。就这样做了很多不同的小工,不同的行业。1973年看到报纸上说有一个无线电视台办训练班,刚刚好那个时候不需要高中毕业。我大概是勉强可以考到,念了一年后就跟电视台签合约,签了十多年。

撒贝宁:等于在做电视这个行业之前您做了很多不同的职业,请问都是什么样的职业?

周润发:曾在一个摄影器材店里头当小工,卖照相机;有一年夏天去工厂打工,就是做小工;也去过邮政局当助手,搬邮件。农家出身的人,就是能吃苦,小时候在农村里面每天起来就干活,那个时候没有电,还是用油灯,晚上八点钟就睡了,电视也没有,收音机也没有,生活是很平淡的。现在我虽然在这个行业做了大概有四十年,发现在繁华世界里头,最后真真实实喜爱的还是小时候那种生活。

撒贝宁:但是我觉得之前您打工的那些经历,可能为您日后当演员做了很多积累和准备。

周润发:有一份工作是在酒店当服务员,搬行李的,那个工作让我有机会接触很多人,不同的人种都有,我也习惯了这种工作。跟客人走到房间,放下行李,说"Thank you sir! Thank you! 谢谢,谢谢您!"

撒贝宁:哦,给小费是吧!

周润发:当然了,公司一个月给150块钱,所以要靠"Thank you, sir"挣钱。

撒贝宁:那有没有不给的呢?

周润发:不给的,送行李的时候就给他扔下去。(笑)

撒贝宁:所以就是很艰辛地讨生活?

周润发:讨生活,到现在为止。当时我跑进电视台里头也不是当明星,当艺人,为的也是讨工作。

撒贝宁:所以对您来讲,一直到您那天跨进TVB去参加那个表演招考之前的生活,对您来说都是一种铺垫?

周润发:对。记得有一次我在英国拍《谍海风云》,跟着巩俐。有一天晚上,我跟我太太去一个韩国餐厅吃饭,突然间有一个小房间就来了一拨小孩,他们认得我是谁,他们是从香港过去的,我问他们说你们今天有派对吗?他们说是,我们有一个同学生日。他们一拨男男女女的,跟我合影以后呢就很高兴地唱歌啊、吃吃饭。同一个环境里,一个中国去的女孩子,也是同一所学校的,她在那边做什么呢?服务员,在打工。我感觉很感动,很感动,很感动!我就说香港的同学,跟内地去的同学,两个世界。虽然是同一个世界,同一个空间,不过待遇不一样,他们的目标也不一样。

所以你不要以为你家境很富有,你应该去想想,那个富有你需要不需要。所以现在我感觉家长,特别是在中国,家里有一个小孩,特别疼他们,其实是错的。好像我香港的朋友,孩子去外面打工了,回来就说,哎呀老板对我不好,待遇也不好。他的父母跟他说,不要做了呗,我养你。这样就是在害孩子,对吧?

撒贝宁:刚才周润发先生讲到的,同一个学校的孩子们,有的在开派对,是消费者;有的呢在端盘子,是打工者。年轻是一样的,财富也是一样的,只是形态不同。他们都很富有,那些开派对的孩子,他们的富有可能是兜里爸妈给的钱,但是这个端盘子的孩子,她的富有是她的经历,是她所经历的这些事。

周润发:对对对。所以我感觉年轻人,当他在年轻的时候呢,吃多一点苦头,老了以后就会轻松很多。你现在轻松很多,你老了的时候就吃苦很多。要倒过来想想,倒过来想想,真的。

撒贝宁:其实您吃的苦不光是打工那些事儿,我还听说您去考TVB艺人培训班的时候只有一个老师觉得您是可塑之才,其他的都觉得您不行,当时差一点就落选了。

周润发:对!因为我不会跳也不会唱。

撒贝宁:当时考的是什么呀?

周润发:给你一段对白,你要讲三分钟,然后有一个默剧,你要表演,还有你要唱一首歌。我当时大概唱了两句他就"叮叮叮","算了算了,不要唱了,太难听。"

撒贝宁:一共几个评委?

周润发:一共有五个吧。

撒贝宁:我想知道后来那四个评委他们有再见过你吗?

周润发:有有有。

撒贝宁:你会不会特别骄傲地说(骄横状):"哼!看到没有,当年你们不要我，现在，我火了！"会有这种感觉吗？

周润发：你的戏太烂！（笑）我真的不会这样演。

撒贝宁：不是，我只是夸张地这样表现一下。那当时您再看到这四位时什么表现？

周润发：后来我们在电视台也共事了十几年。就是这样，因为还是一个平常心。

撒贝宁：你也不会怪他们？

周润发：没有没有没有，你要感谢老天爷给你这样一个机会。

⊙ 金像奖趣事

撒贝宁：但是后来我听说您在大红大紫之后三次穿着礼服去香港金像奖的颁奖典礼现场，因为您觉得自己能拿奖；而且您事先都放出话了，说今年的香港金像奖我一定要拿影帝。穿好礼服去了坐在下面，一念，别人的名字。第二次穿好礼服去了，坐下，一念，别人的名字。连续三次之后，第四次……（大屏幕放周润发得奖时的视频）

周润发：第一，我要讲一下这个事情。穿礼服呢，不是为了拿奖，这是对大会的礼貌。

撒贝宁：那您怎么解释您第四次去的时候没有穿礼服呢？

周润发：因为那次我在澳门拍邓光荣跟谢贤的戏《江南龙虎斗》。我说我有提名，我需要回去吧。他说我们很紧，不允许你回去。结果大会打电话来说今天晚上好像你拿奖，你得要过来。那个时候因为下班了，六点多了嘛，大会八点开始，从澳门坐船过来到香港大概十五分钟，还要从香港坐车到九龙，大概要半个小时到四十五分钟。我刚刚到的时候就颁奖了。

撒贝宁：所以您穿着便装就上去了。我个人认为周润发是故意的。如果是我，无论如何，尤其前提是组委会已经通知我今晚你很有可能得奖的情况下，从澳门到香港的路上，哪怕在车上让家里的亲朋好友或者助理在半路等着，拿上一套西服在车里换上，我也能把衣服换了。

周润发：等一下。那个时候每一个大牌都没有助理，没有经纪人公司，所有衣服什么的都是自己拿的。

撒贝宁：就是连一个可以帮你把衣服递到现场的人都没有？

周润发：没有的，茶水也没有。结婚以后有了太太她就递茶水。

⊙ 世界是你们的

撒贝宁：今天在座的各位都是传媒大学的同学，未来他们很多人都会从事电视行业，从事创作，那是一个需要创造力和想象力的行业。您对于这些年轻人有什么想说的？

周润发：这个世界特别在传媒里头或者说我们这一行的，只怕你没有想象力。你有想象力的话，什么都可以实现。但是，美国的电影，他们不是说电影工业，他们说是"动"的科学，他们的成功除了想象，还有后面的科学来提供很多技术的支撑。单是想象还不够，后面一定有很强的科技的支持才可以。我感觉是这样。现在每一年我看高考的学生有700多万，人才真的很多，不过现在好像每一个行业都有很多机会，特别在中国。

撒贝宁：但是现在很多年轻人有这样的说法，说之所以我们在社会上面临的选择，包括我们面临的处境会比较艰难是因为之前有太多像你们这样的人把位置都占了。因为你们在一个有更好机会的年代里把好位置都占满了，而且你们仍然还坚守在这些位置上，年轻人没有机会。

周润发：你可以这样说，不过倒过来，我一天天地老了，机会还是年轻人的，对吧？这个世界，这个社会还是你们的。

撒贝宁：我不这么认为。

周润发：为什么？

撒贝宁：您什么时候才会老呢？（笑）

周润发：我感觉每一个行业每一个不同的工作，得需要有经验的人在后面推年轻人，往后的路就都是他们年轻人的。整个国家、公司财富都是他们的。你死了以后你的财富是带不走的，只有你的经验可以教给他们，你的经验可以告诉他们怎么走。就是这样。

撒贝宁：听了您的话我想起前两天来上我们节目的刘德华，当时他也这么说，年轻人有很多机会的，我们总归是要老的，你们有很多机会。结果当一个年轻人站起来说，现在很多年轻人喜欢别的一些新出来的明星的时候，刘德华说：你可以喜欢别人，但你不能不爱我。那您打算到什么时候才让我们去爱别的人呢？您会在乎哪天这些年轻人说，"周润发，我不爱你了"吗？

周润发：不不，我不会这样子。我告诉你一个很实在的问题，就是说，为什么我每天都要坐地铁呢？其实周润发在香港人心目中不重要。无论你是从南到北，还是从西到东，没人管我。没时间看你，他们实在太忙，坐下来他们就是看手机，看电脑。周润发走来走去没人看。

撒贝宁：您还坐地铁呢？几号线啊？您在北京试试。

周润发：没有，在北京打的我打过，地铁没坐过。

撒贝宁：我问一下，那个出租车司机师傅后来怎么样了？

周润发：北京有一个地方，出桃的地方，就是平谷。这个司机就是平谷的，他每天交车的地方在望京那边。

撒贝宁：他从平谷到望京交车，然后碰到您了，您在路边打车是吧？

周润发：哎，对！他说我下班了，我要回朝阳区，我说我赶时间，你送我一程到朝阳区，结果他就送我过去。

撒贝宁：他一路上还特别不高兴？

周润发：哎，对。

撒贝宁：他没认出你来吗？

周润发：后来我告诉他我是周润发。他说谁是周润发？

撒贝宁：如果是我，我就在自拍后说周润发在这儿，把手机传过来。

周润发：没关系，没关系。

撒贝宁：不过说真的，发哥说的这个是真的，发哥是只要看见旁边谁手里拿着手机，他就会主动说：来，过来"咔咔咔"。是不是有的时候您越是这样，不去在意这些东西，反而周围的人就越不会把这件事情看得那么重。比如说蜂拥到你这儿来，然后对你造成一些压力。

周润发：怎么理解呢，如果我是周润发的影迷，有一天在地铁碰到他，我一定高兴死了。我哪有那个胆子去叫他合个影啊！如果他走过来跟我合影，我就晕倒了，对吧？你想象这种感觉，倒过来想想是吧？有一个朋友，他是我的影迷，一直看我的电影，如果哪一次我们碰见了，我会高兴得不得了，因为他支持了我。每一年我的戏出来，他就掏钱去买，他是我老板啊，我会说，哎，老板拍个照呗。应该的，我感觉应该的。

撒贝宁：这样吧，现场有手机吗？给我一个。（突然从观众席上扔过来一部手机）您跟所有的观众朋友合张影，自拍一个吧！

（发哥疯狂自拍……）

周润发：谢谢你们给我这个机会跟他们见面，因为实实在在的，他们的乐就是我的乐，他们高兴就是我高兴。因为很难得有机会从老远的地方——香港来跟大家在这个空间里头见面，实实在在太高兴了。

撒贝宁：我觉得距离不是问题，今天真正难得的是时间的穿越，你不再是许文强了，你也不再是赌神，你在我的心里是自拍神。

精彩答问

撒贝宁：坏，真是坏！哎呀传媒大学的同学啊，这个问题好。这个问题说，小撒我知道你们《开讲啦》有一个经典问题叫落水问题——就是我们经常会问您身边最好的朋友或者亲人，几个人同时掉到水里，你会先救谁？——今天你们打算问这样的问题吗？我告诉你，我们打算问。不光今天打算问，我们上次还问了刘德华这个问题了，还特别巧，我们问的是周润发和梁朝伟如果同时掉到水里你会救谁？刘德华的答案相当肯定，毫不犹豫，干脆利落，立刻就说："我赶快找石头把他砸死，不要让他上来。"那我现在问你：如果现在您、梁朝伟、刘德华三个人在一条船上，突然狂风暴雨，船很快就会沉没，必须要扔一个人到水里，你会怎么办？

周润发：我自己跳下去。

撒贝宁：但是你要知道你下去后梁朝伟就更危险了（笑），刘德华还是要把梁朝伟扔到水里。

周润发：为什么我先下去呢？因为我游泳的技术非常好，梁朝伟被扔下来我救得了他。

撒贝宁：让刘德华跟着船一块沉下去了是吧？（笑）

周润发：对！

（新的问题递上来）

撒贝宁：这个问题太淘气了，也是那天问过刘德华的，是考国语的这个。接口令。不是绕口令。张曼玉去关之琳家找到刘嘉玲说梁朝伟被黎明骗去张学友家偷郭富城放在刘德华柜子里周润发借给周星驰发给成龙的工资1000块。

周润发：这个问题跟我有什么关系呢？（理直气壮，台下大笑）

撒贝宁：这是我在《开讲啦》的节目中听到的最真实的一个回答！

吴亚楠：发哥好，小撒哥好！刚才听了您的演讲我觉得我有些经历跟您特别相似，您小的时候家庭非常的贫苦，小小年纪便打几份工来补贴家用。现在我刚刚大一，做过建筑公司的文职，也在一个画室教过小朋友，现在也在学校做兼职，有时候就是需要做几份工才能来养活自己，还要照顾自己的家人。当家人问我在外面过得好不好的时候我也会说"我很好，你们不用担心"，但是尽管是在这种微笑之下，心中还是有很多的委屈无法释怀，所以想请问您在这些心存无法释怀的委屈的情况下是怎样去做的？

周润发： 其实来讲呢，一个人啊，你看到外表是一个人，内心又是另外一个人，或者那个人是你最好的朋友。你看我周润发，其实有两个周润发，我心里头有另一个人，也可能有三个、四个，你就告诉你身边的朋友——你自己，你有多委屈，你要哭你就哭，你要笑就笑。其实来讲主要是你自己。真的，你对我说没用，你对爸爸妈妈说没用，对你男朋友、好朋友说没用，要对你自己说。我没有告诉别人我出生在农村，没有这个必要，人家也不管你，人家会想关我什么事。你定好你的目标，你要告诉自己，有一天，我要告诉我爸爸妈妈，我会有好的生活，因为我有好的目标。

撒贝宁： 我特别想问一下，如果你一直没有告诉你爸爸妈妈，你现在在学校的这种打好几份工来维持自己学习生活的状况，今天节目播出，爸妈看见了怎么办？他们会不会难过心疼？

吴亚楠： 呃……我爸爸已经不在了。

撒贝宁： 那你会不会害怕妈妈看见以后担心你？

吴亚楠： 会。但妈妈其实一直都懂。在今年三月份的时候，离我高考还有三个月的时候，我爸爸去世了。在那几个月里我每天顶着高考的压力生活，我不能让妈妈还有弟弟担心。一直都是我小姨在照顾我。但是在朋友和老师的鼓励之下，我可以说很好地完成了高考的使命，所以今天来到了这儿。

周润发： 我告诉你我有一个秘密，我在训练班的时候有一天接了一个通告，做一个剧，就是一个喜剧。但是那天早上我要送我爸爸上山，他出殡，去世了。晚上要出去表演，还是笑着。我没有告诉身边的人我爸爸走了，其实来讲，周边的人你对他哭，对他讲那个故事没用，反正这是你自己的事情嘛！

不要太过伤心，因为你爸爸也不希望看到你这样。有一天你爸爸会保护你，说我的女儿多骄傲，有成才。你不要太难过。因为我感觉中国人老是不开心，因为小小的事情，哎呀妈呀哭得很厉害，不要这样。我们再把这个 DNA 带到下一代，对我们民族不好。我们是应该把这个世界看得更美，更开心，更乐。人生不开心常八九，开心有一二，你为什么不享受一二，却常常八九呢？你晓得我的意思吗？所以说你已经过了，你过了以后要把这个东西扔掉，一定要扔掉，你不要牢牢地记住那个不好的经历，要往前走，开心地走，你的人生就快乐了，真的！我希望你对在座的每一位朋友，或者你认识的朋友，带一点正的能量给他们。还有你是一个很甜的女孩子，你笑的时候很可爱，应该笑多一点。

吴亚楠：谢谢发哥，我会把微笑带给大家，更加乐观和坚强！

迟立夏：发哥您好，刚才您跟大家一起自拍的时候，我在失控的同时，觉得您应该是一个科技控，我就发挥了一下想象力，想问您一个问题。如果您现在不是周润发，是一个非常伟大的发明家，您最想发明一样什么东西？

周润发：我要发明一个药，吃了那个药以后呢不用吃东西。如果我们身体里面的DNA可以把一条线扭一下，就可以不吃东西的话，我估计很多卖吃的行业，就倒闭了。

迟立夏：那我的问题又来了，就是正常人拍照片，自拍的时候是露8颗牙齿，但是据我观察您的每一张照片露的牙齿都在12颗以上。我想请教一下，您是怎么做到的？

周润发：为什么我要自拍呢？因为一般拿照相机拍我的人，个子都比我矮，在摄影的角度来看，你这样拍的时候，我这个下巴一定胖。所以我不希望人家拿照相机照我。我一定要高高地拍，脸就尖了许多。从底下拍呢只能看到4颗（牙齿），6颗，我这样仰着拍，14颗也都看到了。

迟立夏：那我的问题又来了，一般网上人是这么说的，喜欢自拍的人比较自恋，那您觉得自恋会不会有一点不自信呢？

周润发：我也会，我的理解是应该这样的，人家拍周润发，不如周润发自己拍得好看。我要死，也要死在我自己手上，我不允许你拍得我难看，我自拍，我要看最好的角度，你好看不好看我不管，就这样子。

撒贝宁：我终于知道，为什么当风浪来临时发哥要自己跳到水里，与其让刘德华扔下去，不如自己先下去，死也要死在自己手里。

杨起帆：刚才听到您和小撒哥的演讲中，您说您的家庭出身非常困苦，打过工，差点错过当演员的机会，甚至三次错过影帝。可是，在我的印象中您是一个特别特别幸运的人，可能刘德华他辛苦努力拍了一百四十多部电影，等了二十年才等到第一个金像奖，那我想请问您，相比于刘德华这种笨小孩式的勤奋努力获得的成功，您觉得您的成功靠的是什么？是天分还是勤奋？

周润发： 应该是天分。

撒贝宁： 为什么呢？

周润发： 因为我感觉我书念不好，很多时候很多对白的字我都不认识，都是靠前辈告诉我怎么念，解释给我。其实人很奇怪，当你到拍摄现场的时候你就好像进了那个角色里头，你什么都会懂，拍完以后你就空白一片。所以应该是有一些走运，或者是有老天爷对我不错的这样一个成分。

杨起帆： 我听过一句话，"天分决定人生的下限，勤奋决定人生的上限"，不努力的人没有下限。可是发哥您是靠天分成功的，可对于我们现在这些青年人来说可能更多需要的是勤奋，那您觉得天分和勤奋哪个更重要？您是怎么看待的呢？

周润发： 其实我认为是有情的那个"情"。为什么呢？因为 IQ 高没用，你傲慢有天分吗？EQ，EQ 就是情，love 那个 EQ 是很重要很重要的。你们要记住，IQ 不是一切，高高的一个人待在那边，你碰不到下边层次的人，没用！老是孤芳自赏，对吧？

撒贝宁： 要让天分落地。

周润发： 对，所以朋友们你们做这个行业的话，如果以后有机会，应该把问题，把整个社会的层次，人情的关系拉得近一点，要不然我们的社会将被慢慢地、慢慢地拉得更远。

讲座时间：2013 年 12 月 12 日
编辑：王明阳
校对：章文颖旨

八月长安：生命中不重要的人

【嘉宾简介】

　　八月长安，八十年代末生人，"生于盛夏八月，但求此生长安"。这个哈尔滨女孩，头戴文科状元、北大光华学生的光环，却选择了写一写青春，聊一聊旧事。出自她手的《暗恋》《橘生淮南》《最好的我们》《被偷走的那五年》《你好，旧时光》，豆瓣评分甚高。而她最初和最真的梦想是，有一天做属于自己的动画片。

【微语录】

　　没有面临二选一的困境时，我们都以为我们是某种人，这种以为往往是错误的。

　　有的时候是我们误解了老天爷，因为他也给了我们很多公平的机会，只是我们并没有往他引领的那个方向走。

　　不管你过往的经历是怎样，它最终都会以一种神奇的方式回报于你。

　　别人的人生不要去评价，因为"子非鱼，安知鱼之乐"。

⊙ 遇到真正喜欢的事情

今天的题目叫做"生命中不重要的人",想和大家分享一些生活中的点滴,如果能对在座的各位有一些触动,那么我讲话的目的就达到了。

首先呢,做一下自我介绍。我的笔名叫做"八月长安",大家也可以叫我"二熊",这是我比较喜欢的称呼。我是哈尔滨人,大学在北大光华管理学院念会计,2009年年底我开始在网络上面写小说。到现在我出了四本书,一本是《被偷走的那五年》这部电影的同名小说,另外三本就是"振华三部曲",《你好,旧时光》《橘生淮南》和《最好的我们》。

我实在不算是什么特别重要的人,也不算很有名气。我相信有很多名人会来传媒大学和大家分享他们成功和失败的经历,而以我现在的年纪、阅历,都不够资格讲这些。作为一个老学姐,可以给大家讲一讲以前经历的一些东西。

现在大家看我讲话,语速适中,人看起来也蛮和善的。实际上在以前,这都是假象。我高中在重点学校念书,包括到大学,一直都在竞争蛮激烈的环境当中成长,人曾经比较抑郁和纠结,关于人生啊,关于前途啊,纠结过很多的事情。真正开始想开,人生有了比较大的转折,是我去日本留学的时候。而光华学生主流的趋势是,要么想去全美 Top Ten 这种大学深造,要么进入到非常光鲜的企业去工作。

我们每一个人慢慢地长大,都是踩着以前自有的经验在往前走。我考得好,成绩好,得到老师和家长的表扬,有了一定的自由度,大家都喜欢,所以我觉得这是对的,因为它让你开心。一个东西因为有了预先的经验告诉你这是正路,所以你就一步一步这样往前走,即使有一天你渐渐发现人外有人、天外有天。这条路走起来可能会有点儿艰难,但是你从来都不会怀疑你是不是走错过。

商学院的规矩是,在大三冬天,大家都要为了暑假实习去投简历,如果能够拿到一些比较好的企业的 offer,实习顺利的话就能很荣幸地拿到 return offer,大四就不用再找工作了,所以大三实习对于商学院的人来讲是一件非常重要的事情。我在大学二年级的时候得知有一个去日本读书的机会,而且是一整年的时间,但很多学分没有办法再转回来,这就意味着第一,我大三不会有很漂亮的实习,第二,大四的时候,别人都在忙着找工作,忙着考 GMAT,我还是需要把很多落下的专业课修完。

没有面临二选一的困境时，我们都以为我们是某种人，这种以为往往是错误的。当你遇到真正喜欢的事情，潜意识里会有一种非常强烈的向往，你连犹豫都不会犹豫。

当得知有这个机会的时候，我根本没有考虑回来后会面临怎样的困境，就非常急切地去申请了，特别幸运的就是真的去成了。因为我比较喜欢动画片，觉得到那边一切都不重要了，你走在那里就像走在你幻想中的一个梦境一样，特别地开心。

⊙ 我们很少思考为什么

留学生活比较清闲，很多时间都是自己待着。当一个人脱离了以往的环境，有自己的空间之后，就能想明白你在以前的环境之中，被各种各样来自同辈的压力挤兑时，没想清楚的事儿。

我在留学过程中，遇到了很多不走寻常路的日本青少年。在我们这儿，上大学是一件不需要考虑的事情，除非家里特别困难，必须要失学，或者说实在考不上。但是日本的高中生很多都要想一下，我为什么要读大学，我要读什么专业，到底为什么。很多事情在我们中国人看来，都是不需要思考为什么的，考大学、结婚、生小孩儿，都不需要去问为什么，因为大家都这样做，你唯一会被问到的就是"你为什么不……"我们这边的思维和他们是很不一样的。

在座的各位也会说，这个世界上的价值观是多元的，每个人想追求的东西不一样，他有自己多彩多样的生活。但我知道并不代表我认可，至少不是发自内心的认可。但是在那边生活一段时间以后，我也被他们带进去，开始怀疑当初为什么要学这样一个专业。

当初报志愿的时候，北大招生组有位老师，是个老头，有很多家长涌过去问他自家孩子能报什么专业，当时我妈妈也问了同样的问题。这位老师可能上午被问得太多，当场就爆掉了，他说："你们这帮家长是不是有毛病啊？你们自己家孩子喜欢学什么应该学什么为什么要问我啊？我认识你们家孩子是谁啊？"他看到我以后就说："啊，你！你活了18岁是不是？不知道自己想干吗？你是不是白活了？"劈头盖脸地挨了一顿骂之后我跟他说想进光华。老师说："你知道光华学什么吗？你知道光华出来要干什么吗？"我说："就是挺好找工作的呗。"他说:"你知道自己未来想做什么吗?找到一份好的工作,你要是不喜欢怎么办?"那时我18岁,觉得一个人问我一辈子的事情,是他脑子有毛病,我就说:"我希望毕业出来能够从事一份赚得蛮多的,而且还比较轻松的工作……""你的工作对你来说意味着什么?""不意味着什么,我只是想赚钱。""赚钱要干吗?""我特别喜欢动画片,我希望有一天赚够了钱能够投资一部自己的动画片。""你喜欢动画片就学画画呀,或者你应该去北大的中文系、历史学系、社会学系,这比较有助于你了解人性、历史,比较适合你去架构故事,知道怎么样去做一个好看的动画片。我发现你们黑龙江的学生,怎么都这么喜欢曲线救国。每个人都被家长带过来,也不讲话,由家长去问适合读什么专业,而且这个适合都是按照分数来的。我上午问了很多学生,有的学生的梦想就是环游世界。"我和他说,我们可能从小就比较现实一点,知道想要获得任何事情都要先得到一个资本。我高中的外教跟我说过一句话,"人最大的痛苦就是能力和欲望不相匹配",我把这句话转述给这个老师。但这个老师当时就说:"我明白有些人'曲线救国'能够成功,但对于更多的人来说,一辈子特别的短,有些人'曲线救国'了一辈子,那个圆越画越远,他一辈子都走不回去了,一辈子过得不开心。我相信我今天说的这些话并不能阻碍你报一个热门专业,因为你不想浪费分数,但总有一天你会想起这些话,会觉得我今天的建议真的是为你好。"

我相信我今天和你们说这些,和当时招生组的老师给我劈头盖脸的一顿骂,效果是一样的。在座每个人的情况不一样,纠结的事也不一样,有些是感情上的,有些是前途选择上的,我今天讲的这些,对你们的人生也没有太大意义。你们选择的时候,还是会从最功利的、最物尽其用的角度出发,朝着你们的方向前行。即使有时候停下来,会觉得深夜里梦想在咆哮,但你已经没有办法再去看它了。

不过我也相信,如果你真的想要做一件事,老天爷还是会把你引导到那个方向的。在我自己身上,它得到了非常大的体现。

⊙ 生命中不重要的人

大学的时候我渐渐发现自己的脑子没有那么好使,在我眼里要花很多时间理解的东西,人家瞟一眼,脑子转个弯就会了,每当这个时候我就觉得上帝不公平。但有的时候是我们误解了老天爷，因为他也给了我们很多公平的机会，只是我们并没有往他引领的那个方向走。只是像我这样比较蠢的人，还固守着自己的那份骄傲，在明明不适合的地方和人家厮杀、厮杀，纠结、纠结。

我不敢说我那么想去日本是奔着梦想去的，肯定还有小部分的原因是逃避，因为觉得有点压抑。去了日本以后，发现那些高中生一边打工，一边参加电影协会之类的东西，没有人为此感到焦虑，这是让我觉得特别惊奇的一件事儿。我们也会有一些叛逆的想法，但当你去实现的时候，过程中可能有很多痛苦。痛苦来自于父母的压力、同辈的压力，更多的则来自于你自己的压力——你也不知道未来会怎样。原来的路是前人已经见证过无数遍的，我们需要的就是这种确定感。

除了日本的高中生以外，我还认识了一些来自欧美的学生。我的室友是一个美国姑娘，我们就认识了一年，这一年之后也没有太过联络。这一年，虽然是生命中不重要的人，但她留给我很多很多东西。她休学一年来这边，因为喜欢看日剧，想要学日语，她觉得美剧都是给神经病看的，根本不是美国人的生活。

女孩子是个基督徒，每个星期都会去教堂。每当我在刷着校内网，看到大学同学又去实习了，都会觉得很焦躁。她安慰我的方式就是，上帝有一个神圣的计划来安排你，你不要急，你千万不要急。她说她希望成为一个作家，天天求上帝都没有成功，但是有机会来这边学日语，上帝帮她做成了这件事。她说："我私底下有过尝试，发现自己并没有那么喜欢写作，不是这块料，而上帝早早地就知道了这一点。而在我十三四岁的时候，看日剧就出现了一点点学日语的念头，但很多年后早稻田大学的传单被一阵风刮到了我的脚下。这件事你认为是巧合，我认为是上帝的安排，全看自己相不相信。"

在马上要回国的时候，我在网上随便写一些小说，没有太多的反响，写的故事都是半途而废型的。有一天晚上我和她聊天，告诉她"我过得没有你那么开心"，和她讲中国的就业率，我们的社会、物价，讲了很多很多。她就问了我一句话："这到底和你有什么关系呢？我有同学也是学金融的，以后是要进华尔街的，他在我们父母心中也是标杆、精英，这种价值观全世界都有，但我还是来这里了，我并没有什么不开心。"我和她讲我在网上写小说，但不是很想从事这份工作，她就说："你不是挺喜欢的吗？有喜欢的事情很难得，你为什么不把它坚持下去？"

⊙ 你的经历，都会以神奇的方式回报你

可能你们会觉得，听了室友的话，我会痛定思痛开始写小说，其实没有。大四的时候还是踩着高跟鞋，大冬天穿着丝袜，去各个地方面试，虽然书是出来了。

我还没有忘记炫耀，就给她发了一封邮件，她回复说："你看吧，上帝在一点点实行他的计划。"我也想过，如果真的是那么幸运，能够被上帝选中就好了，但也只是想了一下。

毕业之后在上海工作，老板在美国，凌晨两点打电话，说完之后问你"哎，你怎么不睡觉啊？"让人不知道说什么好。出版社后来告诉我，第一本书卖得还挺好，想不想继续出。这期间人家告诉我哪天一定要交稿，当天我和他说："你相信我，我明天一定能交。"这个短信一般能发三个月左右，我就彻底不搭理编辑了，然后再洗心革面，拖稿发稿，慢慢就到了现在。

之前有很多人问，学经济的现在做这个，不觉得可惜吗？遇到这个问题我就想起北大招生组的那个老师，说总有一天我会后悔的。可事实证明，他对了一半。我并没有觉得后悔。每个人后来可能都会做和自己专业不相关的事情，所谓机会成本，比较文艺一点来讲，就是你做一个事情，都要付出相应的代价，代价就是你失去的其他的机会，这是没有办法的一件事情。

另外一个可能就是沉默成本。我们上课的时候老师举过一个例子，你花一百万建了一个厂房，投入使用后效益并不好，一天亏三万，你会继续把这个厂开下去吗？大家理性的答案全部都是不会。可是现实生活中，你会发现，很多人做了这样的事情却停不下来。经济学原理离生活并没有那么远，我受的大学教育，在我的骨子里面刻下了一些价值观方面的东西，我慢慢地会用这种方式去看待问题。我把专业里所学的东西，用文字的包裹、故事的包裹传达给了大家。

所以我想告诉那位老师，在这边读了四年，当生活中有些事情需要取舍的时候，我会非常理智，并且不后悔。而我渐渐地把这些东西教给十几岁的、二十几岁的人。我渐渐地告诉他们：第一，我曾经很纠结，很有误区，但是慢慢觉得，上帝会把你领去你想去的地方；第二，不管你过往的经历是怎样，它最终都会以一种神奇的方式回报于你。

三年前我还在到处找工作，努力地想要过一份白领的生活，三年后我已经在从事一份从来没有想过的工作，也做得很开心。虽然我到现在为止还是不会

画画，但已经在和画手合作，我来写脚本，他来画漫画，有公司也希望有一天能有动画片，也在洽谈。所以虽然我去了光华，但我最终有一天可能还是会做动画片。

精彩答问

观众：我觉得在你的生命历程中，已经把不重要的人变成了对自己很重要的人，那么你觉得更重要的是自己，还是自己身边的这些"不重要的人"？你觉得自己更重要，还是身边的人给你的启发更重要？

八月长安：当然是我重要了！我思考过这样一个问题，对于我的所有同学来讲，我也是一个过客，我给他们留下的印象可能只是几个小片段，但是这些小片段他们之所以会记住，往往是因为我对他们产生了一点点小的影响。你会记着周围的事情，必然是因为它对你有影响。周围任何一个人，任何你觉得有用、没有用的人，最终它能够发生的原因也是因为你自己。就像我和美国姑娘一样，我们会去触碰一些对方说不通的点，去辩论，在辩论当中更多地了解自己。我想，这些人能够起作用的原因，也是你想让他们起作用。这些人、事会影响你多少，全在于你会不会把自己打开。

观众：在我们真正找到自己想要从事一生的事情之前，可能要选择很多事情。当我们选择一件事，但它可能不适合我们时，我们应该放弃，去选择另一件事，还是应该善始善终，把这件事做完然后再看呢？

八月长安：两种做法都是对的。这一个问题很难回答的原因在于，首先这两条路都是行得通的，但是如果你一定要让我用好不好、合适不合适来回答的话，就需要落到你自己身上。而且还要是具体的事情，这件事情是值得一路不断试错的，还是应该坚持到底的。

每次遇到一个小的选择点的时候，你去做你想做的事情，坚持你想坚持的事情就足够了。至于别人的人生，是应该这样好还是那样好，是应该功成名就好，还是平平淡淡开开心心好，这是以不同人的价值标准、不同的喜好为判断的，别人的人生不要去评价，因为"子非鱼，安知鱼之乐"。

讲座时间：2013 年 11 月 22 日
编辑：阳韵琳
校对：刘亦凡

周星驰对话马云：梦想的天马行空

【嘉宾简介】

　　一个是华语电影的"喜剧之王"，一个是首位登上《福布斯》杂志封面人物的大陆企业家；一个是无厘头文化的始祖，一个是中国网购风潮的引领者。周星驰与马云，这两个看似不相干的人坐在一起，会擦出怎样天马行空的火花？

【微 语 录】

　　我觉得梦想可以经常换，但你肯定得有。

　　梦想绝对不能仅仅成为在空中飘荡的一个想法，它一定要落地。

　　我喜欢的人他首先要认为自己是一个平凡的人，这种人他觉得我很平凡，我愿意学习，我愿意尝试着干。

　　唐僧这样的领导唠唠叨叨，能力也没有，废话很多又不知道自己在干吗的人，哪个公司都有。孙悟空错误很多，能力也很强，每个公司每个班里面，同学之间都会有这样的人。很讨厌，自以为是，但他的能力确实也强。猪八戒这样的人，每个单位每个地方都有，希望懒一点，人还积极乐观，很有幽默感，我觉得我也很喜欢他的。沙和尚，哇太妙了，不讲啥理想，八小时实实在在上班，挑扁担干活。所以这四个人合在一起形成中国最完美的团队。

　　"空"就是把自己给忘了。你得忘了"我"，你得记住"我们"，记住别人。这样的话才可能有坚持的可能性，你才可能有团队，你的梦想才可能不是空想，是变成大家的理想，才可能有机会。

编者按：2013 年 1 月 4 日，周星驰与马云两位不同领域的巅峰人物相聚在中国传媒大学 1500 人报告厅，共同进行一场主题为"天马行空"的巅峰对话，谈梦想，谈电影，谈演员，不亦乐乎。本次对话由中央电视台主持人陈伟鸿担任主持。

⊙ 初次见面

马云：大家好。其实大家都是来看他（周星驰）的，我只是来跑个龙套而已。

周星驰：大家都知道我才是跑龙套的。

主持人："但请不要说我是一个臭跑龙套的。"看过这句台词出处的电影的同学请举手，我就认定你是星爷的粉丝之一。他们两个问候了大家之后，其实也需要彼此问候一下。

周星驰：对我来说见到马总就是梦想成真的一天。

主持人：为什么这么重要啊？

周星驰：刚刚就跟马总说了，我从小就是看马总的视频长大的。今天我终于可以在这里看到马总。

主持人：马总的视频就像一把刀，刀刀催人老啊。你看身后的星爷多年轻啊（指海报上的周星驰）！看着视频长着长着就老了。

周星驰：为什么这个白头发长着长着就长黑了。今天是我第一次跟马总面对面，所以我非常紧张。但是马总刚刚也说了很多不同的对我有启发的东西，我们刚刚谈了很多关于太极拳的事。我现在才知道原来马总除了是一个大企业家之外，还是一个太极拳高手中的高手。

主持人：他的太极功夫深还是你的功夫更了得？

周星驰：他刚刚还演了一个太极拳的起始式给我看。

主持人：有吗？现场的观众也想看。现场想看的观众表示一下。

周星驰：我一开始都不相信。马总说他的太极拳已经练了好久时间。我说："啊？你！？"我觉得我是太幸运了，有机会亲眼看见马总的太极拳。我不知道同学们有没有这个运气也能看到。

主持人：我发现星爷虽然没有上过中国传媒大学，但已经是一个非常好的主持人了。他已经把话题引到马总身上了。不知道同学们有没有运气亲眼见证一下陈氏太极拳的经典功夫。

马云：我真的是期待见星爷很久了，今天晚上也是我第一次见他，我一直感觉他很高大。我之前就在想我们两个为什么不坐在一起呢？其实有一些人长得挺好的，还希望更好，但我这人已经不行了所以我往下走，可他这人长得很好却好像把自己搞得很难看的样子，所有的电影里面他都把自己弄得脏兮兮的。所以我在想，等下见到他先看下他的衣服会不会也是脏兮兮的。今天大大出乎我的意料，真不错，真不错！

周星驰：其实呢，我真的没想到马总会出现。我只是开玩笑，跟我这个电影的团队说："要不然就请我的偶像马总出来对对话，行吗？"然后有一天他们来电话说行啊，已经定了。但我还是不相信。

主持人：今天来了是有一种见偶像的感觉吗？

周星驰：当然啊，我今天来是有两个缘由：第一个是见偶像，第二个是我想找马总拍电影已经很久了。

主持人：想找你拍电影的人排着队你不去管，然后找了一个从来不曾排队的人。你想让他演哪个角色？

周星驰：他喜欢演什么都没问题啦。还有就是马总想要跟哪个女演员配我也尽量想办法。

马云：记住后面那个就行了，哈哈！

主持人：我跟马总的太太挺熟的。今天这个特殊的日子，马总从家里，从杭州冒着雪飞到北京。今天的日子是2013年的1月4号。在一个一生一世的日子里，马总离开了夫人跑到了北京。您说我要跟嫂子说您来跟谁见面吗？

马云：我早跟她透露了。"今天这个日子你跑出去干什么，跟谁去一生一世？"我真没法说清楚。不过去年有人跟我说过，周星驰请你去参加一个电影的演出。真找过我好几次。我说档期太满，片酬又高，我以为是开玩笑的。

主持人：主要是那个时候女演员还没有定下来。

周星驰：我刚刚拍了一个电影是《西游降魔篇》。我觉得这个电影是完美的，就有一个遗憾是马总没有演出，这是唯一的缺点。

天马行空

⊙ "天"·梦想：你不可能一分钟不去希望

主持人：其实大家都看得出来，他们两个人是人生中的第一次见面，但是却热络得仿佛老朋友了。我突然想到星爷电影里面的一句台词：喜欢一个人需要理由吗？需要吗？不需要吗？需要吗？不需要吗？星爷你需要还是不需要？

周星驰：不需要。

主持人：不需要啊！其实两位啊是英雄惺惺相惜。我前面卖了个关子，说在 2013 年的 1 月 4 号之前全世界没有人看到你们两个人同台进行一次巅峰对话。而且我发现今天"巅峰对话"之前的四个字我特别喜欢，叫"天马行空"（注：当日活动的海报）。我其实在来到现场之前也在想，在你们两个人身上可以找到什么样的共同点？后来我发现了是你们两个的独特的创造力和影响力。也许这是"天马行空"这四个字可以诠释的一个主要内容。今天的主办方特意做了一个设计，要把"天马行空"这四个字做一个拆解，看你们两个人的特质中哪些可以对应到"天马行空"当中。我们来看第一个字好不好？大家已经在 LED 屏幕上看到了"天"，代表的是梦想。毫无疑问两个人都是很有梦想的人。星爷小时候的梦想是什么？

周星驰：我小时候的梦想啊，就是和马总见面啊！

主持人：你的梦想生长期好长啊！然后呢？

周星驰：然后就是有一天可以像马总一样成功！

主持人：像他一样，一天就可以赚 191 个亿？你的电影一年可以赚多少？

周星驰：一年？哇！这个又差很多。

主持人：要拍得很辛苦，显然他很羡慕你啊（对马云说）。你觉得他这个梦想是真还是假？

马云：（看着周星驰）哎呀……他怎么讲一个东西讲得就跟真的一样！学习了！不过我小的时候梦想挺多，三天两头换一个。

主持人：我看你比较实在，他比较"大话"，一下子就开始大话了。说一说你小时候的梦想，大家都不知道。大家都只知道你是一个优秀的企业家，从小就想干这一行吗？

马云：我其实真的是梦想挺多的，什么都想当过。想过当飞行员，当兵，当警察，当老师，当科学家。所有在座的人想过的我估计都想过，就是没想过会做企业。肯定没想过要干互联网，肯定没有。梦想，我觉得梦想可以经常换，但你肯定得有，是吧？

周星驰：马总刚刚跟我说他小时候是在杭州西湖边跟外国人学英语，就是找一个不认识的外国人不断地跟他说话，这样子开始自学英语。然后我就问马

周星驰对话马云：梦想的天马行空

总，为什么要那么有兴趣学英语。他说因为不懂，就想感受一种自己不懂的语言，学一些自己不懂的东西，就是这么简单。这个对我太有启发了。

主持人：我觉得你的梦想也有受挫的时候啊。我想知道当你的梦想受挫的时候你有什么样的表现？比如说，当年你兴致勃勃地想要去考艺员班，跟梁朝伟一起去。人家梁朝伟根本不想当演员，结果考完了之后他考上了你落选了。

周星驰：对对对。

主持人：那你当时有没有悔恨地跺脚说早知道就不让梁朝伟来了。

周星驰：对对对，哈哈哈！

主持人：后悔？

周星驰：对对对，我那个时候应该约马总一起去。

主持人：马总你觉得这是一种邀约还是一种挑衅？

马云：我估计他带着我去还是考不上。我肯定不会被录取，但他肯定也还是去不了。我们是有同样经历的人，注定都是陪衬的人。我真的有这种经历啊，我们同样的五个人去考警察学校，四个录取我没录取。

周星驰：你去考警察啊？

马云：对，还有二十几个同学去参加应聘肯德基。其他人都被录取了就我没录取。我们杭州有个蚌湖宾馆，我跟我表弟两个人去应考，排了一个多小时的队，他录取了我没录取。反正习惯了。

主持人：为什么你们两个人坐到一起？因为你们两个人的经历太相似了。

马云：要是梁朝伟跟我一起去应聘，他被录取了我一定不会嫉妒。但要是他（周星驰）被录取了我会嫉妒。

主持人：对！这上天太不公平了，对吧？！星爷你觉得你现在做的事是你的梦想吗？

周星驰：对，其实我现在也是在做我自己喜欢做的事情。

主持人：但更多的人好像更喜欢看你演戏。他们觉得你不演戏去做导演或者制作，有一点可惜。你自己觉得呢？

周星驰：我觉得不可惜啊！因为第一就是现在年纪大了，时间也不多了。所以我觉得……

主持人：您指的"时间不多了"是什么意思？

周星驰：呵呵呵，时间真的不多了啊，快没有了，就想做好一点。就譬如说你只能吃一顿饭你就挑最好的来吃，是吗？那现在我时间也剩下没多少了，你要拍电影的话就一定要拍最好的电影，是吗？所以说虽然小一点，但是要最好，第二好也不要，第三好也不要，要第一好才行。起码自己是有这个目标的。马总你看呢？正确吗？我这个态度？马总夸奖我一下。

主持人：星爷在当导演之前在无线当过少儿节目主持人，今天发挥得真是淋漓尽致，宝刀未老啊！时间还有，来，马总您来说一下。

马云：星爷讲的时候大家都在笑啊。但他讲的这句话是真心话："时间不多了。"我们时间都不多了。2012年的12月31号那天我觉得，哎呀太快了。其实我现在觉得时间真不多了，这是我这几天讲得最多、想得最多的事情。在座的很多都是年轻的大学生，你们觉得有的是时间。其实有一天你们到我这个年龄，或者他这个年龄的时候一定也会说，时间真不多了。

主持人：不知道你们两位是不是靠着梦想撑到了今天啊，时间都这么稀缺了。这个"天"呢，其实跟你们两个人真的有关系。马总有一句名言说"让天下没有难做的生意"，这是当年要打开电子商务这片全新领域的时候他说出来的一句话。然后我想星爷也有关于梦想的话，我想了半天想到了一句，说"人没有梦想的话跟一条臭咸鱼有什么区别"，是吧？那您是什么时候有这个梦想的？什么时候开始不想过像臭咸鱼一样的生活的？

周星驰：梦想啊？又说梦想啊？

主持人：你的梦想刚刚我们没有听清楚啊！是当演员还是当制作人还是当企业家？三选一吧，来！

周星驰：企业家我是当不成了。但是我对于创作这个方面的兴趣一直没有减。我觉得当企业家也好，拍电影也好，它还是要讲一个创意，对吧？还是要先有一个好的创意，然后要有能力把这个创意执行实现出来。就是这两点。不知道马总，这两点你觉得对不对呢？

马云：我这个脑子没有星爷转得快。我还在想那个"时间不多了"。因为我这个人经常要换梦想，但你要说这个工作是不是我现在最喜欢的，我现在不好说这个工作是不是我最喜欢的。我觉得我一定还会有更好的梦想。所以我做电子商务、做阿里巴巴已经做了十三年了，我觉得我再不停下来的话我将失去更多的其他的梦想。我不知道什么梦想是最好的，但我想抓紧时间，要不后面尝试新梦想的机会就没有了。

主持人："梦想"这个词到底有多重要？这个词现在被使用的频率已经太高，有点要被用滥的感觉。说梦想就像一个筐，什么都往里装。我本人本来就不是特别喜欢这个字眼，但是现在这个字眼满天飞，所以我都不知道怎么来界定这个梦想，以及梦想对一个人到底有多重要。

马云：我不知道对别人到底有多重要，反正对我和我的同事来说是很重要，我觉得我们可以很穷，但我们不能没有对未来的想法，不能对未来没有希望。其实你说一个人可以七八天不吃饭，可以十天不喝水，你可以两分钟坐到那里憋气不呼吸，但是你不可能一分钟不去希望。我觉得梦想对于我来讲还是很重要的，而且我发现很可悲的是，我们这个时代很多人有钱以后却离梦想越来越远。所以我觉得年轻的时候多点梦想，三天两头换没关系。我爸原来经常骂我，你怎么老是换梦想。我觉得我换梦想比那些没梦想的要好一点，换梦想有一些新鲜感。

主持人：其实马云先生换了很多梦想我们都看得到，而且刚才你说梦想对你和你的团队都非常重要啊，那么是不是在经历互联网工作中的困难和压力最大的日子里，梦想就像那团火可以温暖你，可以照亮你？你怎么用梦想带领大家不放弃自己的信心，继续往前走的呢？

马云：对啊。其实在你面对所有的掌声、指责、赞扬、委屈的时候，只有你知道自己在干什么。一个人最怕不知道自己在干什么，你知道自己在干什么，那这个事情就是你的梦想。有这个梦想的坚持或者理想的坚持，有的时候你就不在乎别人怎么骂、别人怎么看，因为你知道这是你要的。假设你没这个东西的时候，别人骂你，你本来就难过那你会更难过，别人表扬你那你会更失去自己。所以在这方面因为有了梦想，知道自己要什么的时候，你才会最后坚持下去。尽管会出现各种各样的情况，你会告诉自己我要再努力一下，如果实在不行换一个也行。

主持人：但是梦想绝对不能仅仅成为在空中飘荡的一个想法，它一定要落地。

马云：那是空想。

⊙ "马"·团队：共同的梦想才是坚持

主持人：空想和梦想一字之差，怎么样不至于沦落为空想，而成为梦想，这可能跟我们今天第二个字有关。第二个字是"马"，有马才能行千里。有人，有团队，才能够帮助你把梦想从一个想象变成一个现实。你在组建团队的时候会挑什么样的人？比如说这么多的大学生要去应聘，他们把简历交到你的手中，你先看哪一行？哪方面的内容你最看重？

马云：我们现在有两万多名同事，我的记忆里面我从来没有看过任何人的简历，因为我的简历要是递出去肯定也没人看。看了简历被忽悠的人太多了，你念了个博士也只是有个学位而已，念了那么多年的书，并不证明你能干什么。我觉得我喜欢的人他首先要认为自己是一个平凡的人，这种人他觉得我很平凡，我愿意学习，我愿意尝试着干。这种人挺好的，真的挺好的。

主持人：星爷研究过《西游记》的团队吧，他们去西天取经也是一个团队。你喜欢这个团队中的哪个人？

周星驰：我啊？

主持人：唐僧啊，猪八戒啊，孙悟空啊，沙和尚啊。

周星驰：我个人就比较喜欢猪。

主持人：你个人比较喜欢猪？你觉得他有什么值得你喜欢的地方？

周星驰：因为我演过孙悟空啊，他有很多事情……猪就比较懒一点。

主持人：那如果太懒的话你会不会觉得梦想会成为空想呢？你老是想睡，你老是想吃，老是想休息。

周星驰：但是我确实是这样子的。

主持人：这是一个可望而不可即的梦想，马总你觉得你现在能做到吗？

马云：我觉得我现在做不到，所以我希望我可以睡可以吃可以懒一点，早上可以不上班。

主持人：所有没得到的都是最珍贵的。

马云：那是，那也是一种梦想，是吧？

周星驰：刚刚我跟马总在里面吃饭的时候，我们说到我们可以什么都放下，不用谈工作去玩几天，马总真的是眼中有泪光地说：我真的渴望有这一天出现。他真的是这样的。

主持人：我真的看不出你有那么文艺。刚才吃饭的时候还有王中磊先生作证，泪光之说好像是导演后来想象上去的。还是请当事人发表一下那一刻你的真实想法。

马云：我有眼泪吗？

周星驰：有。

主持人：他看到了，他读到了这个。

马云：这个想法是真实的。父母老说你为什么那么懒，他们难道真的不想你懒一点？又说你怎么那么不努力？其实他们都希望你不努力也可以生活得很好。

主持人：每个人都有一个对手叫"别人家的孩子"。父母从小到大一直都说你看别人家的孩子怎么样怎么样……

马云：其实刚刚讲到唐僧他们那个团队啊，我就稍微啰唆两句。中国两个经典团队，一个是刘备关羽张飞团队，千年等一回几乎不太可能，武功那么高又那么忠诚，只能活在小说里。但最最现实的团队就是唐僧团队，我觉得唐僧这样的领导唠唠叨叨，能力也没有，废话很多又不知道自己在干吗的人，哪个公司都有。

孙悟空错误很多，能力也很强，每个公司每个班里面，同学之间都会有这样的人。很讨厌，自以为是，但他的能力确实也强。猪八戒这样的人，每个单位每个地方都有，希望懒一点，人还积极乐观，很有幽默感，我觉得我也很喜欢他的。沙和尚，哇！太妙了，不讲啥理想，八小时实实在在上班，挑扁担干活。所以这四个人合在一起形成中国最完美的团队。

主持人：今天在场的两位，其实都是这个完美的团队的一员。我们先来看看马总，在他的团队中他更多的是接近哪一个角色呢？

观众：唐僧！

主持人：你得罪谁了？有的人直接说你是唐僧。我觉得你最不像唐僧。你绝对不是夸夸其谈的人。你自己判断一下，你觉得你自己可能接近这个团队里面的哪一个人？

马云：其实，我从来没有觉得唐僧是夸夸其谈。唐僧对自己的目标非常执着。不管怎么样我先拿回经书再说，有没有用我不管，先拿回来再说。我觉得我很敬仰唐僧。

主持人：星爷，这个问题你自己怎么看？

（周星驰点头）

主持人：星爷觉得挺好。他觉得在一个团队中应该有一个对自己的目标最有明确感和方向感的人。

周星驰：既然这样子就不要演孙悟空了，演唐僧吧。

主持人：但是演唐僧会有女演员做对手戏吗？

周星驰：有啊，有很多啊。

马云：我没有唐僧的定力，估计一诱惑我马上就投降了。

主持人：所以我还是建议你让他演孙悟空，别轻易让他尝试唐僧了。这次《西游降魔篇》中的孙悟空，大家猜来猜去，刚开始说你会演，后来你说你不演，就拽了马云来演，然后人家马云说对不起我没档期我演不了。是不是不得已才找到黄渤啊？

周星驰：对。

主持人：黄渤，这句话不是我逼他说的，是他自己要说的。他演得好还是你演得好？

周星驰：他演得好。

主持人：为什么呢？

周星驰：因为我觉得他演得好。

主持人：2013年的年度流行语啊！

周星驰：对，他是一个……都没有想过他是这样子的。对我来说新鲜很重要。其实《西游记》是我们家喻户晓的一个故事，我看过很多很多，但是再做这个故事呢，我有一个不一样的……所以我确实觉得黄渤他的确是意想不到的，他演得确实是意想不到的。

主持人：总要给人意想不到的东西，才能给你的创意加上一些别人无法企及的高度。这个大概是星爷的一个心得。那我想问一下马总，你自己在打理生意或者处理其他的事情方面，新鲜感对你有多重要？

马云：我觉得新鲜感太重要了。其实很多人坚持一个所谓的梦想，假如他不能把这个梦想加入新鲜感，那这对他自己、对他的团队都是一个傻坚持，扛不住的。而你不断地在里面挖掘，不断地让自己动起来，让别人动起来，我觉得新鲜感是永远给自己、给别人、给所有你服务的人不同的东西。

主持人：假如今天现场的观众就是你的团队，你需要给他们一些新鲜感，告诉他们继续前行就可以实现理想。这句话太老了，不能说了，那么你愿意用一个什么样的方式来激励他们呢？你可以用三十秒的时间来思考一下，我们用三十秒的时间来讲一个例子。就是当年马云先生去推销中国黄页的时候，跟别人说我要建一条中国的信息高速公路。然后他需要让他的团队相信：只要你们继续跟着我，总有一天易趣的股价不行了，亚马逊的股价不行了，但是我们依然行；你拥有的房子不是今天的一套，而是未来的五十套，然后现场员工都特别兴奋。好了，时间到了，接下来到你了。

马云：你想象的是吧？我从过去到今天从来没有要大家去跟着我的梦想，因为那是我的梦想。我的职责是去点燃大家的梦想，在梦想中找到一个大家的梦想，我们要共同相信。假如说只是坚持我的（梦想），那是固执，假如说是坚持我们的（梦想），那才是坚持。假如你说要我讲三十秒，其实我讲三个月都讲不清。因为我自己没想清楚之前的事，我自己都不激动的事，我是没法讲给别人听的，否则那就叫忽悠。你自己得想明白，特别有意思，然后你说出去，人家说一点意思都没有，你再尝试下，发现不行，赶紧放弃重新来。

⊙ "行"·坚持：我就一直都是失败后再来

主持人：你看到一个好演员的特质了吗？不激动绝不轻易地去演某一个角色。

马云：演员不一样，演员是不激动也要装作很激动的样子。

主持人：但是这样演出来的就得不了最佳男主角或者最佳女主角了。星爷你演电影是装出来的激动还是本身就很激动？你每一次在镜头前面那么张扬。

周星驰：是真的激动了。

主持人：一天当中哪有那么多值得你去激动的事情？每天不过就是柴米油盐酱醋茶，是什么让你激动呢？

周星驰：想象力啊。

主持人：哎，关键词又出现了。你的想象力是怎么样的？马云先生给他出一个题，让他有一个想象力，这道题的目的就是测一测他的想象力到底有多好。你帮忙出一道题好不好？

马云：他的想象力……你先来吧，我脑子转得比较慢。

主持人：假设今天现场有一个观众，她说她要到你的电影里面去扮演女主角，然后你要想象啊，你要跟她有一个对话。可能你一眼看上去她好像不是你心目当中大概的那个样子，然后接下来你怎么跟她说呢？

周星驰：这个需要想象力吗？这个需要坦白。

主持人：我需要你想象的是她的长相，不是你心目中的那种希望，所以有这一部分需要你去想象。OK，你在接下来需要继续跟我们坦白的一件事情，跟我们的下一个词有关，就是"行"。

"行"可能是行动力吧，来，我们看看解释是什么（PPT 显示"坚持"）。

"行"是一种坚持,谁先来做这一个解释,"行"是一种什么样的感觉?什么样的梦想你曾经坚持过?

周星驰:马总,马总……

马云:我脑子比较慢,我还在想想象力。我刚才在想……

周星驰:我也是这样地在想,马总。

马云:有两件事我觉得星爷的想象力特别大。第一个就是他演的《功夫》那个电影,我看过三遍,哎呀真不错!我老是想自己有这样的功夫,"哗"地一下能把一个人扔得很远,然后踩几脚,这个人都扁了。我就觉得这个跟我想象的几乎一模一样。我要拍电影我也要打这个,就希望可以打成那个样子。我喜欢金庸。前几天,12月31号我刚好跟他在一个地方吃饭,我特别喜欢老先生的想象力。只要有想象力的男人,那就是相当有魅力的男人,就算是看到一块铁、一块肌肉、一头猪也可以有想象力,是吧?第二个我觉得星爷很有想象力的就是他让我去演孙悟空,我觉得特有想象力。

主持人:有人说了这叫坦白啊,我不同意啊。

马云:我小时候的绰号就是孙悟空。那次有人跟我谈的时候,我说这个肯定是胡扯的,假的,我说我档期太满。后来发现原来是真的时特后悔。

周星驰:还有机会,下一部就锁定了马总。

马云:等一下我们要谈谈片酬。

主持人:你们愿意在现场谈吗?

马云:这个要有坚持,要有坚持……

主持人:来,回到我们这个关键词上。你们觉得自己一路走来坚持过吗?什么事情是你最坚持的?

周星驰:坚持就是你失败了再来,失败了再来这样子。

主持人:那你觉得你在什么时间段上是失败了再来呢?

周星驰:我就一直都是在失败了再来啊,是吧?

主持人:包括现在吗?

周星驰:对啊,当然啊。

主持人:然后很多人觉得如果你不坚持的话就没有今天这样的成就。比如像金像奖啊,金马奖啊,拿到那么多的奖项。

周星驰:那个我没拿过。

主持人:你没有拿过奖项啊?

周星驰：好像也有，比较小，比较小。

主持人：一个淡忘奖项的人，我不知道是什么样的心理啊。那我问问马总啊，马总拿过非常多的奖，在中央电视台就拿过三届年度人物的奖。那么拿奖和你坚持下去有关系吗？

马云：对啊，其实就像刚刚我拿的那个年度人物奖。我其实真的不想再去领这个奖。因为我觉得其实跟我没什么关系。自己挺难为情的，真话。我跟央视讲我能不能不来了。假如说我来，我希望是为那些快递员、为那些淘宝上开店的小店主们去领奖。因为他们才是真正该领奖的人。但有时候说如果我放弃了，那很多人也可能会放弃。自己想想其实坚持很难，因为前段时间大家说王石老师爬山，有的人喜欢穿越沙漠，有的人喜欢爬山，去想一些艰难的问题。我觉得我每天在爬山，每天在穿越沙漠，每天都很辛苦，星爷我想也一样。做一个东西，你每天所要坚持的东西太多了。最大的幸福是你可以不坚持了，觉得时间不多了可以不坚持了，真的，有的时候这个……想想自己几乎是每件事情都在坚持一下，而且刚开始的时候是自己坚持，到后来是你要为别人坚持。

主持人：哪一个坎是你特别难以坚持的？还是几乎每一个都是同样的坎？

马云：对啊，其实过去的事我都觉得不是什么事，不是大难坎，最可怕的是不知道明天又有什么坎出来，这些东西是你不知道的。走过的事，所有走过的事，所有你经历过的事，我都觉得是很好的。反正过来过去的，不能像个老头子每天唠唠叨叨地讲自己多了不起多么坚持。那你怕的事情是不知道明天会有什么事情发生，这是挺难坚持的。所以时间差不多了，该为自己做一些开心的事了。

主持人：现在你最喜欢做的，最想去做的，最觉得开心的事是什么？

马云：还没想好。我觉得现在还不敢去想，现在还坚持着。

主持人：哎，打太极拳算吗？

马云：打太极拳是能让自己坚持，能更坚持一点。我经常做一个梦，晚上爬假山，爬到山上发现下不来了，下来的路全是悬崖峭壁，上的路你又爬不动了，手一松你就会死掉。这个梦里面就告诉你，坚持很辛苦。白天你没感觉到，但到了晚上你会感觉到坚持其实很辛苦。所以我相信他拍这部片子，有他各种各样的坚持，你拍一部可以，你拍个几十部的时候，这个可不好说。

主持人：星爷可能说，那叫坚持吗？那叫必须啊。你自己觉得你自己是坚持走过来的吗？

周星驰：对！

主持人：好。然后我就不知道该要问他什么了。其实如果说，一个导演他一直在坚持，你能不能告诉我们他到底在坚持什么？是要坚持自己的票房，拿冠军？还是坚持得到各界评委的好评？或者是什么？

周星驰：我看每一个不同的导演他都有一个不同的坚持吧。

主持人：我们就说你，我们就不说李安或者其他的一些导演了，就是你在这儿是为了什么？

周星驰：我就是为了我自己心目中的那个好咯，可以做好一点，就坚持一点。

主持人：你的好的标准是……

周星驰：也很难说，就是每一方面都希望可以做好一点点。比如说一个电影，你的音乐可以好一点啊，你的特效可以好一点啊，还有这个你的画面可以好一点啊，如果是3D也希望可以好一点啊。每一个东西都可以好一点点，然后加起来就可能会好很多了。有时候好一点点就是……就是会有人问，你那么坚持这个好一点点的东西有这个必要吗？我觉得还是有必要的，因为好一点点就是好一点点。

主持人：是啊，坚持就是坚持，好一点点就是好一点点。

周星驰：对啊，比如说你看他们在赛跑的时候也是快一点点就是快一点点，那个一点点其实是蛮重要的。

⊙ "空"·想象力：不是我的想象力创造了阿里巴巴

主持人：你的下一部"好一点点"可以透露一下吗？你希望下一次在电影的哪一个领域的表现可以再好一点点？

周星驰：整体都可以再好一点点。

主持人：票房也再好一点点？

周星驰：当然当然。

主持人：这次你对这个《西游降魔篇》的票房有期待吗？王总（王中军）肯定有期待。

周星驰：王总已经跟我说不要说这个问题了，我其实很想说的。

主持人：哦，王总下了封口令了啊。

周星驰：对，他下了封口令。

主持人：好，待会儿我会请他上台来谈一谈。

周星驰：你问他，你问他。

主持人：对对对，我问他。他可能比你更在意这个票房的问题。来，我们来看看最后一个字，叫"空"。这个"空"换成"想象力"这三个字，其实还真有一点空啊。"想象力"似乎挺难解释的。有没有同学愿意站起来跟我们分享一下你对想象力的理解，对想象力的看法，有没有？

主持人：好，台下一个女生的答案是"做梦"。这位男生的答案是……

观众：我觉得想象力就像马云先生，从没有互联网想象到一个互联网。马总的想象力就是没有一个电子商务、没有一个大的网络生意的时候想象出了一个网络生意，而且正在变成一个全球最大的互联网公司。这是从无到有，或者说从空到有的过程。周星驰先生把一个很普通的故事变成我们看很多遍的电影，而且百看不厌，我觉得这来源于非凡的想象力。谢谢！

主持人：谢谢，还有人愿意分享吗？

观众：我觉得星爷其实有一句话已经解释了想象力。在《食神》里面您就说过："让你猜得到就不是食神了。"所以说对于马云先生，如果说大家都猜得到他将来要做什么，那他就不是马云先生了。如果周星驰先生能让我们猜到他的电影，那他也就不是周星驰先生了。

主持人：好的，想象力总是会让人有意外之喜，然后出奇制胜啊。马总你觉得在企业家的阵营当中谁做过的什么样的事可以说得上是特别有想象力的事？

马云：我现在在想"天马行空"的那个"空"字啊。我的"空"就是把自己给"空"了，如果你要有想象力，你要有团队，你要执行，首先你要把自己给忘了。如果你的脑子里永远是"我"，你是坚持不久的。所以说"天马行空"的"空"，我自己想的"空"就是把自己给忘了。你得忘了"我"，你得记住"我们"，记住别人。这样的话才可能有坚持的可能性，你才可能有团队，你的梦想才可能不是空想，要变成大家的理想，才可能有机会。我觉得这个是我的"空"。

我觉得中国也好，全球也好，不管怎么样，企业如果做到一定规模，它如果没有想象力，执行没有团队，那它是做不到的。不能因为一件事情不好就把它给打死掉，也不能因为一件事情做得很好就把它夸得天花乱坠。当然如果有一件事成功,像星爷这么多的电影都拍得那么好,我觉得是挺了不起的,这就是天马行空。有一次的想象力可以,但有那么多次的想象力,那么多次都想得出来,我觉得这就是很了不起的,肯定不是他一个人,肯定是他背后团队的努力。别人说是我的想象力创造了阿里巴巴、淘宝。绝不是我,我告诉大家,今天我坐在淘宝办公室,听那些年轻人讲未来的时候,我几乎是听不懂的。是真话,因为他们走得比我远多了。我唯一希望看见的、需要表达的是:坦白地欣赏。因为是他们在改变这个历史,不是我。我只是最早想了想,然后他们越跑越远,越跑越远,这才是每一样都好一点点的理解。烟火好一点点不可能是他去点,他去放,拍摄好一点点不可能是他去拍,他是去找一个最优秀的人,最想往这儿去努力的人。每个人支持他做到好一点点,可能这是有这样好作品的原因。

主持人:对于领军者来说,应该知道用自己的想象力来带动所有人,来激发所有人,推开这个想象力的门,让更多的人加入进来。

马云:对。我再废话一句啊,因为我难得跟星爷一起来跟大家交流。到了我们这个时间不多了的年龄的人啊,我们应该是放弃自己的很多梦想,去帮助别人实现梦想。因为这点星爷才会去支持其他的年轻人去拍电影啊,当演员啊。我觉得一个人到了这个年龄的时候,最大的乐趣已经不是实现自己的理想了,而是帮那些有理想的人点点滴滴地去实现。我觉得淘宝到今天绝不是马云的理想,我觉得最大的理想就是几百万开店的小女孩小男孩们,是他们一点一滴地把它做起来。这才是我们能够坚持的原因。我相信星爷把无数的电影人的梦想结合起来,才让周星驰的电影有好票房,还会这么受欢迎。我觉得这个就是为什么他不当演员而当导演,因为当导演才有可能点燃更多人的希望。这个是我的理解啊。

主持人:你今天见到了你想见的人,听到的这番话是不是真正能够说出你的心声?他有没有读懂你?

周星驰:完全同意马总说的话。

主持人:我觉得你下回可以演唐僧,因为你很有领导的风范,领导一般只是同意别人的说法而不一定要表达自己的想法。

嘉宾来访

⊙ "紫霞"：互联网只是一个放大器

主持人：今天我再为你引荐一个你向往已久的人，不是马云先生的弟弟，而是另外一位神秘嘉宾。他是谁呢？我们来请上他做一个自我介绍。

紫霞：星爷你好，马总你好。

主持人：欢迎你，自我介绍一下。

紫霞：上台的时候先让我平息一下激动之情。我先做一下自我介绍：我是一个叫做"大话西游紫霞"BBS 的创始人，站长。这个 BBS 是在 1998 年成立的，一度是所有大话迷的聚集地。

主持人：意思是你的工作让《大话西游》这部电影变得更加风靡？

紫霞：其实不是因为我的工作。因为当年我非常非常喜欢《大话西游》这部电影，当然更是星爷的铁杆粉丝。所以当年我做了这个 BBS，一度在线人数达到八千人。我自己在上面的网络账号就叫做"紫霞"。这个名字用了很久，所以我当年的老朋友现在依然很亲切地叫我紫霞而不是我的真名。

主持人：那我们也称呼你为紫霞啊。紫霞你能不能把《大话西游》里面的一句经典语段，用经典的语气，把它重现一次呢？

紫霞：我可以请求主持人稍后再说这个吗？因为我准备了一个更精彩的环节。

主持人：请开始。

紫霞：那我稍微介绍一下。我想再分别说一下我和星爷、和马总相关的故事。

首先呢，刚才也说到我在网上的 ID 叫紫霞，其实我用了 15 年的电子邮箱地址也叫做紫霞。大家第一次见到都会感觉很奇怪，因为一个男人竟然用这么个账号。那是因为我当时真的非常喜欢这部电影里面的紫霞。这个是我一直以来的喜好，到现在紫霞 BBS 还在运营。《大话西游》迷在里面会去讲一些《大话西游》里面的台词，这是一种语言文化。甚至我们 BBS 的站长在站内的名号都叫做观音姐姐，所有的站长都叫做观音姐姐。当时我为什么做这个 BBS 呢，是因为我一直从事互联网行业。1998 年在 China Ren 人，2005 年在优酷，在 2007 年的时候我也做了国内比较早的微博，现在在做移动互联网投资。所以我今天真的非常非常的激动和兴奋，因为我见到了我一直的偶像——星爷。

主持人：那你可以给他的电影投资啊。

紫霞：我觉得有王先生（王中军）在，我可以不用操那份心。其次呢，我还可以通过我最喜欢的电影见到我在行业里面最为崇拜和尊敬的马云先生，我觉得今天真的是非常非常的荣幸和感动。谢谢！

主持人：这个是你准备的最精彩的一个环节啊？我以为接下来你要邀请他们两个人跳一段骑马舞之类。你刚才只是表达一下对他们两个的敬仰是吧？

紫霞：对对，因为有这个机会我可以先表达一下我的激动之情。

主持人：那你今天看到星爷，跟若干年前《大话西游》里你对他的想象，有什么不一样的吗？

紫霞：说实话，当年《大话西游》那么流行，从1998年到现在已经有15年了。刚刚马云先生在说没有多少时间的时候，我也在想真的是时光如梭。现在回想《大话西游》，其实在我心里面它已经成为一个非常非常温馨的回忆。说实话，现在见到星爷和当时《大话西游》的感觉可能不是特别一样，但他会唤起我当年的那种感受。

主持人：你的意思是我们今天现场可以一起呼喊一次"紫霞"，然后你当年的感觉就来了是吧。

紫霞：今天如果朱茵在就好了。

主持人：星爷怎么办？他有这么多的梦想要实现，他也有若干的想象力期待着你去帮他实现。

周星驰：其实我也要感谢你，因为如果不是你的话，《大话西游》可能就不会那么火，不，我敢肯定它不会那么火。真的谢谢紫霞，谢谢！

紫霞：我很紧张，因为我十分相信《大话西游》绝对不是因为这样一个BBS才火起来的。因为马云先生也是做互联网的，互联网永远只是一个放大器。如果没有《大话西游》真正的、能够打动高校学子的东西，那么大家也就不会去流传《大话西游》的台词。即便有再好的互联网站，即便有再好的互联网产品，他们也不愿意去接受这个东西。所以我想我还是要代表所有的大话迷来谢谢星爷，能够创造出这么好的一部电影，能够让我们有这么美好的一个回忆，谢谢星爷。

周星驰：谢谢紫霞。

主持人：好，谢谢紫霞，谢谢你今天来到现场。刚才在你上场的时候有一位同学递上了一张纸条，跟我说的经典台词有关。但是这一次《西游降魔》中的台词已经变了。台词有一句叫"一万年太久，只争朝夕"。他想问一问星爷，你对这句话有什么理解？

周星驰： 就是没时间了。

主持人： 就是没时间了啊。好，也算是回答了这位同学了。紫霞你怎么理解？这句台词跟十多年前你记得的那句台词已经不一样了，紧迫感已经更强了一些。

紫霞： 是这样的，其实对我们这一代人来说，当年的《大话西游》是一种经典。经典之后最大的悲哀是在没有新的电影的时候你就逃不出那种回忆，你永远都会有那种美好的回忆在。那我想与其讨论这个新的台词，不如我回答您刚才那个问题。《大话西游》里面有一句非常非常经典的台词，我今天也非常希望能够请星爷和马总再为大家来讲一次这个台词，可以吗？星爷，可以吗？

周星驰： 重点在马总，我都讲过好多遍了，但是马总好像没有讲，他可能也不知道是什么台词。可以先说一遍给马总听听吗？

紫霞： 当然没问题，所以我先为星爷和马总准备了提词的纸。我想先请星爷来讲一下这段最经典的，就是"一万年"的台词，但是它是陕西话版的。我们来欢迎星爷朗读这个陕西话版的"一万年"，好不好？

主持人： 星爷可能只能朗诵广东普通话版的台词，陕西话版的行么？

周星驰： （朗读）

主持人： 星爷你简直就像让陕西老乡去了国外一样，这有点难为星爷啊。然后呢，你还为马总准备了什么？

紫霞： 我也为马总准备了这一段台词，不过呢，是英文版的。但是我在网上找来四个版本的，不知道是不是符合马总的胃口。您也可以现场翻译，因为我知道您是英语老师出身。

马云： 真不好意思，星爷。这部电影我没有看全过，这个最流行的时候我刚好在创业。但是从那部电影之后，我对电影特别感兴趣，再后来，几乎出来的电影我都会去看。这个原因是什么？在创业的过程中，我们公司有年轻人讲一句莫名其妙的话，大家"哈"的一声全笑了，只有我不知道他们在笑什么。后来我发现一个问题是，如果你要知道未来，你就要知道年轻人，你要知道年轻人在想什么，你就要看电影去。这个是实话，王总在下面，我参与了华谊兄弟的投资，我参与了很多香港电影的投资。我的目的是让更多的电影，让更多的人知道他们在笑什么。如果有一个人说我从来不看电影，我说这不是什么值得骄傲的事情。所以，我是断断续续地看过这个片子，也是断断续续听公司的同事讲过，我试试看啊。（朗读）

主持人： 谢谢马总，也谢谢紫霞，谢谢你来到现场。

⊙ 王中磊：我就是他们两个名字中间那个乘号

主持人： 接下来要请出的这位嘉宾是我们之前提到的王中磊先生，欢迎中磊兄来到我们的现场。您能不能告诉大家怎么有这么一个创意，让两个领域当中天马行空、不按常理出牌的人有机会坐到一块儿，来做一次巅峰对话呢？

王中磊： 我的作用就是他们两个名字中间那个乘号。想象力来自于他（周星驰），因为听到公司有人说导演有一个想法是想跟马云见面，他们两个人可以来一个对话。大家都觉得这个事是一个办不到的事，问我能不能去努力一下。因为我跟周导演已经认识很多年了，但我从来不知道他说的哪句话是真的，哪句话是假的。

主持人： 你也有这个困惑啊？

王中磊： 得到这个消息之后我迟延了很长时间都没办。我以为他肯定是在开玩笑啊。我也不知道他是真的喜欢马云还是假的喜欢马云。因为他们两个人都是我认识很多年的朋友，但是从来不知道他们两个有这种互相暗恋的心思。直到最近一段时间，我的团队的人不断地给我发短信说："王总，这个事情怎么样？你有没有去给马云打电话？"我说，这个事是个真事啊？

主持人： 到这一刻才发现？

王中磊： 对对对。所以我才给马云打电话。然后很巧合地他们两个都在2013年1月4号的时候有时间。

主持人： 最关键的是他们从不同的城市飞到了这里。

王中磊： 对！一个从香港，一个从杭州。一直到半个月前，我到杭州去做成龙的《十二生肖》的宣传，特意请马云先生去看电影，然后在看电影的后台跟他说你一定要答应我。定了这个事以后，他（周星驰）每一次碰到我的时候都会说：你怎么把他骗来的？我才知道他是真的很期待跟他（马云）见面。一直到今天在下面听你们的对谈，我才知道原来他们两个互相欣赏。

主持人：我们再来谈一下关于电影票房的问题。他说你不让说，请问这句话是真的还是假的？

王中磊：假的。

主持人：果然不出所料啊。

王中磊：他见到我都会问："王总，我们这个应该会是什么票房？"这是开玩笑。今年电影票房变成了一个比较有趣的事，每天都像奇迹发生一样，一天一天在变化。而且透露一下，昨天晚上我就跟一个"二十亿"在一起吃饭，我左边是徐铮，右边是成龙。大家觉得我作为一个电影公司的老板，应该把电影票房放到第一位，但我心里面不是这么想，我不喜欢把电影票房变成衡量电影的标准。当然星驰他已经有自己的一个标准。我希望这部电影可以让您（周星驰）满意啊。

主持人：这句话应该是真的啊！我判断，他会满意。其实这是两家公司合作的一个产品，未来的市场大家都有所期待。而且马云在这部电影里面也有份，不是出演，但他也是贵公司里面董事级的人物。

王中磊：他比我官大，他是副董事长，我只是董事。

主持人：副董事长今天有什么话要说吗？董事刚才表达了他对这部电影未来市场表现的畅想，副董事长也必须说一说了。

马云：你是要官样文章还是要真话？

主持人：当然必须是真话了。

马云：真话是我是看着中磊成长起来的。见王中军的时候我没想过自己会投资电影，见到王中磊的时候我想，哎呀这个小伙子真是太小了。做企业我自己觉得自己不行，他们比我更不行。但就在这么几年我是看着他们两兄弟努力的啊，团队啊，战略啊，一点一滴地起来的。中国电影这五六年的发展，我作为华谊兄弟的副董事长，我是特别骄傲的。这中间也有无数的梦想，无数的坚持。

我记得中军刚开始跟我谈投资的时候，他让我投资电影，我说去去去，我对娱乐一点兴趣都没有。他找了我好几次，这也是一种执著和梦想。中军至少找过我五六次，有一天刚好两个人开会他坐在我边上，没法逃了。然后那个讲话人也讲得特别烦，结果他就在旁边一直跟我说去看看吧，我们这个投资真的很好。我说这样，你到底是要做一个赚钱的行业还是做一个像华纳兄弟这样的电影公司？他说我想做一个华纳兄弟这样的电影公司。我说那一会儿我过来看看。

我自己对票房是真不关心，星爷您这个电影票房我是关心的，华谊兄弟的票房我不关心。原因很简单，我是真正按照我们当时说的那个理想，就是做一个在中国、在全世界也能够站得住脚的华纳兄弟这样的电影公司。一年的丢失根本不算什么，每年都有胜负，今年你第一明年我第一，so what？我是真觉得《一九四二》是好电影，我前两天给小刚发了个短信，说这个是能够上中国电影史的一部好电影。我们十年以后绝对还要拍这样的好电影，但十年以后拍出来，价格肯定要比今天贵二十倍。作为股东来讲，我支持这样的好电影。我们绝不因为难过，因为对历史难过，而对历史转过头去。我听说很多人说票房不咋地，没卖钱，我作为华谊兄弟的副董事长和第二大股东，so what？我深以为傲！这才是电影！电影要表达的不仅仅是票房，而是电影背后的东西，所以我觉得投资电影非常理想，接下来我就要看星爷的表现了。

主持人：星爷刚才用两只眼睛死死地盯着你，潜台词是你也可以投资我呀！我也是一个不错的电影追梦者啊！星爷你有没有这样的一个想法，跟马云在未来电影投资方面有一些合作？

周星驰：对！一来我就说了。

马云：我荣幸，我荣幸。我觉得参与星爷的电影我是非常荣幸的。当然这次我已经通过华谊参与了。我小时候的教育就是中国应该可以拍出很好的电影，中国电影确实在进步，但是距离很遥远。星爷的电影是好东西，真是好东西，要不不会吸引那么多人。真的，如果有机会我特别荣幸。

主持人：中磊，他们两个已经秋波传来传去了，当着你的面。不过我觉得你可以给他们未来的合作送上一些美好的祝福。有更多的实力派在未来愿意用自己的努力来推动电影向前发展，其实对每一个观众来说都是莫大的好事。

王中磊：我就还是那个乘号，我来把他们两个人连接在一起。

主持人：继续乘下去。

王中磊：是。刚才在下面听马云讲话，发觉我们两个已经很久没有一个很长时间的聊天了，以前会有一个比较长的时间去聊一些个人的理想、工作，他也是我的老师之一。

我听到两个非常清楚的信息。一个是他更愿意去帮助别人实现梦想，大家可能都不知道这个背后的故事。华谊兄弟的上市马云是"始作俑者"，因为没有一个人会想到中国会有一个娱乐的企业变成一个上市的公司IPO，点燃这个梦想的是马云。被这个梦想点燃之后会锲而不舍，一直在追的是王中军。他说完以后王中军当真了，他就每天去找他，说你告诉我应该怎么做，我该有怎么样的想法。我是一个后来被告知的人，因为我是一个每天都在认真做自己的工作的人。他后来告诉我我们的公司可能要变成这样的一个公司，最后我们真的实现了我们的梦想，实现了非常多人的梦想。

第二个是刚才他说到一个事我觉得心里面很生气，就是气他。就是他给了我一个梦想，但同时也让我变得跟他一样，每天都在想明天又会有要面对的，或者说要扛住的一个坚持。甚至有时候半夜醒来都会有像他那种爬山的感觉，上市三年我也爬了三年山，但是还是要谢谢你。

马云：我再废话两句。我今天晚上废话多，大家别介意啊，既然来了就要讲的，否则我就不来了。大家都希望当CEO，其实当CEO，当总裁，中间的痛苦大家不能理解。所以中磊我刚才在看，哟，他还挺注重自己的打扮，说明他还有时间，还需要更努力。另外，真的把他扒光了，不见得比我好看到哪里去。

主持人：一个依然有时间可以让自己这么潮的CEO，一定是一个不错的CEO。

马云：真不错。

主持人：依然可以享受生活。希望中磊可以继续在你的痛苦和快乐过程中更接近你的理想，好不好？谢谢，谢谢中磊。

精彩答问

主持人：问周星驰先生，目前担任导演会是你电影事业的巅峰状态吗？上次说不演是开玩笑吗？如果你不再演，喜剧之王的称号就要变成"重播之王"了！

周星驰：对，现在当导演是自己想的，但其实我在想我还可以当一个动作指导。其实我从小都是练功夫的，虽然现在年纪大了，没有练了，但是我对于动作、武术方面还是很有兴趣。坦白说我一直都有参与动作指导方面的工作，在我所有的电影里面。

主持人：日后可以跟马云切磋一下太极。如果未来要拍这样的电影，可以指导得更加贴切一些。那你俩可以应大家的要求现场来一段太极的推手吗？

（表演）

主持人：好厉害啊！

周星驰：大家相信了吧！我刚刚就是在里面看到了这一幕。

主持人：原来你真的做过武术指导啊？我还真的一直在怀疑这句话是真是假。

第二个问题是问马云先生的。您看过周星驰的电影吗？哪一部哪一句台词让您印象最深刻？为什么？

马云：我当然看过。我要是不看麻烦就大了。中国人能不看周星驰的电影吗？中国人是周星驰的电影一定要看，金庸的小说一定要读。其他的书读不读都无所谓了。我特喜欢《功夫》这部电影。《功夫》里面我最喜欢的角色是冯小刚演的那个叫"还有谁"。我创业的时候，在办公室里面一生气就说"还有谁"。就是这句台词，我觉得很有意思。

主持人：星爷，以后马云要是参与某一部电影的话，你一定要设计一个足够经典的台词。

周星驰：好。

主持人：接下来的问题是，许多观众会因为您的演出而看您的电影，但这部戏您没有参与表演而是作为导演、幕后指导。那您认为这部戏还有什么吸引观众的呢？

周星驰：其实没有我还是差了一点点。但是呢，真的我不演更好，真的！这是我心里的话，我发誓！因为都比我好，非常好。

马云：这句话是真话。

主持人：你最欣赏的女演员是谁？

周星驰：假如说是中国的呢，我现在认为舒淇就非常好。

主持人：底下的人认同了，来，下一个问题是说……

观众：马总喜欢谁？

周星驰：马总你喜欢的女演员是谁啊？太棒了，真的这个问题是我一直很想问的，我都不敢。现在有你们问，真是……是学生讲的，不是我！马爷，不是我不是我。

马云：这个，很多人都问过我这个问题。我也问过自己。说心里话我是真的没有这个答案。但是我再想一想，结束的时候我再跟大家讲，好不好？我稍微想一想。

主持人：下面这个问题是评价男演员的。马云先生说，男人的长相往往和才华成反比,请问您觉得周星驰先生是长相出众多一点还是才华出众多一点?

马云: 你自己说,你自己长相怎么样?

周星驰: 我都说了很多遍了,帅哥!

马云: 一般来讲,遇到说自己是帅哥的男的我转身就走。这个男人千万不能说自己帅,你觉得我长得怎么样?

周星驰: 你是大帅哥!

马云: 不是,你讲真话嘛!我都习惯了!

周星驰: 都看见啦,还能有假的吗?我们两个很明显啊,是吧?没话讲啦!

马云: 没话讲没话讲!我还是认同这个理,其实我觉得自己长得不算难看,属于长得有特色。从我们这种人身上可以看出味道的人,才是有眼光的人。

周星驰: 很有味道很有味道。

主持人: 星爷表示他是最有眼光的人。

马云: 在我看来这个星爷是真不帅,才华不错,只是长得有味道。

主持人: 互相评价不错。最后两个问题一人来一个,来。

周星驰: 嗨,太好了!(念问题)请问星爷,您目前这么成功,有没有想过写一部自传?第二,您的电影如此成功,有没有建议和忠告给我们学电影制作的同学?

主持人: 星爷用怀疑一切的眼光重新审视了一下这个问题。

周星驰: 我没有想过自传,但是电影的成功其实就是马总说的,要有想象力,要把想象力发挥出来,谢谢。

主持人: 我相信马总在选择一个足够精彩的问题。

马爷: 还真邪了门了,我扔在边上的全是星爷的问题。你看,星爷,又是星爷。

主持人: 这样吧,让他俩互相问对方一个问题吧。很多问题我们刚才已经涉及了,所以你俩现在必须很慎重的。谁先问?

马云: 你先问。

周星驰: 我问了,马爷刚刚说要想一想最喜欢的女演员,想出来了没有?

主持人: 他好无辜啊,想出来了没有?他正在想,还在想。

马云: 你可以换一个题目,因为我现在还在想。

周星驰：我能等，我能等。

马云：我是讲实话，不是说我怕说谁好。我先想一下我最近看了什么电影。《一九四二》里面我就觉得徐帆挺好，毫无疑问，《唐山大地震》里面我也很喜欢她。前段时间我们家在看那个《甄嬛传》，我觉得孙俪演得也非常好。然后呢，有一部电视剧我们公司人都看，叫《历史的天空》，演东方闻樱的那个女演员，殷桃，我觉得那个女演员也很好。

主持人：其实马爷说谁好都没什么杀伤力。关键是星爷说谁好，就太有杀伤力了。

马云：太对了。

主持人：好，接下来该你问他了。

马云：唉，你们（现场同学）有什么问题要问吗？

观众：谢谢主持人。我这个问题是想问马云先生的。我知道您现在也在做阿里金融，您做的阿里巴巴改变了我们年轻一代的生活方式。您在很多情况下都在强调信用的重要性，所以我想问问您，信用在今天年轻人的生活中，或者以后我们将要步入社会工作中会有哪些重要的影响？谢谢您。

马云：谢谢你的问题。下面的嘘声很多，让人感觉我在拖着了。废话少说，我一句话啊：信用很重要，如果今后没有信用，你们没法混了。

周星驰：很精准，很明白。

主持人：二楼的呼声很高，我们来不及递话筒了，二楼就选一位声音大一点的男生喊出你的问题来。

观众：星爷什么时候结婚？

主持人：什么时候结婚？唯一有权回答的就是星爷了。我们两个想答都没有机会了。

周星驰：不，他是问马总的。我什么时候结婚是吧？我还没结婚啊！

观众：准备什么时候结婚？

周星驰：也不知道啊，怎么会知道啊？

主持人：结婚是个难题，你得先让他找到合适的人。

周星驰：我怕现在没机会了吧。我都现在的年纪了。

主持人：你还不知道你是抢手的呀？星爷谦虚，说他可能没机会了，你们觉得他还有机会吗？

观众：有！

主持人: 其实很多人在每个方面都会忽略掉一些机会。今天有这样的一个"天马行空"的机会,我觉得对大家来说也是一个很好的机会。非常感谢两位在百忙当中,可以有这么一次跨界的对话。时间的关系,很抱歉无法一一让大家提问。我希望未来还能有这样的机会,能邀请二位再来中国传媒大学,大家欢迎吗?

观众: 欢迎!

主持人: 谢谢。每个人都有自己的理想,也有自己的精彩。希望二位有更多的精彩让我们一起分享。谢谢,也谢谢大家。再见!

讲座时间:2012 年 3 月 26 日
编辑:阳韵琳
校对:余佳遥

新闻梦

⊙ 孙　礼
　　→ 全媒体时代新闻人的选择

⊙ 凯　雷
　　→ 时政大事件中的小细节

⊙ 李智勇
　　→ 新闻枕头

⊙ 五岳散人
　　→ 散谈时评

⊙ 杨　禹
　　→ 新闻评论的力量与节制

孙礼：全媒体时代新闻人的选择

【嘉宾简介】

孙礼，毕业于中国传媒大学电视系。他用镜头、用笔杆，描绘着军绿色的新闻梦想。下基层，上高原，他创办了中国最大的原创军事图片网站，担任中国军网"军事札记"专栏主笔，受邀成为上海电视台《防务时空》特约军事评论员。他成功驾驭了文字记者、图片记者、摄像记者、评论员等角色，成了名副其实的全媒体记者。

【微语录】

只要你在做新闻，你永远都会碰到这样的状况——下了很大的决心要做一件事情，你觉得你在赌，虽然不一定成功，但是如果不赌就肯定不会成功的。

不管你在一个什么样的媒体、做什么样的报道，你都有可能成为一个不好的记者。想成为一个好记者，必须付出巨大的努力，必须抗拒非常大的诱惑。

做记者你可以要很多东西，你要理想、要尊严、要坚持、要经历，只有一样东西不能要，就是面子，记者没有面子。

我坚信的东西只有一样，就是奋斗。你只能相信一件事情，就是你必须往前走，你不能怀疑，不能后退。它太简单了，没有什么哲理可以说，就好像你面对那么多选择，面对那么多事情，很可能会选错一样东西。但是千破万破只有一样东西不破，那就是你的坚持、你的奋斗。

传媒！传媒！——在中国传媒大学听讲座

主持人：大家好！欢迎来参加我们的活动，今天的主题是"新闻人的职业战略：全媒体时代新闻人的选择与放弃"，我们请来了中国军网国防部网视频主编孙礼先生。孙先生2007年毕业于中国传媒大学，同年进入解放军报社任全媒体记者，现为中国军网国防部网视频主编，先后参与全国两会、抗震救灾、国庆60周年大阅兵、北京奥运会、上海世博会、嫦娥二号、天宫一号等重大现场报道。作品获第一届、第二届中国人民解放军新闻奖，曾深入中国唯一不通公路的县城——西藏墨脱采访，后创作网络专题作品——《打通嘎隆拉，推开墨脱门》，获第21届中国新闻奖二等奖。

⊙ 生死边缘的感悟

我好几年没有回学校了，今天来到这里准备的东西不多，咱们就以聊为主。刚才主持人提到，我有一个和墨脱有关的作品。墨脱是我国最后一个没有通公路的县，在喜马拉雅山的南边，也是中国唯一一个在喜马拉雅山南边的县。

在此之前，我想先请大家看看最近在网络上非常流行的一组图，叫做"你眼中的记者"，相信很多人都看过。在朋友眼里，记者肯定是一路上有美女相伴；在路人眼里呢，记者都是扛着大包小包，我就有一个包，走到哪儿带到哪儿，今天也带来了，我一直觉得这个包很厚，说不定哪天可以帮我挡子弹；在同行眼里，记者是蹲着在地上的，还穿着一双拖鞋；在父母眼里，记者这个职业可是十分光鲜，好似每一个记者都是镜头前的白岩松。那么，我想问问在座的同学们，提到记者，你想到的第一个词是什么？好，我听到几个答案，有正义、辛苦、忙碌、危险，你看你们想到的都是战地记者吧，还有个同学说了"基层"。基层这个词很好，我们在学校的时候，老师总说记者是"无冕之王"，但是到了工作单位，又被人叫做"新闻民工"，就是那种把男生当成牲畜使的新闻民工。我还有个问题想问大家，大家想成为哪个领域的记者呢？比如我，我的理想就是成为战地记者。

刚才主持人提到我参加过的一些采访，其实这也是我工作五年中少数值得一提的几次采访，大部分时间我还是在做会议新闻的相关报道。

我想跟大家讲一下我的墨脱之行。墨脱是一个不通公路的县城，它最大的特点是面积很大。我们在地图上标称墨脱是三万平方公里，但实际上中国只控制着一万平方公里的面积，剩下的面积在印度军队的控制下。在这三万平方公里的土地上，中国控制下的人口是5千人，其中有2千人在县城。因为它在喜马拉雅山的南边，所以交通非常不便，从新中国成立到现在，中国只有一个县城没有通公路，那就是墨脱。在我们去之前，国家"十一五"计划中有个"收关计划"，就是要把公路打通到墨脱去。打通这条公路是有一定难度的，其中最难的地方就是要打通喜马拉雅山脉。你要翻越既定线路上永久积雪的雪山是不太可能的，所以必须要通过一条隧道打通整个山体。工作难度在于其他山体我们可以从两边同时进行打通工作，而这条隧道只能从一边打通，因为另一边不通车，意味着没有建材、没有机械、没有工具，所以我们只能从北边也就是靠近拉萨那边去打通。

2010年12月12号到18号，在隧道马上要贯通之时，我们"军报"9个人开始了"隧道之行"。修这条公路的难点之一是要经过一座叫嘎隆拉的雪山，它处于一个隆起的山脉上，有地震的危险，因此就会有雪崩的危险。当时我们过这座山的时候，当地军区接待人员劝我们不要进去。12月正处在雪山的积雪季节，也就是封山期，墨脱的封山期有8个月，这8个月里墨脱是与世隔绝的，整个县城都与外面的世界相隔绝了。不仅如此，在3月份开春开山前的1个月，墨脱县是断粮的，外面的食物进不来，而县里仅有的几个小商店的饼干其实已经过期很长时间了。可能我们这边卖两三块的桶装饼干，在断粮的墨脱能被卖到三四百一盒，这就是我们进入墨脱时那里的状态。这里不能通直升机，只能走过去，而走过去就会有雪崩的危险，每年都会有三百到五百人尝试在封山期进入墨脱，在这条进出路上死亡的人数是30个左右，也就是十分之一的概率。但是我们必须要走，这条隧道是路上环境最恶劣的地方，也是灾情比较集中的地方，我们的报道是围绕这个隧道展开的。整个工程在12月15号当天完全贯通，这里还有一个小插曲：当时央视做直播，他们把两台摄像机放在了隧道打通的爆破点上，想把炸点炸开的瞬间展现在直播中。而结果是两台价值超过六十万的设备都报废了，所有人都没有看到爆炸瞬间的画面。这个代价是高昂的，但是，只要你在做新闻，你永远都会碰到这样的状况——你下了很大的决心要做一件事情，你觉得你在赌，虽然不一定成功，但是如果不赌就肯定不会成功的。

这就是我们那次采访的一个简单的情况,我花了很多时间来给大家介绍,是想让大家能够更加了解墨脱,也了解记者真实的工作状态。

⊙ 选择决定人生

再回到我们开始的问题:你眼中的记者是什么样的?有人觉得记者不反映真相,在撒谎;但又有人对记者充满期待,认为记者是一个敢说真话的群体。大家觉得记者是前者还是后者?我实话实说,我眼里的记者,两者都是。记者,既是"无冕之王",也是"新闻民工";他既说真话,也有可能传播假象,不管是刻意的还是不小心为之的。而我的总结就是:记者的双脚永远都应该站在广阔而热闹的社会底层,因为那是养育你的地方,但是记者的面孔必然会出现在充满傲慢与偏见的所谓的"上流社会"。这是记者都会遇到的困惑,我也有。如果你在一个很大的媒体,你每年都有无数的机会见到国家的官员,在一个大的场合里你会觉得自己已经站在这个国家最顶端的决策层中间,你可以看到这个国家这个社会顶层的运作;但是另一方面,我们为什么被称为新闻民工呢?因为记者本身地位还不算太高,工资也不高,哪怕你在最好的媒体里玩命地写稿,也大概就能拿到一万出头的工资。但是如果你不做记者,凭借各位的聪明才智,去一个写字楼找一份别的工作,相信轻轻松松就能拿到一万以上。记者很累,记者很敬业,但是记者必须是这样。那么这就给记者提出了一个很严肃的问题,你怎样才能正视你的职业身份?怎样在你这样的一个尴尬当中求得生存?

你要选择。如果你做记者,对你来说第一个重要的选择是选领域,你选择的领域有可能是未来十年之内你做出的最重要的选择。你选什么媒体不是最重要的,重要的是你选择了什么领域,这个领域决定了你未来的职业道路,你在离开学校后的人生基本上都是依赖着你的职业经验和你的人脉,你就靠这两样在这个社会上安身立命。这是第一个选择。

第二个选择是你从哪里出发。有的人是善于思考的人,所以他待在编辑部会有很好的发展,而有的人适合一线。我看到在座的有很多是女孩,传媒行业有一点歧视女性,很多传媒单位招聘都会说男性优先,因为这是个非常辛苦的活儿。如果你是个女生,有时候领导会觉得这活儿太辛苦,不好意思用你,就算你愿意熬夜领导也觉得心疼，这个就是你做记者必须要付出的。今天我们在这里很轻松地聊这些话题，你可能会觉得我的职业生涯很顺利，其实完全不是这样的。在地震的时候，部队不睡觉你也不睡觉，哪里有灾情你就在哪里，这话听起来满怀豪情，在实际中非常艰难。如果你没有东西可以吃，如果你已经连续奋战了48个小时，如果你需要写一篇5000字的稿子，这个时候编辑部每隔5分钟给你打一个电话催稿子，该怎么办？那种状况是会让人崩溃的，但这是你必须要选择的东西。所以你必须选择，你从哪里出发，是从编辑部出发还是从一线出发，这是不同的道路。

⊙ 全媒体挑战下的新闻记者

今天要讲的最后一个问题是今天的记者，尤其是你们在2—3年以后进入媒体行业会遇到的问题——全媒体的挑战。作为记者，要说话，要表达，要告诉你的读者你看见了什么。因此在什么地方说、以什么方式说就是记者需要认真考虑的问题了。

今天，可以说我认识和接触的所有媒体都在转型。不管是体制内的媒体还是市场化的媒体，甚至外媒都提出了自己的转型战略，而转型的核心词就是"全媒体"。

举个例子，我有个同学大学毕业之后去了牛津大学读书，他有着非常高的职业理想，他的目标是普利策新闻奖，是做世界上最好的深度报道，他也一直在往这个方向努力。而现实是他牛津毕业之初作为《财经》驻伦敦的记者，每个月拿着相当于在北京3000元的工资。回国之后，《财经》给他的任务是加入视频团队。他做过很多很好的报道，也拿过欧洲的新闻奖，但是总编告诉他：我们未来的目标是要发展"财新视频"和"财新会议"。由此可见，媒体在转型，从内容方面来说，他们转型的所有目标都是将内容转为可视的。最后，我这位同学去了《财经》的视频团队，开始了新的征程。

《人民日报》有"人民网"，而《南方都市报》最近也一直在做"南都亿像素"和"南都三百六"。《南方都市报》的做法在新闻界是经常被讨论的，这两项创新对摄影都是挑战。传统的摄影记者去拍照片，就是考虑光线、景别等常规摄影，而今天《南方都市报》给摄影记者带来的新挑战则是拍特别特别大的场景，让你能够看清楚照片上所有的细节，这样一来就完全改变了摄影记者的工作状态，过去所有的经验也都不起作用了。记者们需要重新去适应这个产品，摸索它有什么特性，再把它带给读者。这就是全媒体时代带给这个行业的巨大冲击和带给记者的巨大挑战。

现在很多记者都用iPhone写稿发稿，《人民日报》和《南方都市报》给记者统一配发了iPhone，以方便直接传稿。很多媒体，例如央视，都要求记者在官方微博上实时发布报道动态。就像我手上拿着的最新一期的财新《新世纪》，翻开它的时候我发现其中的大部分报道是我读过的，因为我在他们记者的微博上看到过一些相关内容的发布，而今天在杂志上看到的是成稿而已。微博是新媒体，它改变了记者的采编过程——过去是记者写好稿子之后发编辑部，编辑部审过了就发表，但现在是当记者赶往现场、抵达现场的时候就已经在工作了，这个过程同样是新闻产品生产的过程。不管你想要选择哪个领域，今天在座的各位日后可能都会碰到这样的状况。

我记得我当年大学第一学期学习了写作，之后是平面摄影、电视摄影、电视编辑，再之后就去实习了。那么我们到底掌握了多少其他的技能呢？针对媒体工作人员，媒体单位在招人的时候也越来越关注这一点：你能不能适应多个岗位下的技能要求？在一些情况下，技能是最重要的，是你安身立命的根本。我曾经跟一位老师聊天，在采访现场他跟我说，如果有一个重大的现场采访任务，只能派一个人去，那么他会派摄像去；如果能派两个人去，那么他就派两个摄像去。因为摄像在必要的时候能够干所有的事情，但是一个编导、记者或者主持人则不能干任何与摄像有关的事情。只有在能派三个人的时候，他才会考虑派摄像和记者的组合。

你们在将来也一定会遇到这样的问题，很多采访机会限定名额，那么谁能有这样的机会呢？这取决于你拥有多少技能。单位决定招谁，除了看这个人是不是靠谱，态度是否端正积极，技能也是非常重要的。

精彩答问

观众：师哥您好，我有两个问题。一个问题是，您在《解放军报》工作，那是一个比较正面的中央媒体，而我觉得您是一个追求深度、很有自己个性的记者，我觉得这两点有点矛盾，您在这两个矛盾中怎样找到一个平衡点呢？还有一个问题就是您已经工作5年了，到现在为止你最深信不疑的一点是什么？

孙礼：我先回答你第一个问题，我觉得这个矛盾永远都会有。去年我非常心仪的两家媒体都给了我 offer，一个是《南方周末》，一个是《财经》。以前我觉得如果有一天这样的媒体找我，那我一定会去，不管我在哪儿。但是事实上我拿到 offer 的时候却犹豫了一个月，最后没去。第一个原因是我担心。你职业生涯做的第一个决定对你太重要了，我当时的决定是在军报、军网和国防部网工作，我在这个媒体没日没夜地工作了 5 年，如果我离开，可能就要放弃在军事领域内的全部积累，放弃过去 5 年建立的职业声誉和资源，我有点不舍。第二是因为这种矛盾并不是一直都会很强的。工作 5 年了，我觉得我能找到一条道路，平衡这个矛盾。其实不管是在中央媒体还是在市场化媒体，永远都是那些被称为有良心的新闻人居多，即使军报这样看起来非常革命非常红色的媒体，也是一个会努力抗争的媒体。

在这样的矛盾面前，你能做的事情有什么？当我碰到这样的矛盾的时候，我是这么想的：我要做好我自己能做的事情。作为一名记者，我能力有限，在某些领域的资源也有限，我的确不一定能做好某些报道，但是我相信其他媒体会去做我所不能做好的报道，他们有更强大的在这个领域的经验，要相信你的同行能做。说实话，记者是一个职业共同体，名义上大家都在单打独斗，但是每一个人的命运又是整个媒体圈的命运，所以你会看到记者特别抱团。

作为一名记者，你代表着你的媒体，你要时刻记得你跟你的采访对象是平等的，要不怕被拒绝。我有一个师弟在《第一财经》工作。有一次做油价会不会涨价的报道，他打电话给"发改委"问油价会不会涨，"发改委"的负责人很恼火，对他说你不要问我这个问题了，今天已经有一百个媒体问我这个问题了。这很正常，在放风的时候，大家都猜明天会涨，所有媒体都会问这个问题。有的记者碰到领导说"你不要再问我这个问题了，我不会告诉你，我已经回答了 10 遍了"就会放弃，但是他没有。他采用了我们常说的进步式的、侵略式的提问，即一再地打电话。大概打了 10 个电话，打给司长，说我就询问这一件事情，能不能透露一点信息？总而言之就是要证实它，最后司长被问到恼火，失去理智就抛了一句话，大概意思是按惯例调整油价，为什么媒体就不能按规矩来？师弟欣喜若狂，拿着录音立刻就上口播，播完给了他的主持人，主持人就拿着录音播，还起了一个很好的标题，叫做《发改委负责人怒斥记者　证实油价将涨》，这就成了爆炸性的消息，《第一财经》也是第一个发出要涨油价的媒体。我们常常说一句话："做记者你可以要很多东西，你要理想，要尊严，要坚持，要经历，只有一样东西不能要，就是面子，记者没有面子。"

你的第二个问题是，我最坚信的东西是什么。这个特别简单，这么多年，不管我将来做什么，将来是不是还在这个行当里面做，我坚信的东西只有一样，就是奋斗。你只能相信一件事情，就是你必须往前走，你不能怀疑、不能后退。它太简单了，没有什么哲理可以说，就好像你面对那么多选择，面对那么多事情，很可能会选错一样东西，但是千破万破只有一样东西不破，那就是你的坚持、你的奋斗。在每一个采访中也好，在整个记者生涯里也好，虽然每一次往前走不一定会碰到好的结果，但是你站在那个地方不动，是一定得不到任何结果的。当然，记者也容易产生惰性，有时候干久了会有经验，有经验是好事也是坏事，坏事就是你会停止往前走，你对自己所在的领域太熟悉了，你就会停止学习，这个时候就必须逼着自己去做一点改变。所以最后我相信的还是我的奋斗。这就是我的回答。

观众： 我想成为走基层的记者。我做过一年的记者，感触就是每次都是跑会议，但我觉得我对记者的理想追求并不是这样的，我希望真的能深入到田间地头，去做一些实实在在的事情，我不知道这样的新闻理想还能不能实现？

孙礼： 说实话，我自己对基层也有非常深的感情。每次去部队采访，我也会跟接待的单位说你当我不存在，我不要大鱼大肉不要接待，你让我能够顺畅地采访就可以了，但是这个往往很困难。

我明白你的想法，你的心是属于基层的，但是你当了5年、10年记者之后，还愿意那样吗？老记者是一件特别可悲的事情，可能在别的领域里面，往往是时间越久资历越高，但是记者，尤其是在现在的中国，当我们自己提起谁谁谁是个老记者的时候，心里面是带着一种悲哀的，因为你跑不过年轻人。我打个比方：今年我26岁，我一定比46岁的人能跑，而且比他能写，因为我能熬夜、我的语言新，读者要看我的语言，而老记者就处在一个很尴尬的境地。你可以选择去基层，但是要明白将来有一天你会离开那个地方。这也不一定是坏事，因为你知道自己会在这个地方待两三年，你只会在田间地头行走两三年，你就会特别珍惜在基层的时间。这几年里面你遇见的人、你的采访对象、你经历过的那些悲欢离合会给你的整个人生带来很大的变化。

讲座时间：2012年3月23日
编辑：黄蓉
校对：刘柳

凯雷：时政大事件中的小细节

【嘉宾简介】

  凯雷，香港《文汇报》高级记者，北京分社执行总编辑，作为十五次参加全国"两会"和"党代会"采访的资深记者，他积累了大量实战经验。作为职业记者的他时刻保持"热心冷脑"的基本素养——有激情和热心，忠于职守；同时，头脑时刻保持冷静。无论遇到多大的领导，多紧急的突发新闻事件，他都能做到随机应变，保持记者的冷静与职业操守。

【微语录】

  "人的本质是各种社会关系的总和"，你认识的人，你采访的人，包括你的亲朋好友，都是你的人脉。

  记者应该走群众路线，你坚持这样做就会得到成功，关键是一点点积累。

  真正有新闻素养的记者，会回到原点。

  做新闻一定要加入人性的元素。

⊙ 当记者最重要的素质是随机应变

香港媒体人有个特点——都是空降兵。突然间你就到汶川去，或者一毕业就把你空投到一个地方，立刻要展开采访。比如说汶川地震，可能除了几个宣传部的领导之外你什么人都不认识，但是你的报道对象不是领导，你主要是报道灾民、灾情。比如说最近余姚的事情，如果把你空投过去，你什么人都不认识，怎么去找到它的新闻性？在一个陌生的环境下，我觉得记者最重要的素质就是随机应变。

我讲两点：一个叫以小见大，一个叫随机应变。有一个记者叫秦枫，原来是凤凰的，后来去了香港卫视。有一次讲中国毒牛奶的时候，她去采访一个会议，欧盟主席也在，当时欧盟主席就喝了一盒中国的牛奶，她拍下这个镜头，非常轰动，一个极小的人性化的细节，但相当给力地证明了欧盟对中国牛奶的信任。

再给大家讲几个关于王菲的例子。第一个例子是这样的：王菲当时怀孕，她从日本回到香港，在回香港的飞机上，有一队香港媒体人也在，大家都和王菲打了招呼。结果第二天，《东方日报》的头版头条有五个字——"王菲怀孕了"，这在当时特别轰动。报道这篇新闻的是一个女记者，我觉得这就是她作为一个女记者的敏感。当时我不在飞机上，但这个例子给我印象很深，她的观察很敏锐，这一点就是随机应变。

王菲和李亚鹏离婚，大家一看微博上有消息了，就说没新闻可做了。但是真正有新闻素养的记者会回到原点。微博上有个人叫"哑巴"，她第一时间拿到照片，王菲和李亚鹏坐在一个地方，大家都认为是在民政局拿到离婚证了。有一个记者就去给民政局打电话，却发现一个很大的新闻，民政局说："没给王菲和李亚鹏办离婚啊！"后来又有记者到乌鲁木齐的民政局和各地的民政局去问，都说没有办。这时候他就打电话给老板交差了。独家吧！回到原点，重新验证，常常会发现别人没有发现的新闻。

第三个例子，也是王菲生小孩，第二个小孩，在北京。当时狗仔队都来了，我们这儿也布置了狗仔队，以我为首。我觉得我当时的分配还是不错的，达到了效果，抢到了王菲怀孕生男生女的独家，但是没有拍到照片，不过抢到了王菲在哪个医院生小孩的独家。你想我又不是妇产医院的，为什么我们会做到这个独家呢？当时我们有一个统筹安排，狗仔队核心的有四五个人，还有外围的来实习的同学。我们在王府的每一个门上把一个记者，我们的司机有一个对讲机，它不是用来交流，而是使用无线电和王府保安的对讲机联系在一起。那个保安一说"王菲出来了"，这边立刻就能收到，这让我们对她的来回行程有一个掌控。

⊙ "人的本质是社会关系的总和"

我印象中讲"马原"的一个老师名字就叫"马原"，他用粉笔写下了马克思的一句话："人的本质是各种社会关系的总和"。作为一个记者，我是一个空降兵，我要和很多人立刻打交道，从陌生到熟悉，时间很短。你认识的人，你采访的人，包括你的亲朋好友，都是你的人脉。这就是为什么发动记者走群众路线。记者应该走群众路线，你坚持这样做就会得到成功，关键是一点点积累。

比如说我到《文汇报》是实习记者，做了十五年做到了北京站的执行总编辑，我没有背景，就这么一步一步做上来。我也比较吃惊，怎么做到这一步的呢？因为仔细想想，领导每次对我都不怎么满意，因为你可能很难达到领导的标准。领导把你提为高级记者、助理总编辑、副总编辑前，每次都不满意。而作为我们一线上来的记者，缺乏背景，缺乏管理能力，缺乏很多东西，但我们能靠的是什么，靠的是勤奋，靠的是经验积累与敏锐性，还有一个就是我们对新闻的深刻理解，就是我刚才讲的"人的本质是各种社会关系的总和"。我到了一个地方去总要换名片，现在我有两大盒子、三大盒子名片，换这么多名片就是建立起了关系网。我手机号码比较差，一般人都不喜欢用，末尾是"44"，好多人换，我说我就不换了，没有关系，我们是唯物主义者。社会关系是一个庞大的网，好多同学不愿意积累，说干了三年的记者之后要跳槽。那你跳到哪儿去呢？真正跳槽成功的是积累了很多关系之后，成就了你的价值后，才有更好的一个职位等着你。

⊙ 我与总理

大家都看到习总书记打车的新闻了吧？习总书记有一天打车去钓鱼台，给出租车司机题了一个词：一帆风顺。当然这不是事实。但是总书记的确有给《文汇报》六十五周年发贺信，有次我把它发到微博上，有人就说："这东西是假的吧，总书记怎么会给你们《文汇报》写信呢？"但是这个是真的。所以你看，总书记对海外华文媒体很重视。这是第一点。

第二点，就是《文汇报》的报道品牌：微博直播主席和总理选票，微博独家直播习近平访问广东，习主席去深圳就是我最早发出来的。后来腾讯把我删掉了，我就更确信总书记到了深圳，因为总书记去了腾讯公司，否则他不会这么着急地把我的微博删掉。

我最欣赏的是周总理，看到电视播周总理的时候我都想掉眼泪。我也可以给大家讲讲媒体是怎样报道的，结合周总理去世的时候。再讲退休的温总理的，再讲一下李克强总理的，他们有一脉相承的品质。

先讲温总理。我觉得温总理非常儒雅。网络上有一些声音说温总理作秀，我觉得这么多年接触下来，总理他不是作秀，而是一个非常真诚的总理。我可以举一个例子：我跑了十五年"两会"，以前是朱总理。朱总理见记者就是三排，后面一排记者、摄像的。当时朱总理点了一个吴小莉，吴小莉就出名了，但是你们电视上看不到，朱总理一散场之后就走了，非常威严，一般不和记者们打交道，记者也不敢跑上去交流。其实我特别想跑上去交流，有一年吴小莉在我后面，小莉跑上去了，但我们就不敢上去，朱总理很威严。

到了温总理执政的时候，总理对媒体的态度有了很大的改变。第一年温总理带着副总理出席，当时大家都觉得他和朱总理是一样的，准备解散各回各家。忽然间总理走下台来伸出了手，有个香港女记者就很自然地躲开了，我很能理解，因为这时候没人能想到总理会来握手。总理的行为是很能以小见大的，说明总理关注香港。他为什么找这个女记者握手呢？因为她提问了。这个时候，她后面站着的，就是我，她躲开后，我的手就握上去了。我也是做时政的，正赶上巧。

最后一次和温总理握手的时候我心里也很难过，差点还掉了眼泪。有一个细节是总理在记者会上所坐的椅子上都有一个垫子，因为总理年纪也很大了，七十多岁还在工作，非常不容易。我认为总理不是一个作秀的人，很真诚，能够让人亲身感受到他的这种品质。

我再讲总理的楷模。总理的楷模就是周总理。我与周总理当然没有接触，但他的侄女周秉德接受过我的访问。上世纪90年代我老听国外广播，当时有个节目，就说有个去国外的女的自称是周总理的女儿，挺有说服力的，我觉得不可信啊，后来周秉德说不是这样，我帮她澄清了这件事。媒体人的素养在于，我们是以事实为基础的，新闻不是事实，新闻是对事实的报道，是报道就会有虚假的可能，我们要回到事实的原点来探究、报道。

接下来我要讲去年发生的事情，这是新一届的李克强总理了。当时克强总理离开了会场，矿泉水是他喝过的，喝过之后把盖子盖上了，居然有个女记者跑上来打开喝了一口，得意洋洋。这个细节很引人注目，在当时很轰动，很多人抨击她。我做记者十五年，最近十年每次总理记者会结束，我都跑到主席台上，有人以为我也一样去合影，去喝水，这些很有趣，但太小。我总是第一个跑上去，我们在观察、寻找总理离开后有没有留下物件、纸张，香港《文汇报》曾经因此拿到过重要的"料"，做出了大新闻。到了微博时代，民意的诉求聚焦在住房、教育、医疗、安全等方面，过去谁拿了总理的铅笔、杯子，得意洋洋，现在民众很反感，他们对记者代表民众发声、表达诉求有更强烈的期待。

⊙ "公开是个好东西"

之前我搞财经新闻，证券峰会开幕的时候王岐山从广东来。当时王岐山到贵宾室休息，我就跟进去了，坐在他旁边。他和坐在旁边的一拨一拨人聊天，讲了很多财经方面的东西，也没有发现我，他以为我是他的秘书。我特别佩服王岐山，倒不是佩服他当副总理，而是佩服他的人格魅力。为什么我要讲人格魅力？因为王岐山做什么我觉得都是特别棒的，特别有魅力的，特别能征服人的。当时我坐在那儿，把该听到的都听到了，我听完刚走出门，就被人拦住了，说我不像秘书。于是我就向王岐山求救，我上去递给他一张名片，因为他刚来，我也搞不清他是省长还是副省长，就说："省长，我是香港《文汇报》的，您给我个电话吧。"没想到王岐山真给了我电话，他说："我现在刚换办公室，正装修呢，给你一个秘书的电话，你打绝对能打通。"他真的是个很开明的人，一看我是这个样子，听就听了嘛，这就叫开放。他和我说："我在广东就订你们《文汇报》，我在北京也要订一份。"我就连忙说："不用不用，我给您送一份。"这么一说，旁边的人就不说什么了，他怕警卫在他走后还刁难我，就让旁边的人专门给我们合了张影。

王岐山到北京之后当市长，当时很多的谣言在传高校出现 SARS，我就发了一条新闻——《北京超十所高校出现 SARS》。就因为这么短短一条新闻，第二天北京疾病预防控制中心就开了记者会辟谣。它没有说《文汇报》，它就说香港媒体造谣。这当然不是造谣，我是辛苦汇总了各高校的数据，这些消息都很准确。我很生气，就给王岐山写了一封信，打了一个电话，就是他当时给我的电话，联系到他的秘书周亮，后来周亮又给我他的传真。他对媒体很友善，他的秘书也很好。给了传真之后我就发了一封信，和王岐山说这个不是造谣，还给他提了一个建议，就是在高校这么敏感的地方，信息应该越公开越透明越好。我写的这封信没有得到回应，宣传部给我们领导打了电话，我们领导很紧张，以为他们对我有意见，以后提拔的时候要考虑考虑是不是有什么问题。但事实上一周之后，新浪的界面头条，就以列表的形式滚动播发了北大、清华、人大、北广的 SARS 情况，新闻出来之后，传言立即平息。这就是我为什么说"公开是个好东西"。

另外，通过这几个事情，我判断王岐山对传媒友善，他善用传媒，也有很好的传媒素养。中纪委不是开了个举报网站吗，我相信有一天中纪委也会开微博、微信。

⊙ 做新闻一定要加入人性的元素

张春贤是政治局委员，2011 年，他在腾讯微博公开回答民众提问，非常火。当时记者们都朝他扑过去，我带着一帮记者从他后面包抄。这时候出现了意外，一个台湾电视台的记者拿着话筒，一下子把我的眼镜捅掉了，我大喊一声："我的眼镜掉了"，前面的记者没有人帮我捡，大家只顾着抢新闻。

这个时候张春贤就弯腰帮我捡，他很风趣，说了句："你看我身手还矫健吗？"当时网上广泛传播，说领导人帮记者捡眼镜。大家可能知道之前有的省委书记骂记者，那和这件事就形成了鲜明的对比。所以，以后我们大家做视频、做新闻，一定要加入人性的元素。我印象中有一个 EMBA 的同学新闻做得特别棒，他跟着李克强总理去了棚户区，总理到了一个人家里，家里大人坐在床头陪总理唠嗑，然后柜子里跳出来一个光屁股小孩儿。那个小孩儿原来在被窝里，看到领导来了，躲到了柜子里，然后以为总理走了，待不住了，就跑出来，看到领导赶紧又拿个被子把屁股盖住。这也是很有趣、很有人性的事情。

还想和大家强调一点，因为大家都是学传媒的，以后要和外国人交流、和外界打交道的时候很多。我有一次去中南海的时候，新闻官就说，怎么都穿着拖鞋啊。香港记者都是这样，但是一般来说面试啊、媒体见面会啊、采访啊，这种比较正式的场合，还是要重视各方面的礼仪，尤其是在涉及跨文化交流的时候。

⊙ 一张名片的故事

讲讲索罗斯一张名片的故事。我采访到索罗斯这件事，我们报社的人都不相信，第一是我从来不跑外交，第二是特别巧，我到香港去刚好采访到索罗斯，这是零几年的事。他们以为我抄袭，然后说是独家专访。本来我就发条小消息，结果他们说我抄袭，我就把照片也发过去，发了一大版。

那一次我跟着一个人，他们要去和索罗斯吃饭，这时候特别巧，那个领导堵车，中间空出二十分钟没记者，我说我是记者。索罗斯有一个新闻官，我给了这个新闻官一张名片：" 你看，我是香港《文汇报》的记者。" 但是你知道新闻官说什么吗？新闻官和索罗斯说：" WenHuiBao newspaper. It's red color." 这个情况下就显示出索罗斯的水平。索罗斯为什么接受我的访问了呢？这其实是一个变相的推销。大家知道索罗斯很有钱嘛，把好几个国家搞垮了，把香港也差点搞垮。如果中国没强大的时候，red color？NO！如果说是 20 年前，香港刚刚回归的时候，我去采访索罗斯，和他说我是香港《文汇报》的，他肯定不接受访问。但是现在中国强大了，崛起了，索罗斯一听说 red color，非常高兴，欣然接受这个访问。

我给索罗斯一张名片，索罗斯也给我一张名片。索罗斯发现我名片里有一个错误，Executive 少了一个 "e"。我以后就把这张名片保留了下来，留个纪念。这是我的同事给我印错了，因为我们以前没有执行总编辑，打印的时候就出错了。回到前面的话题，真正的高层领导第一重视宏观，第二重视细节。这一点上，你不得不佩服这个人！这个人管理的基金可能有几千亿，同时他也能观察到你名片上少了一个 "e"，这就是真正的高人的水平。

精彩答问

观众：您觉得记者在采访环节应该怎样设置提问？

凯雷： 采访之前要做很多准备，随机应变可以作为支撑。我觉得设计提问，第一是要吃透，第二是要换位思考：别人最关心的是什么，社会上最关心的是什么。现在还有一种方法——在微博上面搜索。昨天我要准备一个新型城镇化的采访，不知道要提些什么问题，就到微博里面搜，好多微博就是很好的问题。从对方的角度出发，具体问题具体分析，然后借助工具，在微博上找一找看一看，借鉴、启发一下，我觉得是很好的。

观众： 老师我想问，现在纸媒的采访方式，和新媒体上新闻的采访和报道有什么异同？

凯雷： 这也是一个很好的问题。我个人觉得，首先要从记者本身出发，就是你既给报纸写稿，又给电视台写稿。第二个，你一定要重视自己的微博和微信。你一定要有一个自己的微博，去关注一些情况。新媒体与传统媒体有着不同的传播渠道与影响力。

我可以举一个例子。十年前我在《文汇报》上写了一个批判"岳飞不是民族英雄"这个观点的报道，反映到教育部部长那里去了。南京有个地方叫江宁府，给秦桧立了一座像。当时岳飞的后代就打电话给我，我说行，我写一个东西直接发到腾讯微博上，我给几个认识的人说帮转转，一转影响就很大。很多媒体就给我打电话、跟进、转载。所以我个人觉得，不同的媒介有不同的发声渠道，大家会越来越重视不同的发声渠道吧。

讲座时间：2013 年 10 月 13 日
编辑：刘柳
校对：余佳遥

李智勇：新闻枕头

【嘉宾简介】

李智勇，"北广"出身，现任《人民日报》社会版副主编，喜爱曲艺相声，对生活心态乐观，对新闻诚挚热爱，对社会触觉灵敏。传媒学子有三头：镜头、笔头、口头，而他，还要送我们一个能做新闻梦的"枕头"。

【微语录】

它能够唤起我们每个人内心的同情，这就是审美的力量；它能够让你感觉到一个生命陨落的无奈，这不是简单的材料堆积陈述——新闻从来都不是材料的堆积。

我提倡做饱满的人，不要做单向度的人。单向度的人成为了机器，不管是挣钱的机器还是新闻机器，我都不赞同。我们一定要是一个活生生的人，有活泼泼面貌的人。

新闻有时是艺术，你虽然在记录真人真事，但是你也记录了这个时代的情感，你表达了这个人物的命运，表达了对这个世界的认识；新闻从来不是科学，但在求真上又是科学，你不能把它变成科学的论文，你要模仿活泼泼的、通俗的文风；新闻永远是一门手艺，需要你不断地练习，曲不离口，拳不离手。

做记者，不一定非要成为音乐家、诗人、艺术家，但起码要成为一个音乐爱好者、诗歌爱好者、艺术爱好者，新闻人就要这样，各个学科都要涉猎、要热爱，杂取各样艺，拧成一股绳，这才是新闻人。

⊙ 编织一个"新闻枕头"

我是97级新闻系毕业的,当时广播学院的院长叫刘继南。刘老太太有一句名言:广院的学生有"三头":镜头、笔头、口头。我今天在这个讲座中加了个第四头——枕头。我之所以用这个题目,是想把一个古老的故事切进来,这个故事最早源自于唐传奇,叫《枕中记》,后来到汤显祖的《临川四梦》里,改编为《邯郸梦》,也就是成语词典里面的"黄粱一梦"。这一说,有人会说您别讲了,新闻梦想到你口里成了黄粱一梦,洗洗睡吧。其实不是这个意思,我不至于说这么没有原则的话。仔细研究一下"黄粱一梦"这个文本,用叙事学的文本分析法去考量一下古老的故事,我们会发现这里面有一种崭新的走向,这个走向和我们目前的处境很相关。

从这个故事里进行现代性的分析,会发现这个故事包含几个元素:一个是书生,就是卢生。这个人怀着一腔梦想,他想建功立业,有当官的梦想、从政的理想;一个是吕温,是知道事情前因后果的一个人。他给卢生一个枕头,这个枕头能让卢生虚拟地实现他的梦想;最后是卢生恍然大悟:人生真是春梦一场,不应该留恋人间富贵。但是我们再仔细地想一想,前几个情况实现之后一定会导致看破红尘这样一种结局吗?有没有另一种可能?假如把卢生置换成王安石,我们都知道王安石变法失败,失败的一个重要原因是用人不当。假如王安石通过这个枕头的虚拟,知道这几十年是怎么回事,突然一醒来,这个时候他就知道将来的历史走向是怎么回事,他制定的新法到底有哪些不足。知道了这里面的规矩,当拥有四五十年从政经验的书生从睡梦中醒来,他没有想着出世,而是想着这一遍不够好,存盘吧,我再玩一遍将会出现什么样的结果。所以我想说的是,诸君啊诸君,岂非新闻邯郸道上的书生乎?诸位怀揣着一腔梦想,想着将来要实现我的新闻梦,要进中央电视台、进《人民日报》,要大展宏图。但是一个真正的传媒人需要怎样的基本素质,你们是不知道的。你们和卢生一样想得很好,列鼎而食,把一些边边角角的东西当作最重要的东西,这个时候就需要一个吕老道,来给大家说两句,所以有诗曰:"四十年来公与侯,纵然是梦也风流。我今寥落邯郸道,要向先生借枕头。"咱们算是开说了,利用这一个半钟头的时间给大家讲一段,做一个语言编织的枕头,大家最好能通过这个枕头知道怎样更好地实现自己的新闻梦。

⊙ 守住新闻的底线

围绕着"我们应该怎样做新闻梦",我提出三个问题:一是做新闻需要具备哪些基本的素质?第二个问题是理论到底有什么用?第一个问题好理解,第二个问题——理论到底有什么用?我在广院上学的时候总觉得理论没有用,学起来很枯燥,就是想学推拉摇移。那时候电视学院和新闻学院是两个分离的学院,我总觉得电视学院的同学学费没有白交,天天扛着机器,推拉摇移都学了,大二学摄影,大三学电视,还学非线性编辑,我们却没有。那时候觉得有点难过,但是理论真的没有用吗?或者说什么样的理论有用呢?这是我要重点讲的第二个问题。还有第三个问题,那就是围绕我们的目标,有没有有效的基本方法?带着这三个问题,我们开始"梦之旅"。

解答"具备什么样的素质"这个问题,我们首先要认识什么是新闻。"新闻是对新近发生的事实的报道",这是陆定一老部长做的定义,在学界有深远影响。这是个好定义,但是从我们的操作性和实践性出发,还是有所欠缺的。一个定义好不好,就看它的解释能力。既然对新近事实的报道就是新闻,那么我拿起瓶子喝一口水,这是新近发生的,但这件事是新闻吗?不是新闻。所以光知道这个定义,是没办法对"新闻"深化、细化或者说树立我们的新闻目标的,必然要对新近发生的事实是什么事实进行进一步的操作性的定义。西方的定义是描述型:狗咬人不是新闻,人咬狗是新闻。我看也未必,狗咬人不是新闻,狗把人咬死了是新闻吗?这肯定是新闻;而在我国吉林延边,人们吃狗肉火锅,在这里,人咬狗就不是新闻。

这是抬杠,是在开玩笑。实际上新闻指的是一种新奇性,新奇不见得就是新闻或者说就是有品格的新闻。我给一个操作性的定义,叫做"有用的新鲜事":第一,时间要新鲜,发生了马上就要报,是新近发生的。第二是逻辑新奇,这件事本身时间上来看并不新鲜,但是逻辑上很新,跟一般的事件不一样。比如有个人走着走着就飞起来了,这是半个月之前发生的事,但也能成为新闻。逻辑新奇,时间新鲜,这是对新鲜的描述。什么叫有用呢?从信息论上讲,能够消除人们身上的某种不确定性的信息叫做有用信息。用手打桌子,手会痛,这个信息大家都知道,因此这不是新闻。美国学者梅尔文·门彻写了本书叫《新闻报道与写作》,指出七类信息是新闻信息:及时信息、冲击信息、显赫信息、冲突信息、异常信息、当下升温的信息等，大家可以在实践中揣摩。

我今天主要讲一个高阶的要求，什么是高阶要求，就是与群众利益真相关、老百姓真关心的问题才是新闻的富矿。希望大家将来到社会上谋求做一个大气的新闻人，你应该关注与群众利益最相关的，比如住房问题怎么解决？医疗问题怎么解决？劳动保障怎么解决？收入增长怎么解决？我们国家怎么进一步改革？这才不负我们是新闻系的学生。我去武汉大学采访法学院的马克昌教授，这位教授如今已经仙去，他和我讲，将来要依法治国，我们武汉大学法学院是培养治国之才的。我不是校长，但对于同学们，我希望大家能够树立一个高一点的目标。

刚才说了新闻的本质，就是有用的新鲜事。现在讲第二个层面：要认识到我们的新闻梦是有底线的，一定要准确、完整、客观。简单地说就是我们要为所报道的一切东西负责，信息必须核实，数字和引语需要得到确认，不能想象。举一个很简单的例子，最近的一个热点："8毛钱PK10万元钱"，这是发生在深圳市儿童医院的一起医患纠纷，该帖称："出生刚两天的宝宝便秘，在照了十几次X光，做了100多项检查后，深圳市儿童医院做出诊断，要做大手术，花费10万元，而患者父亲将儿童抱到广州市儿童医院治疗时仅花8毛钱就搞定了。"许多媒体对这件事进行了报道，但是请注意，这条信息没有经过核实。首先是没有采访深圳市儿童医院；第二点是8毛钱的药真的治好病了吗？后来经过记者调查，并没有治好，8毛钱的药只是缓解了便秘症状，病症并没有好，肠子还是有问题。按照之前所报，深圳市儿童医院被妖魔化了，所有读者都会抱怨看病贵，所有脏水都泼到了医生身上，孩子没治好，医生的压力也非常大。《中国青年报》最近在头版发了一篇评论，说在这起冲突中，不少媒体是被声称"8毛钱治好10万元病"的信息牵着鼻子走的，缺乏专业报道和独立判断，本能地相信孩子和其家人是受害者，而医院是乱诊断、乱收费，轻易地对"8毛钱治好10万元病"这个爆炸性的、对新闻人极具诱惑力的不实信息进行抨击，用对医疗乱象的狂热完成了一次对医院的施暴，我觉得这篇评论说得很好。如果说你对事实认识不清，就容易伤害他人，同时也是对职业道德的极大损害。

⊙ 新闻的四种坐标

回到我们刚才提的第二个问题，理论到底有什么用？我觉得新闻人应该树立以下四种坐标系：第一是理论认知的坐标系，第二是政治社会的坐标系，第三是职业坐标系，第四是专业坐标系。

很多人听了理论认知的坐标系就烦，不大愿意学马克思主义原理，这就错了。马克思主义很有用。比如前段时间富士康发生一连串的跳楼事件，如果没有理论修养，那么这个事件你怎么报道？如果有专业的背景，你会知道我国叫"世界工厂"，这并不意味着荣誉，在世界的产业分工中我们居于下游地位，每生产一件产品，发达国家如果能赚六七元钱，那么我们一元钱都赚不到。在这种情况下，想获得竞争优势，就要压低工人的劳动价值，维持低收入，延长工作时间，甚至会导致"血汗工厂"的出现。我们要转型、升级，从劳动密集型产业转向知识密集型、科学密集型产业，这是我们有了理论认知的坐标系之后才能够认识到的。如果树立了理论认知的坐标系，我们会发现马克思在《1844年经济学—哲学手稿》里就提到了这个问题，他说其实人被自己所生产出来的东西异化了。我对异化的理解就是人被自己生产出来的东西"倒奴为主"了。比如说我们生产出来的流水线，成了压迫我、奴役我的存在，我们并没有因此获得全面的发展。就像马尔库塞说的一样，人成了单向度的人，就是说人成了一种机器，睁眼起来为了赚钱，挣完钱吃完饭还是为了赚钱。人成了赚钱的机器，对美的追求、美的爱好没有充分地展开，那么这个人在这个世界上是不饱满的。这种异化如果达到一种激烈的程度，人就不想活着了，就跳楼了。我们日常生活中有种种异化，如果我们有较高的理论修养，再来看这个问题，可能就会得出一些规律性的认识，报道也就能够更加深入，否则只能描述惨状。

专业坐标系，是指我们的报道会涉及某个专业的方向。例如做房地产报道，那么你对房地产就要有研究：房价到底是高好还是低好？它属于经济支柱还是民生支柱？这都是需要做深入调查和大量研究的，否则你做出来的只能是一个大众化的新闻。

我们常说见识，什么叫见识呢？我认为见识也可以分为四个层面：第一是知识——瓶子里面是水，不能当汽油，这就是知识。但知识是最低层面的东西。第二是学识——我们用学术框架去总结归纳自己的知识，这叫学识。如果经过系统的新闻学的训练，学习了新闻规律、新闻价值、新闻伦理、新闻人的职业素养、新闻文体等，对新闻专业的操作层面有一个系统的知识结构，对新闻的价值判断和认识上也有一系列的架构，那么可以说初步具备了新闻学的学识。第三是才识。学识之上是才识，学识是不见人的，才识是和你的人融合在一起的。在新闻报道中有带入感，这就是我们所说的才识的表现。最后一种是心中有大格局。

新闻报道是否好，有个标准就是衡量报道是否具备了"审美认知"。大家都熟悉乔布斯，他有一条基本经验，就是要让我的产品成为艺术品。美感背后是有价值的，美也是一种生产力，我们要超越一般的人，就要做深加工。审美就是感性层面的深加工。可能大家都看过《中国青年报》的一篇报道——《永不抵达的列车》，这篇报道主要讲述"温甬高铁事件"中中国传媒大学的两名同学不幸罹难的悲惨故事。读一下这则报道的结尾："23日晚上22时左右，朱平家的电话铃声曾经响起，朱妈妈连忙跑出厨房接电话，来电显示是朱平的手机，'你到了？'母亲兴奋地问，电话里没有听到女儿的回答，听筒里只传来极其轻微的一点声响，这个以为马上就能见到女儿的母亲认为，这只是手机信号不好，似乎不会再有别的可能了，那是在那辆永不能抵达的列车上重伤的朱平留着力气给母亲的最后一点信息。"从资讯的角度来说，这段话并没有很高的价值。朱平的母亲没有接到朱平打来的最后一个电话，这在大框架中是微不足道的，但是在审美上这个细节却非常重要。有了这个细节，我们能够明显地感觉到悲剧色彩的增强。人的命运是那么的不可知，妈妈接了一个电话，居然是女儿的最后一声，还没有听清楚。第一个层次非常的悲哀，第二个层次则让我们感受到命运的不可预知。它能够唤起我们每个人内心的同情，这就是审美的力量，它能够让你感觉到一个生命陨落的无奈，这不是简单的材料堆积陈述，新闻从来都不是材料的堆积。

在某些报道场景中，文字记者比视觉记者更有优势——可以一笔天上，也可以一笔地下。你能把一个平淡无奇的场景激活，只要你善于抓住关键点，善于抓住节奏。大家可以看一本书，叫《华尔街日报是如何讲故事的》，这本书中专门讲到对仗，对仗的句子容易取得整体感，让文章读起来整齐、通顺，但是也不能完全对仗，要有节奏，有变化。

梅尔文·门彻在他的《新闻报道与写作》中提到：简洁而重点突出，报道清楚直接，有审美趣味。这是他对新闻文体的要求。新闻审美不像其他审美，不断地铺陈、煽情并不是高明的审美，好的审美一定是像王维的诗歌一样，我不问家里的事，而是"君自故乡来，当知故乡事"，我不问家中稻子收得怎样，父亲身体怎样，母亲进医院了没有，而是简单一句"寒梅著花未"，就问这么一句，重点突出，这是最雅致的层面。

刚才说到认识新闻、认识自己的坐标系和审美认知，怎样做到这些呢？学习、坚持、好奇，这是三种必备的品质。第一，人非生而知之者，没有谁生下来就能够掌握所有知识，我们一定要树立学习意识。第二要坚持，坚持需要的是意志力。学习是件很艰苦的事情，我们可以用很巧妙的方法来学习，但是只有坚持才能有大成就。第三是好奇，要对这个世界充满好奇之心。在这个时候我要强调一下：同学们一定要注重文史哲等基础科目的学习，文学基础能够跟审美产生共鸣，使我们在实践中更好地运用它们。

⊙ 做饱满的人

接下来咱们谈谈第三个问题，实现新闻梦的基本方法。首先，我们随时都要有联系的意识。理论联系实际是我们常说的话，但这个实际不等于操作。学了理论就可以到中央电视台，学了播音就可以上《新闻联播》，这种联系是不正确的，但是我们可以思考：假如我是《新闻联播》的播音员，我应该怎么样正襟危坐？我应该怎样发声？我不是《人民日报》的记者，但是我定位我自己是，那么可以自己写一段报道，有针对性地去实验和联系——可以看四五家媒体对同一事件的千字报道，然后打乱所有的线索、资讯，根据事实来源整合资料，把这几篇内容都囊括了，然后写出一篇新的千字报道，这叫临帖学习法，是最好的练兵。

第二是在比较中学习。我们可以经常研究报纸，每类报纸都要注重。做比较是学习获得进步最快的方法。比如可以尝试将《人民日报》《南方周末》《中国青年报》这三份报纸做的同一专题的报道进行比较。工具的学习也很重要，比如说我们有志于做一个文字记者，那么练笔就不能松，可以每天去写博客。再一个就是相机，全媒体时代的专业记者什么都要拿得起来。

第三是你要了解社会，要做社会调查。我建议大家在暑假的时候多做社会调查。社会调查、社会研究是老一代新闻人的法宝。做一些力所能及的调研是很有意思的，自己也会有很大的收获。要试着锻炼自己的归纳能力、概括能力、分析问题的能力，这些在将来求职的时候都用得上。还要训练怎么使用与自己专业相关的工具。此外就是实习。利用假期可以到正规媒体去，看看工作流程，尽量发表一两篇作品，这也是一种很好的学习锻炼方式。但是不要倒因为果，不要把实习作为大学里唯一的目标或是突出的重点，我们在大学里一定要掌握学习方法，树立自己的知识体系，这是最关键的。

第四，恋爱和游戏。当然恋爱和游戏的目的不是为了学新闻，但其间都有相关性。第一，恋爱对新闻的帮助就是你会更有人情味，你知道怎么样跟人相处，人与人之间那种微妙的感觉非恋爱不能感受到。作为成年人，如果你没有经历过爱情，那么我认为你这个人就不饱满。我提倡做饱满的人，不要做单向度的人。单向度的人成为了机器，不管是挣钱的机器还是新闻机器，我都不赞同；我们一定要是一个活生生的人，有活泼泼面貌的人。第二是游戏。我们知道有一种"艺术的起源是游戏"的观点，因为游戏中没有功利性的目的，你要服从游戏规则，也要很认真。例如玩一个足球游戏，你不能手拿球往里扔，否则就会违反游戏规则。玩游戏能够训练你的配合能力，总是坐在教室里学习，人会太僵化，游戏则能够让人体机能"复活"，因此一定要学会玩游戏。此外听相声、看书画，这都是学习。艺术的熏陶能够提升自我审美能力。一位历史学家说："历史有时是艺术，从来不是科学，永远是一种手艺。"我觉得新闻也是这样，新闻有时是艺术，你虽然在记录真人真事，但是你记录了这个时代的情感，你表达了这个人物的命运，表达了对这个世界的认识。新闻从来不是科学，但在求真上又是科学，你不能把它变成科学的论文，你要模仿活泼泼的、通俗的文风。新闻永远是一门手艺，需要你不断地练习，曲不离口，拳不离手。

乔布斯说："我认为令麦金托什电脑变得伟大的部分原因是在它身上倾入心血的是音乐家、艺术家、诗人、动物学家、历史学家，而他们恰恰又是世界上最棒的电脑科学家。"这就是启示我们做记者，不一定非要成为音乐家、诗人、艺术家，但起码要成为一个音乐爱好者、诗歌爱好者、艺术爱好者，新闻人就要这样，各个学科都要涉猎、要热爱，拧成一股绳，这才是新闻人。

精彩答问

观众：李老师您好，我想知道您认为哪一类社会新闻是最有价值、您最喜欢的？

李智勇：社会包罗万象，我最喜欢的是和老百姓的核心利益最相关的新闻，这也是我们最应该关注的问题，这是一种责任，而不是社会的花边新闻。具体分呢，我认为有以下几个方面：第一个是个人收入和就业问题，就业是重中之重，是我们应该关注的，有点风吹草动我们就必须做出自己的调查；第二个是住房，比如房价怎么涨，宏观调控怎么调，限购令还能限多久，这都得有储备，要关注；第三是医疗，怎么解决群众的看病难、看病贵问题，医患关系如何缓解，农村医院怎么留住人，怎么做到"小病不出村，中病不出县，大病不出城"；最后一个方面就是和我们衣食住行相关的问题，比如居民消费、食品安全等问题，这都是我们所关注的，这也是主流媒体的责任。

观众：那您觉得在做社会版的时候会有高压线吗？

李智勇：在做什么版的时候都有高压线，但是这个事情我是这么看的，你要扪心自问，现有的额度你做充分了吗？我常这样来要求我们的编辑，我们报道上有这样那样的限度，这是历史的原因，也不用讳言，但是如果现有的空间你都没有做充分，却把原因推到这方面来，我觉得是无能的表现。任何艺术都是带着枷锁在跳舞，我们的限制无所不在，就像苏格拉底说的一样，我们知道得越多越觉得自己一无所知。为什么？因为我们的知识面扩大了，无知的大界限也存在了，到最后你会发现，我们总有跳不过的跨栏，而我们需要做的是在既定条件下做得最好！谢谢。

讲座时间：2011 年 11 月 2 日
编辑：黄蓉
校对：刘柳

五岳散人：散谈时评

【嘉宾简介】

　　五岳散人，1972年生人，真名姚博。江湖豪气，情感浓如酒，千字可一气呵成；"知识分子，用常识写作"，时评用大笔挥就。当炙热鲜活的话题撞上犀利冷静的分析，所产出的既是"速朽的文字"，也是笃定的力量。洗耳恭听五岳散人的散谈，细数时评的林林总总。

【微 语 录】

　　幽默最重要的一点是自嘲，是不是能够自嘲其实就是分开幽默和尖酸刻薄的分界点，一个人能够自嘲的时候往往都是他内心足够坚强的时候。

　　判断一条新闻的真或假，最起码的东西是你读书得来的知识与常识。

　　有自己真正价值观的时候，中国才能有国际话语权。

　　对抗所有邪恶的东西，最简单有效的方式不一定是给它迎头痛击，而是你在指出它荒谬的同时，过自己正常的生活。

⊙ 速朽的文字

今天跟大家讲讲时评。时评的全称，一般叫做"时政评论"。那么，时评有什么特点呢？

首先，时评是速朽的文字，它的生命力应该只有半天。你每天在报纸上写了这个东西之后，人们买到这张报纸，把它看完，这张报纸在他手里就这半天时间。时评是留不下的，没有任何真真正正的时评的文字是值得保留下来的，不论它是什么样的名家所写。可能你会跟我举鲁迅的例子，但鲁迅之所以能够留下他的文字，是因为他所写的东西与现在这个时代太契合。每当你看到这个人几十年前写下来的东西，都会引申到现实中我们所面临的问题上，所以他的文字到现在还有阅读的价值。但是我们的文字，有可能会永远地消失在历史里。

第二，时评是方便食品。它非常快捷，像快餐一样，只是为了填满资讯与版面的空间，并不具有深刻的社会洞察力，也并不具有那些别人想强加给它的社会作用。但是方便食品并不等于不能吃，时评能够让人们在某种情况下得到一个不同角度的解读。

第三，时评是新鲜蔬菜，放的时间长就完蛋，所以一定要去评论最新鲜的事情。有人问，时评跟专栏有什么区别？时评跟专栏是有相当大的区别的。但我们现在很多的情况下都把二者进行了重合。时政评论是一个短期现象，但专栏，尤其是国外的专栏，它可能一周就写这一篇。作者会查阅无数的资料，把这个事情说得很清楚透彻，在阅读时你会获得巨量的资讯。中国的时评不具备这种特性，它只是一个非常快的消费品。

接下来说说为什么要写时评。

第一，我在1999年到2003年初的时候基本上是在做风险投资，有些项目你们可能也听说过，比如《中国国家地理》，那个杂志就是我投资的一个项目。做了三年多时间，一是很累了，二是输的情况比赢的情况多得多。正好2003年"非典"，大家都没事可做了，我的生活完全被打乱——晚上找人去吃饭，发现所有饭馆都关门了；去酒吧，发现全是黑着灯的。所以没事就上网，然后开始写作，等于重新找回当年做新闻记者的感觉。这就是我说的第一个原因，有感而发。如果一个人写东西不能够有感而发，是一个很可怕的事情。我们说自己做新闻的时候就在想，我做的这也叫新闻吗？我就是一个狗腿子嘛！但是你写评论，有感而发，把心里话写出来，每当这个时候，你才是真真正正在写作。

第二，提供给这个社会一个常识。常识是很稀缺的东西。傅青莲先生曾经说过，中国的问题不在于有多高深的理论，而在于往往缺的是常识。可能我们谈常识的时候，大家都会觉得常识不就是大家都知道的知识吗？其实不是这样的。在座的都能理解，国家和政府不能画上等号，但是在这个常识上，我们已经被屏蔽了很多年，这种常识就需要一遍一遍地去重复。很多我们看来是常识的东西，往往是其他人所不具备的东西。

第三，最好不要为了稿费去写时评。2003 年开始，我在《南方都市报》做第一个时政评论专栏，经过几年，大约在圈内也算有点小小的名气以后，就被一帮时评写手拉到一个群里。这个群里的人很有意思，都是一些为稿费而写的写手。有一天，群里有一个哥们儿特别高兴地说他在《南方都市报》上发表了一篇文章。转手一看，发的是一封读者来信，有 200 块钱稿费。那会儿他们手里有一堆各种各样评论版编辑的邮箱地址，每天写完就群发出去。当时一篇评论的稿费，最低的给 15 块钱，但是他们一样要写，要为了稿费来写作。在《南方都市报》上写一篇读者来信，发表出来给 200 块钱，在他们眼中就是发了大财。这样的时政评论写作，我想是不具备任何实际意义的。

⊙ 时评：我手写我心

其实我自己的东西写得也并不算好。我的写作速度，可以到 20 分钟千字，半个小时 1200 字就可以写出来。最高产的一天我写了 7 篇，但写完以后就脸色苍白地从办公室走出去了。说写稿写得快，我在国内可以排前三名，说写得好，能进前二十名就不错了。但是我有几个小小的个人经验，希望跟诸位分享。

第一，说你心里的话，把你心里想的任何东西变成纸上的表达或者口语化的表达，这不是瞎说。我大约是从 1996、1997 年开始做新闻的，做新闻报道的时候，可不是这么写的。但是从 2003 年开始做评论，包括在网上发表评论，都是平时说话什么样就怎么写，去掉脏字就发了。这种方式的好处是：一、写得快。只要你打字速度够快，心里想的就能打出来；二、考验你平时的积累；

当然还有一个最大的好处，就是可以让写出来的东西生动活泼，因为你在平时这么想这么说的时候，你的言论处在最放松的状态。

第二，给大家教一个小经验，举例和比喻更为有力。原来很多做新闻的前辈们跟我说，用很多的比喻是不好的，因为比喻永远与真实有差距。但是别的人他并不会用这种专业性的术语去思考问题，你只能通过生活当中的一个小小的具有共性的例子，让他们理解这件事。在时评写作中，比喻是最有力量的工具，它可以诉诸人们的生活经验，直达人心。

第三，写时评要标签化，要有段落。一篇比较标准的评论，一般我都写在800字到1200字之间，长一点的话有1500字到1600字。在这么短的文章当中，如果你不能提炼出一句可以让大家记住的话，或者一个词，或者一个结论，那这篇文章就很失败。

第四，我希望跟大家聊聊读书。写好时评最重要的事情之一，就是要读书。我读书呢，虽然不求甚解，但依然每天抽出大约两个小时去读。没有人能够不读书去写东西，这个世界上没有生而知之的天才。读什么书？作为一个记者，除非你是非常专业的，我更推荐的是政治类和经济类的书。社会事件以及它背后的逻辑，基本都遵循着政治和经济的发展规律。同时我也建议大家，尽量看一些法律的书，因为法律是调节这个社会人与人之间关系、人与财产之间的关系的最起码的规则，如果你对规则不了解，就无法进行报道。除此之外，我个人觉得应该读一些科学类、科普类的东西，看科普类书的时候，你的思维会不一样。

第五，如果你本科或者研究生一直在学新闻这个专业的话，不去搞研究，就去学一门第二专业。我原来做记者的时候遇到一个很糟糕的状况，那就是都是文科生。如果你只学文科，采访报道时你可以用很华丽的辞藻，可以用很精准的描述，但你可能没有能力去深入到这一行业的内部。为什么我们记者要"跑口"？因为你要了解行业内部的所有情况才可以做大。

第六，写时政评论要出彩，就要有幽默感，如果没有幽默感，尽量培养自己那种尖酸刻薄的能力。我的幽默感是看王小波先生的书得来的，他的那种幽默到我这儿就品种退化，变成一种尖酸刻薄的东西了。经常放松自己去看一些像王小波这样的作家的书，培养自己挖掘文字当中的不平衡不和谐的东西的能力，形成幽默点的表述，这是很重要的事。幽默最重要的一点是自嘲，是不是能够自嘲其实就是分开幽默和尖酸刻薄的分界点，一个人能够自嘲的时候往往都是他内心足够坚强的时候。这不光对你的文章有意义，对你的人生也非常有意义。

⊙ 新闻记者：站在时代的前面

到现在为止，我每天还要写一篇专栏，给各个报社供稿，我现在更注重于利用新媒体这种传播形态。

为什么在这个时代，我很看好微博这个传播方式呢？微博是众向化的传播、病毒式的扩散，没有任何一种网络技术可以完全封闭这种信息传播的方式。传播形态决定传播内容，中国的微博与 twitter 的不同之处在于，它的传播形态决定它的内容更多的是关注我们目前社会形态的改变与转型。

所以，我建议你们尽量学会利用各种各样的新媒体手段。在微博之后，我不知道还有什么样的手段会被发掘出来，但我们要与时俱进，新闻人要站在技术的最前列。我想，这个世界上最早学会打字的中国人一定是新闻记者而不是码字的作家，因为新闻特性决定我们必须走在这个社会的前面。

最后，我想跟大家分享一下《南方都市报》对专栏的要求：第一，你要用生动活泼的笔调来写；第二，你要比这个社会的观念超前半个月；第三，你要从不同的角度来写。做到这三条以后，我想在时政评论这个领域里，你总可以找到发表自己文章的地方。

如果再给我几分钟的时间，我想跟诸位说几句我个人的期望。我是一个"逃兵"，我已经去开饭馆了，作为一个吃货，这也算我的理想之一。为什么要说我逃离了这个领域呢？微博给了我很多东西，也给了我今天在这儿跟你们交流的机会，这是媒体带给我的光荣还有责任。但是从去年开始，我放弃了这个东西，只做一个评论者。在这个领域，我付出过十几年，不知道你们将来会不会付出更长的时间。但是我希望这一代一代的人，能够让我在有生之年看到中国的新闻人站起来。谢谢！

精彩答问

观众：微博传递的信息量是很有限的，您认为应该怎样解决微博信息量小与微博要体现作者的观点之间的矛盾？另外，就您自身的经验来说，像我们这种大学毕业生走向社会，大概要经过多长时间的锻炼，才能够成为一个相对合格的评论人？

五岳散人：我为什么建议你们写微博，因为能够在140个字里把事情说清楚，是很厉害的。

你别觉得当评论人是个差事。知道我为什么喜欢写东西吗？有时候脑子里蹦出来的想法我容易忘记，但发到微博上，就等于多了一个记忆。等你要写评论的时候再拿出来，一篇评论1200字，这儿有了140个字，基础有了，就根据这个往下写。写微博非常锻炼人的总结能力和语言表达能力，很多人的微博没人传播，是因为表达能力不足，抓不住人的兴奋点。

有这么句老话，"世事洞明皆学问，人情练达即文章"。你说你走上社会多少年，这事儿不好说，它跟人的生活经历有关。就像我们不相信韩寒的作品是他老爹代笔的，因为他的生活经历在他的书里表现得非常清楚，就是装老成的一个傻孩子嘛！没有办法能够确认，一个人在社会中生活多长时间才能成为一个合格的评论员。咱们现在好像很多人都是独生子女，家庭环境更好一点，没有受过当年的那种生活的艰辛，那恐怕你们需要的时间要比我们略长。

观众：我想问一下我怎么知道新闻媒体所报道出来的事情是真还是假？

五岳散人：为什么要读书呢？获取常识啊，常识很重要。

如果你多读书，对于很多东西的判断就有足够的依据。在没有受过训练，甚至没有读过一些杂书，对外部世界并不了解的情况下，你对一些新闻媒体那种看上去有根有据的说法至少会半信半疑，这就等于在你心里埋下了一个种子。但如果你读过与被报道事件有关的一些著作，你就能够从本能上判断媒体说法的真假。通过这种方式，你可以破除掉开始的怀疑，去寻找证据。

判断一条新闻的真或假，最起码的东西是你读书得来的知识与常识。

观众：在国外，最好的新闻工作年龄是四五十岁，在国内，三十五岁就是一个坎儿。一方面是因为单位的招聘限制，一方面就是像您这样的，转行去开饭馆，您怎么看这个问题？在近期内这个状况会不会有所改善？

五岳散人：《新京报》创刊那年，我三十二岁，朋友介绍我去，说反正你闲着没事写东西，就去应聘吧。我去了，人家说岁数太大了，用不了。

在国外，优秀的新闻工作者差不多都是四十多岁，老，所以更有价值。他见的东西更多，技巧更丰富，知识更广泛。但中国需要的是更年轻，最好大学毕业，能够玩命地"扫街"，因为我们大量的可以做新闻的角度都是视觉新闻。视觉新闻需要你去跑，需要大量的资讯库，不需要去思辨，也不需要去做详细的调查，是体力工作。

这是我们新闻人所在的环境造成的。只有等这个大环境转变了，才能够知道上了岁数的人做新闻是件稳妥的事情。

观众：现在国家一直在讲要树立国际话语权，您认为国际传播方面可以有何突破呢？

五岳散人：国际话语权跟自己国家的国力、意识形态和价值观相联系。

我们总说我们要有国际话语权，但通过各种各样的途径都能了解到，我们国家在国际上没什么发言权。为什么会如此？因为我们没有一个稳定的价值观。

谁最崇洋媚外？是那些把孩子老婆都送去国外的官员。一些官员的孩子、老婆、资产都在国外，这个国家怎么可能硬得起腰杆来强调自己真正的价值观呢？

既没有价值观又不能够强调，哪还有所谓的国际话语权啊？我们所能扮演的角色就是一块肥肉。有自己真正价值观的时候，中国才能有国际话语权。

观众：老师您好！您认为如果想让我们的国家变得更加自由、更加民主、更加平等，在现在这个社会环境下，我们这些渺小的个人，能作出什么样的贡献？

五岳散人：哈维尔有一个概念叫做"反政治的政治"，就是说政治是一个控制，集权政治就是控制方方面面的东西，而"反政治的政治"就是要让你过真正好的、足够有尊严的生活。

你可以做很多事情。比如说我朋友曾经是一个律师，他曾经打过一个一块钱的官司，让全国的火车开始开发票了，这是他做的事情。我开一家馆子，不用地沟油，用安全的食品，这是我做的事情。对抗所有邪恶的东西，最简单有效的方式不一定是给它迎头痛击，而是在你指出它荒谬的同时，过自己正常的生活。如果你能够做到这一点，如果这个社会的大多数人都能够做到这一点，邪恶自然而然就消解了。

观众：老师您好！您刚才说在寻求突破的时候，我们的评论可以利用微博发出来。但是现在"微博实名制"推出，您觉得它会不会限制这种新的言论的出现？您如何看待微博实名制？

五岳散人：实名制是一个证明自己言论的好的方式，但实名制应该由我们自己来承担你是不是实名制的责任，而不是由官方的规定来强迫你实名制。从个人来讲我支持实名制，因为我们现在的微博或是别处的言论，往往因为"貌似匿名"而没有公信力。在实名制的状态下，你的各种言论才更有价值。

讲座时间：2012 年 3 月 14 日
编辑：刘亦凡
校对：刘柳

杨禹：新闻评论的力量与节制

【嘉宾简介】

他有三只猫，小黑、小黄、小可，"猫眼看人"的背后，是深刻的思想、清晰的思路。他跨三领域：报纸、广播、电视，二十年从业经验，拿捏新闻评论的力量与节制。中央电视台特约评论员杨禹，无冕之王，实至名归。

【微语录】

我说的这个"记者"是有门槛的，是职业记者，是听过很多课，接受过老师的训练，又在新闻单位经历过实践，千锤百炼之后成为的记者。

不懂，不知，不定，不谦，这四种情况出现其一，或两到三个同时出现，你就很容易出错；当四项全占的时候，你做的任何报道都是经不起推敲的。

媒体人可以不把真话说全，但是一定不要说假话。不仅要保持说真话的道德、价值观、新闻伦理，还要让自己时刻保持辨别真假的能力。

没有任何一种新闻的价值超过你们的生命。

⊙ 节制是一种力量

干了将近 20 年的新闻工作，我想我今天还是先从央视评论说起，因为这毕竟是我最近 3 年以来花了比较多的精力去做的一件事情，也是我们新闻行业开辟的一种新形式。我们遇到的难题都不会出现在屏幕上，在每一个评论背后，我们其实经历了很多"折磨"。我今天要跟大家多交流一些折磨，将来你们无论到了什么新闻单位，这些折磨都等着你，也许到那个时候你们能够想起我今天说过的一些话。

其实央视评论的起点并不是从我们这些评论员开始的。1993 年《东方时空》改版，那个时候虽然没有评论员这个角色，但中央电视台新闻节目里面已经加入了非常多的评论色彩，也成立了评论部。

2009 那年的春节，我有幸进入到央视评论这个平台。在过去 3 年多的时间里面，我，还有录在宣传册①上面的十几位老师们，一起站在早前十几年央视评论的前辈们、老师们的肩膀上，他们在经历很多痛苦、做出很多探索之后，为我们开拓了更多空间。在这个基础上，我们又以一种新的评论方式，尽我们所能地把电视评论往前推了一推。大家可能多多少少都有看到过，我们跟在一些普通新闻后面做一些比较硬的新闻评论，直播都没有稿子，非常考验人。

虽然央视很大，但我们这些评论员没有一个是央视内部的，工作关系、党组织关系都在各自的单位。如果在评论当中有不当之处，惹了麻烦，我们可能一拍屁股就走了，但是央视的领导、同事们要承担相当大的压力。所以央视敢于用直播的方式把不属于自己组织的我们——这些评论员——放在镜头前，我觉得胆子很大，体现出央视想在新闻节目改革上做一些动作，敢于承担一些改变。我自己身在其中，边做评论边感觉到中央电视台在新闻舆论场上的影响力。

现在是"次媒体时代"，所谓"次媒体时代"即"人人都是记者"的时代。我认为在这样的背景下，传统媒体其实有更大的市场空间。我不赞成说每个人都是记者，想当记者没那么容易。不是所有在互联网上发了消息的人都叫

---
① 编者注：杨禹老师带来的央视评论员宣传册。

记者，这是一个广义的"记者"。我说的这个"记者"是有门槛的，是职业记者，是很多像同学们这样，听过很多课，接受过老师的训练，又在新闻单位经历过实践，千锤百炼之后成为的记者。职业记者是有底线的、有责任的、有担当的，是一个完整的人，只有这样的人才能被称为是一个真正的"记者"。如今传统媒体，尤其是中央电视台，处在更加复杂的舆论场上，发挥的是更加复杂的作用。它的影响力扩大，受到的网络媒体的冲击也摆在面前，传播信息的媒体记者包括我们这些评论员的压力也是实实在在的。在这种情况之下我愈发感觉到，央视评论既充满力量，同时又时时刻刻要有所节制。

我觉得谈央视评论的力量与节制，不能太空泛，还是通过几个例子来跟大家分享一下我们做评论时的一些事儿。

先举一个我们没有出镜的评论例子。大家可能都记得，去年郭德纲曾经被媒体批评过一次，当时郭德纲的徒弟跟北京电视台发生了冲突，在那边喊冤叫屈骂人。为此，郭德纲在博客上面写了一篇文章，痛骂记者，痛骂北京电视台。后来央视用了一个精彩有力的排比句批过这件事，说郭德纲这个人"在精华与糟粕之间选择了糟粕，在正义与江湖气之间选择了江湖气，在泄个人私愤与公共责任之间选择了泄个人私愤"。这个评论出来之后，郭德纲在舆论之下偃旗息鼓，藏了几天。这个排比句就是我写的，由主播郭志坚念出来，于是网上就说主播用排比句骂人。

为什么在那个时候央视要拿出一个评论来批一下郭德纲，真的有上头的指示要借这个机会去封杀郭德纲吗？记得那几天里，我身边所有的人都分成两类，一类人支持郭德纲，一类人骂郭德纲，大家都在讨论这件事。我写这个评论，针对的是那天一度出现在我们新闻舆论场上的不正常状态。那天凌晨时分，郭德纲把他那篇著名的文章贴在了博客上面，新浪马上把它放在了首页，上午到中午之前，这个事件都是当时网络上最热的一个新闻，郭德纲的这篇博客被新浪网放在首页一个很显眼的位置，但是一直到中午之前，始终都没有任何媒体——包括新媒体和传统媒体——针对这篇博客发表任何反面的评论。一个公众人物用这样粗俗的字眼公开谩骂某个社会群体，这样一篇文章被一个重要的门户网站摆在首页长达12个小时，却没有与之相制衡的声音，这个局面很不正常。

当时《中国之声》邀请我做了评论，我引用了胡主席"反对三俗"的言论。等到下午四五点钟，央视那天报了一个体育新闻，说NBA体育明星加内特在北京做公益活动,编导就问我:"杨老师,您能不能在加内特的后面提一下郭德纲的事儿?"我当时特别高兴,说完全可以。准备出镜时,编导们合计了一下,觉得以评论员出镜的方式直接去讲不太好,干脆由我写下来,请主播去念,我就把想说的话写成了三个排比句。

之后,按照舆论发生的自然轨迹,这件事儿慢慢也过去了。但是那一瞬间我想到的是,央视评论的力量体现在哪儿?并不是说找一个最能骂人的评论员站出来,用最痛快的话语来把郭德纲痛骂一顿,让所有人在央视的评论下没有还嘴的机会。我们从内容到形式都保持了一定的节制,这样一种节制正体现着一种力量。当力量过大失去了节制的时候,它反而会进入无的放矢的绝境。

另一个例子是"郭美美事件"。事件发生两天后,我第一次在央视屏幕上做关于郭美美的评论。现在我们都了解了这件事,但当时并不知道,大家都以为郭美美与某个会长有秘密关系,这中间水很深。我记得当时除了对新闻的进展做了一些评论外,在节目最后,我特别提到:通过这件事情,我们公众提出了"像红十字会这样的公益组织应该公开自己的账目"的要求。在这样的公众要求之下,仅仅强调"红十字会必须马上公开账目",把公众要求再重复一遍,也是有意义和效果的,但这还不够。

我在做了一些研究之后说:"虽然我们大家有这个愿望,但我们国家关于红十字会有一部法律叫《中华人民共和国红十字会法》,我特地查了一下,这部法律是18年前颁布的。那么18年前的社会状况,特别是社会公益活动发展的状况,跟今天相比,完全不可同日而语。在这部18年来没有做过任何修改的红十字会法里面,没有任何一条法律明确要求红十字会主动公开它接受捐赠的款项和使用情况,我们的法律里面没有这个本应该有的规定。我们对这个事件的观察,公众的板子仅仅是打在郭美美的屁股之上吗?仅仅是打在红十字会现有的管理体制上吗?不是的。通过这个事件我们要看到,法律对红十字会根本没有提出要求,所以我们不仅要对眼前红十字会出现的问题提出批评,还应该解决时代的问题。"我想这也许是我们的媒体能够提供给观众的一种更敏锐的思考。

⊙ 评论是巩固共识

那么,央视评论到底在说什么?说了几个例子后,我想归纳以下几点:

第一，央视评论是在巩固社会共识。当一个新闻事件发生时，我们在屏幕上表达的判断不见得是观众没有听过的话，我们要在这个事件上把公众已经形成的基本共识通过央视的屏幕摆出来，对它进行一次巩固。

第二，增加新闻的宽度和厚度。我们多数的新闻评论都是跟在记者的套路之后，用自己对于这个问题的理解和认识去把它加宽加厚，用更宽的视野去看问题，去思考问题，并对它做纵深的摸底思考。大家毕业以后到一个新闻单位，无论是电视台还是报社，第一个工作岗位不会是评论员，基本上都是记者，但是对新闻的加宽加厚不见得是由评论员来做，记者自己也有完成这个工作的过程。

第三，我想是很重要的一点，当然这是针对央视评论员来说的，就是要传递主流价值观。在我们的工作里面，我们的价值观应该是怎样，我们的道德应该如何？如果观众对这个评论员、对这个媒体的诸多评论员们逐渐形成了一个长期的总体印象之后，他一定知道这个群体的价值观是什么。对于价值观的要求我就不用多说了，有些地方媒体的价值观，换央视任何一个评论员都不会以那样的价值观在这里说话。当然，我并不认为只有相对严肃的新闻评论才能够表达出价值观。比如说，我特别爱看《非诚勿扰》，它有两个吸引我的地方。第一是孟非的主持，我认为他的主持充分体现了一个做新闻出身的人去做娱乐节目时的长处，他能够在一个实质是娱乐的节目里用新闻人的思维方式去沟通男女嘉宾。第二是男女嘉宾的互相选择，以及在这个过程中他们体现的价值观。到目前为止，我看过的节目中，也有几次让我挺感动的，但多数情况之下，很感人的选择与被选择、牵手和遗憾背后其实挺冷酷的。因为以我做新闻人的一种归纳式的眼光，看了几十个几百个男嘉宾后发现，甭管男嘉宾表现得多出色，对女嘉宾多有感觉，挑来挑去，多数结尾的规律都是：哪个男嘉宾硬件条件好，哪个男嘉宾更会牵手成功。这既是人之常情，也是我们现在真实价值观的体现。当然我们不排除里面有真情，但从新闻规律性的分析来看，所有的感情多数还是先衡量硬件条件的。我没有责怪的意思，应该感谢《非诚勿扰》把这种现状、把现实的价值观体现出来了。

无论在我们的央视评论还是大家的新闻学习中，抑或是大家走上新闻工作岗位之后的实践当中，我们最容易出错的地方是什么？或者说我们最容易失去节制的地方是什么？通过央视评论，我归纳了以下四种情况：

第一，不懂。对一个事物或者新闻不懂，就很容易出错。我们做评论员，每一个人都有自己分工的领域，不懂的领域是坚决不涉猎的。偶尔看到网友们说杨老师怎么好像什么都懂，我要很真诚地说一句，我有很多不懂的地方。比如说军事、科技、法律、国际政治，不能说完全不了解，但如果用一个评论员的要求去衡量，我真的不懂。

第二，不知。有时候也许你对一件事情、一个行业、一条新闻基本上还算懂，但这个新闻延展到今天，延展到这个时刻，它总体的状况，或者今天最新的一些事儿或信息可能你并不知道。当你不知道的时候，即便你懂这个行业，也仍然要闪开。如果你必须去完成这个任务，就要投入极大的精力。将来你们做记者，去报社或电视台工作，比方说跑农业口，干好几年之后，你可能真的很懂农业，但如果你不知道某一个具体的新闻，那就是你的陷阱。

第三，不定。不定，就是不确定、不淡定。你对某个事件充满情绪的时候，就是你容易出错的时候。我们常说新闻记者要带着情感、带着真情，用良心去鞭挞丑恶现象。这个良心不用多说，干这一行如果没有良心，那就免谈了。所以如果你的良心遇到震撼，受到冲击，就一定要展开一些有力量的报道。但是，当你的情绪激荡起来，而当事双方情绪也比较激动的时候，你的报道最容易出矛盾，最容易出问题。

第四，不谦。不谦，就是不谦虚，这个很好理解。不懂，不知，不定，不谦，这四种情况出现其一，或两到三个同时出现，你就很容易出错；当四项全占的时候，你做的任何报道都是经不起推敲的。

⊙ 电视人：如何脱颖而出

在过去的20年里，我做过广播，做过报纸，现在做电视。虽然在每个领域都谈不上什么国内一流水平，但在新闻界，像我这样在广播、报纸、电视全都很职业很认真地做过的人确实不多。那么我想跟大家交流一下，我个人眼中电视新闻和电视新闻人的毛病。

做报纸的时候，同事们一谈起央视，就说央视没文化。一谈起电视新闻，就说电视新闻很肤浅。这是当时报界对电视新闻的一贯看法，我想今天依然如此。虽然这之后，电视新闻人做出了极大的努力，但我认为，电视新闻和报界相比仍然存在很大差距。当然，电视，特别是像中央电视台这样的平台，在新闻传播过程当中有其他媒体不可替代的优势。

电视人有报人不具备的好品格，以及他特殊的能力。现在我自己进入这个领域，跟电视人合作了两三年，多多少少有些实际体会，觉得电视新闻存在三个层面上的问题：

第一，我们今天的电视新闻，无论是新闻报道还是专题节目，在节目的形态上，形式逻辑远远大于内容逻辑。要表达现场，电视新闻是最形象的，报纸不能比。即便网络也能到现场，但它是碎片式的。传统的电视媒体具有主导性，在很多地方还具有垄断性。电视新闻人正因为有这个优势——有的时候，人擅长的东西正是自己的缺点，同时也产出缺点——反而太重视形式逻辑和形式的表达。

当然，任何时候我们都讲究形式逻辑和内容逻辑的统一，但在新闻实践当中，这一点太难了。更多的时候，电视新闻的报道者和编辑们不太重视内容逻辑，甚至可以不客气地说，他们在内容上没有逻辑。只要有一个好的形式逻辑，他们就会说这是一个好的电视报道，是一个编排很漂亮、画面展示很充分的好节目。但在这种情况下，新闻本身的内容逻辑就会被形式逻辑带跑了。所以有的时候，我们的评论其实是跟在一个形式感很强的新闻报道背后，帮它找补一些内容的逻辑。

我希望我们学电视新闻的同学，能够既坚持自己形式逻辑的强项，同时也记得我今天的这样一个判断，作为以后工作的参考，把自己的内容逻辑变得丰满起来。如果到了一个电视传播的平台上，你在形式感的表达上跟别人打成平手，内容上的逻辑思考能力将使你脱颖而出。

第二，在新闻的判断上面，总体看来电视新闻是浅尝辄止、不求甚解的。电视对新闻的认识是比较零散的，而不是具有成熟认识体系的系统认识。为了满足电视报道的需要，电视记者们在一线的、系统的、复杂的新闻面前，总去抓几个新闻细节。一些时候，你"蒙"到的这个点也许就是最重要的，但多数时候，因为没有强大的内容逻辑的支持，这些点是非常零散的。这样的新闻报道可以糊弄一般的观众，但中高端的电视受众或者新闻同行看了，就会说这个记者或这个媒体对事物的本质和新闻的核心并不了解。这种情况下，虽然你做得很热闹，但却没有接触到新闻的实质。

第三，电视新闻人给我的总体印象是有良知、有热情、有理想和有深厚的电视经验的。但是我也接触了一些电视新闻人，因为前两个问题的存在，他们较容易满足，满足于自己对电视新闻报道的驾驭。长此以往，这将会导致电视新闻人不重视对事物持续性的研究、跟踪和报道，经常"打一枪换一个地方"。

我提出的这三点，希望能给大家一些借鉴。

精彩答问

观众：杨禹老师您好，我从事媒体工作已经一年了，开始的时候我希望能在新闻领域施展抱负，但现在我发现这里面有太多的诱惑：有偿新闻、广告软文等。当我想去真正挖掘一些东西、写一些深度报道的时候，却不能。面对这样的一些诱惑，很多年轻的记者，包括我自己，都觉得很困惑。我们这些年轻的记者应该如何树立一种良好的道德和价值观念呢？

杨禹：我觉得在这么混乱的背景之下，要像你说的那样坚持一些准则和理想，除了自身天然地有这种理想之外，我在实践当中的体会是：做记者一定要受得了委屈。

这个委屈，我觉得是两类：一类是，当看到别人拿红包拿到手软的时候，你自己怎么看。我在报社管几十个记者，收入最高的记者是跑发布会的记者，做深度报道的记者把最重的活儿交给自己，收入反而不是最高的。我能做的就是用我所有的权力，让不去跑发布会的记者尽可能拿得再多一些，但这也不能解决他们全部的委屈。我认识的好多记者，不想动摇自己的理想和某些具体目标，但是他受不了委屈，所以最后也那样做了。

第二类也是大家今后将会体会到的，一定会有写了稿发不了的时候，一定会有想采访被打回来的时候。这些特别窝囊的时刻，我自己就曾经历过无数回。我自己写的东西，我自己做的版面，我自己带着记者编辑出的一份很棒的报纸最后出不来的时候，都有。但是关键不在于你遇不遇到，而在于遇到之后你怎么办？很多受不了的记者，要么爆发一下，然后从这个行业消失，要么不爆发，直接从这个行业消失。我和我的一些同道们、同事们认为最好是坚持，先把这份委屈咽下。我认为这是中国新闻工作者必须面对的一种特殊考验。我想你们课上也会讲，其实西方媒体的记者同样有这种苦恼，也许程度不大一样，或者方向不大一样，但是一定有这种委屈。

你要想在这一行干得时间长，干得下去，把一些该积累的积累起来，最终成为一个站得出去、腰杆儿直的好的新闻人，这两种委屈就一定要受；受不了其中任何一种委屈，就离开这个行业。

观众：老师，当您在工作中遇到矛盾时，您是否迷茫过、无奈过？想没想过放弃新闻评论的工作？

杨禹：好，谢谢。就像我刚才说过的，一个评论员一定也要受得了委屈。我觉得良心呀、责任呀，这些都不用再强调了。如果今天这个评论必须让我说我认为的假话，我不会去评。

我很赞同一句话，"媒体人可以不把真话说全，但是一定不要说假话"。但我产生了一个担心，很多记者和新闻人长期脱离一线，趴在互联网上，或者躺在自己曾经的新闻工作采访机会当中，停在自我的世界里，他的问题不在于在他的价值观上认为该不该说假话，而在于他可能失去了对真假的判断。也就是说有些新闻人，我们不担心他说假话，担心的是他说自以为是真话的假话。所以作为评论员，我仍然尽最大努力接近一线，因为我不仅要保持说真话的道德、价值观、新闻伦理，还要让自己时刻保持辨别真假的能力，这一点是特别重要的。

观众：我这个问题应该是每一个想当记者的人心中都有的疑惑，就是保护自己还是保护真相的问题。我们知道记者现在已经被列为高危职业，他不光要面对职场上的危险，同时也面临着这个社会的危险。一个好的记者，要有良心有担当，在保护自身安全和保护真相之间，他应该如何选择？谢谢。

杨禹：谢谢。你说的是一个一线记者经常会遇到的问题。

我记得在"5·12"汶川地震发生的那一天，我想利用手中的"权力"在第一时间把自己派到汶川去，但是我的总编把我按住说："不行，你要在这儿，留在这儿采编，你要控制全局。到山沟里，就找不着你了。你不能去，咱们派咱们得力的小伙子去。"十几个记者在地震一线，我跟他们说得最多的就是两种话，一种是催他们交稿，一种是不断地告诉他们，没有任何一种新闻的价值超过你们的生命。

还有几次当我的记者也要去做一些揭黑的报道时，我跟他们说，天下的黑很多，我们竭尽所能去揭，但是当它会危及你生命的时候，作为你的领导，我要求你保护生命为先。因为我认为，任何揭黑、揭露社会丑恶的新闻工作，即使有天大的价值，也不如一个记者的生命大。谢谢！

讲座时间：2011 年 11 月 10 日
编辑：刘亦凡
校对：刘柳

传媒的革命

⊙ **申　音**
　　→ 社会化传播和媒体革命

⊙ **章　文**
　　→ 传媒人的国际观

⊙ **石述思**
　　→ 给你一个影响中国的理由

⊙ **邹友开**
　　→ 春晚相伴三十载

申音：社会化传播和媒体革命

【嘉宾简介】

他曾服务于《中国青年报》《环球企业家》《中国企业家》等媒体，已从十年前的小记者成长为《创业家》杂志主编。自媒体时代来临，他华丽转身成为 NTA 创新传播机构创始人，研究社会化网络和社交网络的创意营销。未来媒体革命走向何方，请听申音的态度。

【微语录】

花了一年的时间，我想明白了未来媒体的两个方向：第一是越来越人格化，第二是越来越社会化。

今天的传播，就是在讲故事。故事一定比现实丰富，并且你会发现，故事的核心，永远都是在讲人与人之间的关系或者人与世界的关系，这些都是情感之间的联系。

微博里传播最快的是语录，是段子，是八卦，是公共事件，对应到我们的现实里面是《读者》，是《知音》，是《故事会》和《南方周末》。你会发现虽然技术日新月异，但是人性其实没有太大的变化。

在微博上面，我们不要试图去造神。在传统的媒体里面，大家是要造神的。因为是在一个封闭信息的环境里面，但是在微博的时代，所有的神，都一定会走下神台，都一定会脆弱，你那些神的信仰，都会变成神的祭品。

⊙ 媒体人格化：信息传播的未来

谢谢大家，在这个周末的晚上，在这个庄严的大学课堂里面，大家愿意来听我的感悟。我今天跟大家分享的题目叫"社会化传播和媒体革命"。

大概是在12年前，也就是2000年，当时的我有两个选择，一是去刚刚市场化的财经媒体，二是去逐渐兴起的互联网。那时候的财经媒体正处于一个方兴未艾的时期，同时互联网开始出现门户网站，包括新浪、搜狐、网易。我的选择是去财经媒体，一是因为财经媒体收入高，二是觉得很体面，可以见到王石这样的人。而网络编辑在我们眼里就是一个很没有技术含量的活儿，每天复制粘贴，没有原创力。我在财经媒体做了十年，当我离开财经媒体的时候发现了一件非常郁闷的事，我的收入比十年前的时候涨了三四倍，而过去被我们鄙视的那些做互联网的兄弟们，十年后的身家都在千万以上。

我在2009年的时候开始琢磨将来要做什么，并确认自己不想做纸媒这件事了，因为根据我的基本判断，平面媒体最多还有十年的寿命，我要在这之前找到一条新的船。那么媒体这个产业到底会发生什么样的变化呢？当时我受到一个非常大的触动，新浪做了第一届微博开发友大会，论坛里有一个嘉宾，是一个25岁的小帅哥，大家都知道微博上有一个"冷笑话精选"，他就是这个"冷笑话精选"的创始人李光旭，之前是南京某学校广告学专业的学生。大家要知道，中国最好的财经杂志，发行量也就是10万份左右，如果有三个人传阅的话，也就是30万人看到了这份杂志。但是"冷笑话精选"就有300万粉丝，他没有做任何原创，所有段子都是从豆瓣、猫扑、天涯上找，但是他成了一个有名的博主，这就是微博的魅力。

在平面媒体的时代，受众只是被动接收，但是在今天，则是观众在触控，在主动表达，在控制着媒体。不仅如此，在进入"屏幕时代"之后，所有信息的内容都是可迁移、可跳转、可分享的。比如过去，看了一个报纸，最多把这个报纸给身边的这位朋友，但是今天，我看到了一个很好的新闻，手机一点就可以分享到微博上面去。而传播也越来越"魅力人格化"，在屏幕上面，一个真实的、有血有肉的、丰满的人物形象，在传播的时候更加有优势。工具可以主导信息的革命，每一次信息载体的变化，一定会带来信息的革命，导致信息的大爆炸。今天我们处于一个信息发展的时代，谁控制信息，谁就拥有权力。在这个信息泛滥的时代里面,判断力变成了一种最重要的能力。

20世纪的媒体多是简单的单向度,要么像电话一样,是一对一的交流对话;要么如电视广播一样,是一对多的单向传输。但是微博、twitter、facebook的出现,改变了这种不对称的关系,它们既自然地产生了组织,同时又丰富了对话,更重要的是亿万信息的消费者,都变成了信息的生产者。另外一点,在微博上有很多人,他没有学过专业的新闻技术,也不是一个专业的记者,这并不妨碍他成为一个轰动性新闻的制造者。

默多克是传统媒体时代的最后一个大亨,他拥有诸如《华尔街日报》《太阳报》和英国的天空电视台这类的大媒体。但是默多克不懂社交网络,不懂互联网,他迄今为止在社交网上所做的尝试全都失败了。传统媒体都在靠它自身的影响力活着,这种传统影响力今天还会有,比如说《福布斯》有排行榜,《中国企业家》有排行榜,央视还有春节联欢晚会,但这些影响力是在被迅速消解的。如果这些排行榜不在互联网上传播,仅依靠这家杂志,是很难传播出去的。传统媒体时代真的已经过去了,英国的《经济学人》做过这么一个报道,叫做"重返咖啡馆时代"。在移动互联网时代,互联网正在让新闻业重返大众媒体出现之前的时代,这就是"部落时代"。但是你会发现,我们今天面临的问题其实不是信息不足,而是信息泛滥、信息无意义和信息失控。谁能用更少的时间,获得有价值的信息,谁就能用更多的时间去思考和行动。也就是说,我们今天所思考的是怎么去帮我们的消费者用更少的时间,更经济地去获取有价值的信息。

花了一年的时间,我想明白了未来媒体的两个方向:第一是越来越人格化,第二是越来越社会化。就是说今天的信息一定要有人格魅力,信息是一定要从属于人格的,没有这种魅力人格的话,信息就不能够真正被传播出去。而信息越来越社会化,也就是说媒体和社交网络将会融合在一起。信息需要情感的力量,需要人格的魅力,才能够真正被传播出去。我理解的自媒体一定是热血的、主观的、真实的。传统的大众媒体都是标榜客观中立,但客观中立根本上是不可能存在的。与其盲目标榜客观中立还不如做成一个有态度的、有血有肉的媒体,这样的媒体绝对不会掩饰自己的倾向。

"超级媒体"是我新界定的定义:在某一个时间段内,占用媒介消费时间最多、吸引媒介消费群体最多的媒体,就可以称之为"超级媒体"。第一代超级媒体,实际上是上个世纪七八十年代时候的媒体,那时最大的超级媒体就是

《人民日报》和新华社;第二代是在 90 年代的时候,是央视 CCTV,因为每家每户都买了电视机;第三代是百度,是新浪,因为今天中国的互联网网民已经有 7 亿人了。那我们说新一代的超级媒体是什么呢?微博是其中一个代表,现在微博的用户已经突破了 3 亿,每天的活跃度是 3000 万人。

每一个"超级媒体"的崛起,都会产生巨大的媒体效应,也会成就一些新的品牌。回顾过去几年,新的品牌崛起,不是在电视上面,而是在微博上面。有个概念叫做"媒介货架",就是说,在超市里,那个跟大家视线平齐的位置,是最贵的位置,所以像宝洁、联合利华这样的广告商都会花重金买下这个位置。再举个和媒介相关的例子。江苏卫视其他节目的广告可能加起来才收两个亿,而《非诚勿扰》一个节目,可能就有 20 亿的广告收入,因为《非诚勿扰》是一个巨大的品牌,占据了全民的注意力,它的广告价值就会远远超过它的主品牌。实际上在大众媒体时代,传播叫做宣传,纳粹党的戈培尔有句名言,叫做"谎言重复一千遍就是真理",宣传的基本原则就是不断重复有效论点。以前企业做宣传,就是搞一个新闻发布会,如果你有钱找来一千家这样的媒体,然后发新闻通稿,让各个媒体去发布。最后来统计传播效果时,是计算发了多少篇,发了多少字数,然后在百度上搜索有多少链接,没有人知道或者没有人关心到底谁看。而新的传播是我们必须找到和目标受众关系最紧密的媒体和业界领袖,他必须是魅力个体,必须是通过自己的魅力去征服了受众,而我们必须要借助他的影响力去做传播。

⊙ 媒体社会化:寻找节点

我们现在讲社会化媒体。那么社会化媒体的传播和传统媒体的传播,到底有什么不同?从研究的角度来讲,主要有以下三个方面。

第一,我们要研究怎么把信息加工成值得传播的内容。中国互联网中每年都会发布《互联网网民报告》,这个报告长达一百页,内容很重要,但你要是想一眼就看到有用的东西,不是件容易的事。后来网易科技频道做了一个图表,把一百页的内容全部浓缩在这个图表里,受众可能十分钟就能看完。换了另外一种方式,把信息加工成一个方便传播的内容,它的传播效率就大大提升了。传播跟过去相比有很重要的不同,也就是说大家越来越依赖于感性化的故事。台湾大众银行做了一个叫"梦骑士"的广告,一伙饱受病痛折磨的老头突然决定去骑摩托环岛旅行,直到广告最后才出现大众银行的商标。今天的传播,就是在讲故事,故事一定比现实丰富,并且你会发现,故事的核心,永远都是在讲人与人之间的关系或者人与世界的关系,这些都是情感之间的联系。

第二,我们必须找到节点。任何一个网络都有很多的节点,那些关键的节点一定是能够连接足够多的资源,同时能够传导足够多的信息量的。我们可以举一些电影的例子。一部电影的首周票房往往是靠广告宣传的,但从第二周起,它的票房就取决于它的口碑。《失恋33天》是一个特别好的例子,一开始电影院并没有给它安排这么多的排期,但是太火了,所以就形成了一个倒逼的趋势,最后很多影院不得不加场。我们可以回过头来看一下这部电影传播出去的原因,一个很重要的因素是《失恋33天》是一部很出名的网络小说,制作团队最早在做传播的时候,到各地去拍了很多的视频,选择了全国六个票房城市,有北京、上海、广州等,让身边的年轻朋友,让每个人去谈自己关于失恋的故事,那确实是真情实感。我对那个短片印象特别深刻的是里面的一句话,叫"爱就疯狂,不爱就坚强",这样的口号实际上是喊出了这一代年轻人的心声。并不是说这部电影本身多么有价值,有多么好看,它实际上是反映了这一拨青年群体的一种集体情绪。再一个例子,九把刀的《那些年,我们一起追的女孩》,我看了也很沸腾,虽然我已是一个大叔,但是因为我和九把刀是一个年代的,那也是在打动我们这一代人的情绪。社交网络最大的一个特点在于它是一个情绪的放大器,把我们每个人的情绪连接在一起,最后变成社交网络的一个公众风潮。

第三,掌握与粉丝互动的技术,实现从传播到营销,这样才能真正完成社会化的传播。小米手机凭什么会成为百度搜索排名第一的品牌?小米手机到现在也就卖了一百多万台,在深圳好的山寨机出货商一年也能卖这么多台,甚至比它还多。可是小米手机形成了一个天然的粉丝群,小米手机把与粉丝的交流当作一种"仪式"来进行。比如说小米自己有个论坛,这些粉丝们每天都会在论坛上谈论对于小米的改进建议。小米会在每周五的时候,把所有的意见全收集起来。然后到下周周一开会的时候,研究我们要改进哪些地方,在下周二会释放出来,告诉它的粉丝们,说我们马上会做哪些改进,到第二个周六的时候,新版就会发布出来,商家跟粉丝之间,形成了这样的一个互相信赖的正向循环。今天的品牌真的不是在比谁的广告做得多,而是比谁的产品做得好,产品好不好其实是没有一个定论的,关键是你的产品能不能超出用户的预期。小米做到的一个事情就是我永远跑在用户预期的前面，所以它拥有巨大的口碑效应。传统媒体的渠道太远了，不能够直接地把消费者的声音反馈过来。但今天你能够在微博上，在社交网络上，能够直接地听到，那还需要传统媒体干什么呢？

⊙ 微博时代：拒绝造神

微博代表社会化媒体的起点，但它绝对不是个终点。关于微博有两个有趣的事情：一是移动终端上微博的用户超过了60%，这意味着手机一定是我们未来的第一媒介，而且可能是终极媒介；二是女性比男性更活跃，这是在facebook、twitter和微博上都发现的一个特别有意思的规律，就是女性更乐于分享，更愿意去交流。微博里传播最快的是语录，是段子，是八卦，是公共事件，对应到我们的现实里面是《读者》，是《知音》，是《故事会》和《南方周末》。你会发现虽然技术日新月异，但是人性其实没有太大的变化。大家依然有从众的心理，希望在人群里面找寻安全感，并且大家崇拜权威，即使在微博里也还是个等级社会，现实生活的等级在微博里是有投影的。

微博上有近20万加V的用户，决定了其中近80%的信息的流动，也就是说，这20万加V的用户实际上就是那些关键的"节点"。但是别忘了"奇点"，"奇点"就是我们说的那些小人物，但是他可能恰好是某一个新闻事件、某一个重大事件的当事人。社交媒体还在警示企业，"危机公关"这件事不存在，只有危机处理。以前一个企业面对危机的时候，必须在24小时内作出反应，但是有了微博之后，再等24小时作出反应就迟了。比如沸沸扬扬的"罗永浩大战西门子"事件，如果是传统媒体报道这么一件事，曝光最多影响7天，但罗老师找西门子麻烦整整找了3个月，到现在还时不时把西门子拿出来敲打一番。西门子这个品牌，花了那么多钱，做了那么多的广告，声誉就在这3个月里面，被毁得一干二净。品牌在社交网络时代，真的是非常脆弱的一个事情，如果不能及时响应一个自媒体的话，那真的就非常危险了。

而在社会化媒体的传播中，理性思辨的声音太容易被感性声音所掩盖。去年日本大地震之后，很多人家里面开始抢盐，因为有谣言说海水被污染了。谣言的传播力是真相的十倍。在微博时代，辟谣这件事从本质上来讲是不存在的，大家就相信自己想相信的那个事实。

微博还有一个特点,叫做"末日审判机制"。大家小的时候怕出天花,怕出麻疹,直到打过针,生一场病,才有免疫力。微博也是这样,如果你是名人,一定会在微博上面遇到一场风波,不管你是李开复还是唐骏,因为有方舟子这样的人存在。比如说韩寒和方舟子的那个事儿,我在很多饭局里面做了调查,然后发现一个特别有意思的事情:30岁以下的女性,都相信韩寒;30岁以上的男性,都相信方舟子。说句实话,我也不知道韩寒是不是代笔的,但我相信韩寒一定是有个商业团队运作,我也相信韩寒肯定比一米六七要高。在微博上面,我们不要试图去造神。在传统的媒体里面,大家是要造神的。因为是在一个信息封闭的环境里面,但是在微博的时代,所有的神,都一定会走下神台,都一定会脆弱,你那些神的信仰,都会变成神的祭品。

《时代》杂志有一个很著名的记者叫做托马森,他说,"如果你自己不发出声音来诠释你自己的话,那别人就会定义你是谁"。还有句话叫做"站在月球看地球",这是一个很著名的观点。微博也好,未来媒体也好,微博只是社交媒体的一个起点,它真的不是终点。我强烈地希望大家站在5年以后,去想自己该干什么,这就像站在月球看地球一样,你会有更加全局的观念去看待这个问题。你不要去想今天这个社会上什么工作最热门,而是去想5年以后,什么工作最热门。5年以后去看什么呢?可能就不是微博了。大家要思考,5年以后你会在哪里?只要方向正确,变革就会进行,关键是要找到自己对的方向,找到有前景的那个方向。谢谢大家!

精彩答问

观众:申音老师您好,我想问一下,毕业的时候,如果做财经类节目的话,要具备什么样的素质呢?怎么样进入这个门槛?

申音:我只能这样来说,第一,中国的财经类节目,其实都做得不怎么好。比如说CCTV-2,更像是老头老太太们看的,不像是专业的财经节目。《第一财经》曾经试图成为专业的财经节目,但现在却变为炒股的节目了。我们看美国,其实是有很好的专业的财经节目,代表了财经节目的生产方向,它是一个技术公司,有大量的、多种方式的信息终端。你今天说要去做一个财经节目,我相信到你毕业的时候,这个事儿已经很难了。我们应该思考的是我们怎么去成为一个优秀的财经内容的生产商,就是说,对你的要求可能跟过去的完全不一样了,原来可能最重要的是一个采编的角色,但是采编的角色变成了食物链的最底层，你的价值是很低的。你要做高层，不要做底层，今天好多内容是可以被社会化聚合生成出来的，那你要做渠道，做发行，做达人，做推荐那一块，这是一个最好的价值所在。

观众： 您认为新媒体的发展是否会对现有新闻体制造成影响？

申音： 对新闻体制造成倒逼，是吧？有了微博之后，你会发现网民的创造力是无比惊人的，当你用传统的体制去管理这样的新媒体的时候，你发现根本是管理不了的。如果我们去管理一个新媒体，必须要通过关闭评论来做，那这个管理体制已经僵化到不行了。新媒体它是一定会存在的，你如果用旧方法去管理新媒体的话，最后一定会导致这个体制完蛋。

讲座时间：2012 年 5 月 20 日
编辑：郑钰吉
校对：余佳遥

章文：传媒人的国际观

【嘉宾简介】

他是《南风窗》记者，《中国新闻周刊》采访部主任，《新世纪周刊》副总编，新华社《环球》编辑部主任、主笔，英国《卫报》特约观察家。他是知名博主，是美国国务院访问学者，是中国百大公共知识分子。他是章文，笃信自由、民主、法治，虽说《民主不是说着玩的》，但是《民主必胜》；他要倡导《和解共生》，做坚定、理性、高效的反对派。

【微语录】

一个国家要受到国际上的尊重，一定是他的人民受到尊重。

西方人的观念就是这样：丧钟为谁而鸣？丧钟为所有人而鸣。当世界上一些人在其他地方遭受侵害、失去自由或者受到虐待时，那么其他人都有责任和道义去解救他们，因为他们和你是一体的，不是遥不可及的。

作为一个媒体人，传递信息是他的基本能力，这个信息用什么手段或者什么态度来传递，会有非常重大的影响。

传媒人应该是社会正义和底线的守护者。

⊙ 大国民要有大视野

今天和大家探讨下我们中国传媒人的世界观。我有一种很强烈的感受，就是咱们国家传媒人的国际视野、国际新闻视野以及对国际关系的认知能力的发展速度是远远落后于中国的崛起速度的。我和央视主持人柴静交流过这个问题，2008年我们俩去美国做访问学者，临行前我对她说："央视新闻频道里的人，包括主持人和编导在内，很多人对国家关系太不了解了，所以你们反映出来的国际图景、中国国际地位以及世界对中国的评价，都是非常不真实、不客观的。"柴静非常同意我这个观点。在看世界这一方面，我们确实是太不完整、太欠缺了，而我们的很多观念跟世界的主流观念是相违背的。大家都熟悉白岩松，我和他也是好朋友，我们相识十多年了。岩松非常优秀，我非常佩服他，但即使这么一个优秀的主持人，他也有自己所欠缺的地方，比如他的英语不算太好。但是我非常佩服他的一点就在于他会很有意识地主动去弥补他这方面的欠缺。比如岩松做了很有名的《岩松看日本》《岩松看台湾》《岩松看美国》，他从台湾回来的第三天我跟他做了一次访谈，我说你一定要把"岩松看世界"系列做下去，这是一件功德无量的事情，你会纠正很多人对美国、日本甚至对世界的一些看法。

我想问一下大家，你们看国际新闻，就是了解国际局势，主要是通过什么渠道呢？看《环球时报》的多不多？哦，在座的同学大概有三分之一会看。《环球时报》当然是我们看待国际问题的一个很重要的渠道，因为它有影响力。但是，我曾经写了一篇博客，可能你们中也有人看过我这篇文章：《环球时报》能够及时、深度地报道国际大事，这对于中国人了解国际新闻有推动作用，但是它有一个很致命的弱点，就是太不客观了。这种不客观表现在《环球时报》中强烈的主观臆断和价值观判断。比如在头版，经常会制造一些耸人听闻的标题，大多是和美国、日本、我国台湾相关。中国改革开放三十多年了，加入WTO也十年了，可是你看《环球时报》的报道，会感觉中国还处在冷战时期、处在一个非常不安全的国际环境中。

我们现在是一个大国了，大国要有什么？大国民！大国民要有大视野，也就是全球视野。如果别人对你的观点都不了解，你怎么还能自顾自地盲目自大，或者为了反对而反对？一个国家要受到国际上的尊重，一定是他的人民受到尊重，而不仅仅是这个国家。国家是谁组成的？人民。举个例子，我们的近邻，日本。可能有些同学不喜欢日本，其实我个人也不是很喜欢这个国家，但一个不可抗拒的事实就是，日本政府和日本人在国际上的形象比中国好；并且它不仅超过了中国，还超过了很多国家，在世界上也能排到前几名。这其实跟日本的整体国民素质相关，日本人在国际上表现得非常好，有礼貌，讲信用，在公共场所遵守公共规则。这和日本的经济发展也有关系，毕竟他们融入世界的时间比我们早。我相信再过二三十年，越来越多的中国人会懂得国际规则，那时候我们的国际形象也会相应提升很多。可以说最近十年，中国的国际形象比以前好了很多。

再回到《环球时报》的话题上。自从有了网络，大家会看到多方面的信息，某些媒体不可能完全给出真相，但可能给出我们部分真相，大家接触了这部分的真相，然后再通过互联网可以看到事物的多个方面。在过去传统媒体统治新闻的时代，所有媒体只转载新华社的通稿，你只能听到一个声音，没有选择的余地，所以连思考都没有办法。因为思考是建立在掌握多方信息的前提下的。过去有句话，"谎言重复了一千遍就是真理"，但在现代社会中，这点已经做不到了。因为谎言重复一千遍，就肯定有一千个人反对它。所以我认为，在网络时代，任何一家媒体或者任何一种渠道，都不可能让大家在某个新闻上完全信服。

⊙ 碰撞中的东西方

凤凰卫视有个评论员先生，前几年我在《环球》杂志做编辑部主任的时候和他聊过一次。他是美国公民，我问他，如果中美开战，你怎么选择。他说我不认为中美会有一战，但是我对中国和美国都有感情，中国是我的祖国，而美国在我最困难的时候收留了我。这位先生从前在台湾做新闻，当时台湾的媒介环境还很恶劣，他遇到一些危险就移民美国，所以很感谢美国。可是在这几年，在他评论时事的时候，只要美国做点什么事，他就骂。我觉得他这样做和那些动不动就骂中国政府的人是一路货，并且从新闻的角度出发，从国际关系的角度出发，他的一些观点和态度是夸张的，是装出来的。

今年国际上发生了几件大事，比如北非的"茉莉花革命"，我不知道大家对这个方面是否关注？大家如果关注，主要通过什么渠道？是在广播、电视上关注，还是通过报纸、网络？有没有看过外文网站？我听到底下有同学回答"看过"。非常好！如果你了解信息的渠道不仅仅是单一的渠道的话，你就会发现，很多的信息能修正自己之前的观点，你就不会去盲目相信一家媒体。举个例子，我们的传统媒体在利比亚事件上就存在不客观的地方，譬如我们刚开始称呼利比亚的反对派为"叛军"，后来慢慢变成"反政府武装"，再后来就是"过渡政府"、"过渡委"，到现在则是"执政党"。我观察我们的媒体在称呼上就转换了四五次，这种做法让国际社会的民众怎么看你的国家？当然，这和我们传统的观念是一样的，我们可能认为卡扎菲就是合法政府，造反就应该镇压。

这点和西方人的观念不太一样。1994年非洲发生了震惊世界的"卢旺达大屠杀"事件，那里的胡图族和图西族两个民族互相残杀，当时联合国的维和部队驻扎在那里，但因为种种原因，并没有制止住惨案的发生。当时美国总统是克林顿，后来他在回忆录里写道：没能制止卢旺达大屠杀，是我八年总统任期最大的遗憾。西方人的观念就是这样：丧钟为谁而鸣？丧钟为所有人而鸣。当世界上一些人在其他地方遭受侵害、失去自由或者受到虐待时，那么其他人都有责任和道义去解救他们，因为他们和你是一体的，不是遥不可及的。这是西方人的观念。

所以我们的媒体在报道涉及西方国家的新闻时，比如西方国家发动对伊拉克、伊朗、朝鲜等国家的制裁行动，往往都会解读成他们为了自己的国家利益，挥舞霸权主义来欺负弱小的国家。当然，对于这点我不否认，因为世界还没有平衡，任何一个主权国家追求国家利益都是天经地义的。但是这里面也是有区别的，区别就在于你是带着什么样的价值观，带着什么样的目的去追求你的国家利益。网上有一个段子，我估计大家都听过，说美国佬打伊拉克是为了石油，打利比亚也是为了石油，将来打中国就是为了地沟油。当然，我认为中美不会开战，因为我们两个国家都是有理智的，两国的领导层之间也是有默契的。中国每年出口那么多，最大的出口对象就是美国。而中国这个大市场给美国经济多大的帮助，美国人也是清楚的，所以两国处在相互需要、相互依赖的关系之中。中美之间有摩擦，但这些摩擦都是在可控范围内的，绝不会擦枪走火。我在一开始讲过，一些媒体喜欢用耸人听闻的标题报道中美关系，这就说明中国的媒体人对于国际关系中的一些基本词汇，是缺乏理解的。

另一方面，我们的媒体往往会给中国的老百姓强化某种不好的印象。中国有将近14亿人口,你想想有多少人其实是没有太高的文化素质的,他可能一辈子没来过北京,一辈子待在小城里面,看看党报,看看《环球时报》。如果这些报纸在报道国际事务的时候有失公允,后果真的很危险,不利于我们国家和外面打交道。在一些国际事务上面,我们的政府本来可以处理得很好,可是由于报纸媒体的误导,而导致我们的政府在处理外交事务上感到棘手。这是为什么?因为政府受互联网的影响很大,当民间对某事的舆论呼声比较高、比较强烈的时候,政府要考虑尊重民意。客观的报道,会让读者形成一个比较理性的思维,而不容易偏执。这样一来,无论是政府处理国家关系,还是我们的民众自己到国外去,都会变得更加从容、更加懂国际规则、更加智慧。片面的民族主义害人害己。

⊙ 国际报道:客观就好

有些同学可能会问,有时候国家利益和作为人类应承担的责任是有所冲突的,这时候作为一个国家的媒体,应该怎么去报道?我告诉你,只要客观就好。中国目前是一个发展中国家,所以一直坚持承担共同但有区别的责任,比如中国在全球气候会议上的作为。我很认同中国这句口号,西方国家已经是后工业化时代,而我们还处在工业化时期,我们不能拿西方的标准去要求中国,这是不合理的。所以面对国家利益和人类责任这个议题时,我们的报道要客观,既要报道人类共同面对的问题,也要根据各国的情况来看待他们所要承担的责任。我觉得只要遵守这个原则,就不会处在一个两难的境地。

现在很多人在提"中国威胁论",其实所谓的"中国威胁论"也是一部分外国人制造出来的。你说,如果外国人真的相信"中国威胁论"的话,那还会和中国人做生意吗?还会和中国人进行经济往来吗?所以,各位,大家记住,其实这些口号啊,比如"中国威胁论""中国控汇论",大家都不要太当真了,你要是当真的话,好像西方世界对中国充满敌意,其实不是那么回事。就像我刚才所说的,如果他们真觉得咱们中国威胁到他们,就不会和我们进行经济上的往来。就像大家在平时的生活中,如果你觉得有个人对你有威胁,你可能就不会和他交往了,对吗?在国际关系中,很多人会替这个国家制造一些口号,这也是一种外交工作。制造口号、制造声势,会在某些具体的所谓外交博弈过程中变成一种筹码。所以大家不要被口号迷惑,口号说白了就是一种博弈的手段。

我相信，在座的不少同学，将来可能都要去从事媒体行业。我希望你们知道，相对客观、真实地传递这个世界的多方面的消息，是非常有必要的，这其实也是作为媒体人的一种责任感。因为作为一个媒体人，传递信息是他的基本能力，这个信息用什么手段或者什么态度来传递，会有非常重大的影响。无论对你的人民，还是你的国家，甚至对这个世界都会有非常大的影响。实话实说，中国的传统媒体在这方面做得非常不够，我也在努力尽自己的一份力量。

精彩答问

观众：我想知道您对传媒人有着怎样的理解和体会？我比较赞同白岩松的看法，他说传媒人是一个时代的瞭望者，不知道您怎么定义"传媒人"？

章文：传媒人，准确地讲就是传媒。我虽然现在是一个传媒人，但是我其实是依附在某一个媒体里面的。我觉得白岩松的话，只是说明了其中的一个角色而已，因为传媒人相对来说，也是一个信息的传递者、意见的引领者。你不仅仅是要传递信息，还要做观点的引领者，可能你还需要站在更高的角度，来引领这个时代的潮流。但是，我觉得最重要的一点，传媒人应该是社会正义和底线的守护者。

观众：我想问一下，传媒人的世界观，它和政府的政治立场孰大孰小？

章文：我觉得传媒人其实根本无需顾及任何人的立场，他只要忠实、客观地报道这个新闻，就是他本来的使命和职责所在，他不需要听命于任何人。这个事情是什么样子的，他就尽可能去还原这件事情就行。当然你这个问题是置于中国的语境下的，我知道你的意思。但是我跟你说的就是，按照它本来的意义，它不应该依附或者是听命于任何人，它最基本的功能就是尽可能客观真实地还原事情的真相。

观众：老师您好，刚才听了您的讲座，我有一些想法，想要跟大家分享一下。您提到作为传媒人，我们的报道要尽量做到中立、客观，这对于观点的传播很重要，但是在互联网这个时代，你刚才也提到说，14亿人口中大概有4亿多的网民，并不是所有的网民都有那么高的学历或者素养，所以面对这么多纷繁复杂的信息，当所有声音都涌来的时候，我们如何甄别这些观点？身处这个网络时代，媒介素养到底是不是很重要？对于受众来说，怎样才能形成更加理性的观点？

章文：其实我刚才一直也在讲这些问题。第一，媒体要有这个责任，传递一些客观的而非片面的，甚至是偏激的声音；第二，作为个人来说，你自己要有意识地去看或者是去倾听多方面的声音，做出自己的独立判断。这是一个两方面的作用，媒体应该担负起这样的一个作用，另外个人也要有意识地多听一些声音，这样基本上就能解决问题了。

讲座时间：2011 年 11 月 30 日
编辑：章文颖旨
校对：刘亦凡

石述思：给你一个影响中国的理由

【嘉宾简介】

石述思，1991年毕业于中国人民大学新闻系，现任《工人日报》社会周刊编辑部主任，国务院新闻办中国网专栏作家。一支妙笔，写出众生百态，他曾七次问鼎中国新闻奖；一张快嘴，道破世间万物，他是频现荧屏的"非典型嘉宾"；一双锐眼，洞察生活万象，他是名牌栏目最喜欢的策划人。他是石述思，期待这位资深媒体人给我们一个影响中国的理由。

【微语录】

文化产业的霸主美国则告诉我们一个规律：大众文化必将超越民族、政治等一切的界限，成为主导。

输出国家价值观，创建文化产业的高地不仅仅是国家的使命，也是全民的使命，更是我们大学里精英学生的使命。

文化是性感的产业，要像乔布斯一样，做逆水行舟的鱼。不要让别人安排自己的生活，要听从内心的召唤。

创意有三个敌人：经验、习性和动机，它们会形成一个格式的牢笼。

⊙ 文化是慰藉人们内心的事情

再一次来到这里非常高兴,今天要谈的主题和传媒有点关系,但比"传媒"的概念要大,主要跟大家谈谈中国文化产业的发展方向。

首先要解释一个概念,什么是文化产业?联合国教科文组织在30年前给它的定义是:"按照工业标准生产、再生产、储存以及分配文化产品和文化服务的一系列活动。"文化产业的渗透无处不在,即使在实体经济中,电子业是低端产业,文化才是高端产业。但是高端有高端的风险和难处,低端有低端的机遇和挑战。目前在全球范围内,文化产业的崛起是整个西方世界的救命稻草。每年创意产业在全球贡献的价值高达220亿美金。我们常说美国不行了,西方列强不行了,但不行的是他们的实体经济。西方国家文化产业的增速从2000年开始都是10%。一些国家增速更快,美国14%,英国12%。那么1998年英国最大的出口商品是什么?是辣妹!也就是说,英国那么强势的一个工业帝国,从1998年就开始兜售辣妹了。

在美国没有文化产业的概念,美国人讲的是创意产业,实际上传媒是创意产业的重要组成部分。很多人都认为电视不行了,其实电视还有5年的黄金时期。目前,不仅仅是网络,整个新媒体都在崛起。未来会进入什么年代呢?全媒体年代。全媒体年代会带来一个什么样的传媒产业大变革呢?我今天就从更宏观的视角来跟各位同学交流一下这个问题。

我们都知道中国的经济是和就业密切相关的,找不到工作可不能全怪在你爹头上,这和我们的经济转型有关,也和大学扩招有关。有人说2012年是中国经济最具挑战的一年,也就是说700万大学生走向社会时要面临比前几年更加艰难的挑战。然而,越是经济充满危机挑战的时期,越是文化产业的机遇时期。举一个简单的例子。1930年发生了什么事情?1930年美国遭遇了20世纪最严重的经济危机,但1930年在文化领域发生了什么事呢?1930年诞生了一本伟大的商业杂志——《财富》,这本杂志至今仍然在全球金融界扮演着一个非常重要的角色;1930年亲爱的米老鼠两周岁,这只幼稚的米老鼠不知道当大萧条结束的时候它将名扬世界;1930年好莱坞帝国进行了第一次真正意义上的产业竞争;1930年中国文化一个标志性的人物站在了纽约的舞台上,那就是梅兰芳!

为什么经济越萧条,文化产业会得到越大的发展呢?有同学提到了"口红效应"。"口红效应"是一种非常有趣的现象:在美国,每当经济不景气时,口红的销量反而会直线上升。文化产业从事的是慰藉人们心灵的事情。2008年以后,全球金融海啸爆发,在全球范围内为文化产业发展创造了第二个机会。而这第二个机会的主人是谁?中国!但大家别忙着自豪,因为我待会儿会提到我国文化产业发展的现状是不尽如人意的。

在讲中国之前,先跟大家聊聊美国的文化产业。美国人正在做两件事,而这两件事都有可能对中国产生影响。

第一件事,美国远离实体经济久矣。玩资本玩出金融海啸,还连累我国。美国一感冒,我们就重症缠身住院了。可以说,现在美国三驾振兴经济的马车全面停滞。哪三驾马车呢?就是大家都熟悉的投资、内需和外需。

三驾马车失灵,也许你会得出一个结论:中国大国崛起了,老美完蛋了。那我只能说你错了,接下来我要介绍美国在做的第二件事:从2010年开始,美国有一个行业在崛起,那就是文化产业。美国文化产业的产值占到了美国GDP的18%—25%。美国目前最富的400家公司中,有72家是文化公司,居出口贸易额的第一位,占世界文化产业贸易额的40%。2010年美国的版权产业超越了钢铁产业,甚至还超越了美国引以为豪的高科技产业——航空航天,成为国民经济第一支柱产业。对GDP和就业的贡献已经超越了美国的其他部门,同时在美国的出口中扮演了无比重要的角色。重要到什么程度,大家去电影院看看《泰坦尼克号》和《超级战舰》把国产片打得满地找牙的惨状就明白了。根据美国2010年公布的数据,当年美国版权产品的出口总额是1340亿美元;反观2010年成为全球第二大经济体的中国,这一年的文化产业总值是76.9亿美元。

这两个数字放在一起,大家可能会感到自卑,但是没有关系,落后意味着机遇和成长的空间。中国文化产业占GDP比重逐步增加,按照我们国家的战略,文化产业增加值的比重在2016年要提升到5%。目前在中国没有一个行业有这样的速度和这样的附加值。而且在2016年,达到5%就变成了国民经济的支柱产业。

关于文化产业,世界上很多专家做出了预测,比如一些学者预测,世界即将从"资讯年代"进入到"概念年代",创意也将成为下一个时代的最重要的工具。其中一个最大胆的预测是艺术硕士将击败MBA,成为社会中最受欢迎的学位。还有一个著名的人叫理查德·佛罗里达,他写过一本书叫《创意阶层的崛起》，讲到创意在当今经济中异军突起，还将带来一个阶层的崛起，这就是创意阶层。

⊙ 中国文化产业：内外交困

接下来跟大家交流的是创意产业的内涵，任何一个文化创意活动都不是简单的文化复制，而是依靠人的灵感和想象力对传统文化资源进行提升。文化产业属于知识命名型产业，具备三个特征：第一个特征是高知识性。"谈笑有鸿儒，往来无白丁"。第二特征是高附加值，它的附加值在人类历史上超越了互联网，超越了苹果手机。说到了苹果手机，我吃饭的时候感到最悲哀的一件事就是所有的人都在用苹果，不管真的假的都是苹果，不管水货行货全是苹果，好像只有4跟4s的区别。苹果手机是实体经济的一朵奇葩。举两个例子：第一个，苹果的市值是谷歌加微软两家公司市值的总和。一个微软已经很了不起了，还要加一个谷歌。但乔布斯在中国的结局只有两个，要么成为高考状元，要么进了精神病医院。第二个例子，手机的智能化是下一阶段电子消费不可阻挡的潮流。目前手机中的王者就是苹果，苹果手机牛到什么程度？2011年苹果的产量占全球智能手机的9%，却用9%的产量切走了75%的蛋糕。表面上苹果是靠科技，实际上苹果拥有手机业乃至整个电子业最多的专利。苹果的竞争力是知识产权而不是表象的科技。高附加值不仅仅体现在电视、电脑上，还体现在实体上。文化产业的第三个特征是高融合性。之所以在文化产业方面总是讲到苹果，因为苹果具有跨界的特征。这个时代从地理上讲是平的，一切行业、地域性学科都被全球化夷为平地，要想塑造自己的核心价值，必须走出行业的藩篱。以后电视人将下岗，你必须成为全媒体人，或者叫创意人、文化产业人。电视所有的流程，文化产业的所有的制作流程，整个游戏规则都在全媒体时代被颠覆，融合特别强烈。

中国目前没有一本像样的关于文化产业的书或者教材，所有的概念都是西方人的。被国际认同的文化产业的概念最先是英国人提出来的，他们对创意产业的定义是：源于个人的创意技巧和才华，通过知识产权的开发和利用，具有创造财富和就业潜力的行业。从全球的视角回到中国，我们会感到巨大的差距。中国制造是我们的立身之本，但中国制造现在是四个字："内外交困"，且在短时间内找不到振兴的出路。"外"是什么？美国等西方国家。美国人在进行多年的"去工业化"之后结出苹果公司这朵奇葩，而奇葩是来自实体。奥巴马当选美国总统，"去工业化"的战略一定会得到修正，重回实业。波士顿咨询公司做过一个调查，说来华投资的高端美国公司，有15%在回迁。另外，美国不玩传统实体，转而重建全球实体竞争的格局，这个格局的密码是什么？是服务！土地、资源、能源不是竞争要素，人力、智力才是竞争要素。苹果挣的钱还真不是靠昂贵的产品，想想你下载了多少东西就明白了。苹果掌握全球最优秀的资源，抢占先机的缝隙只有一年时间。服务的标准化如果推出来的话，又是一个格局，这个格局就像苹果手机的制造流程，美国人早期卧薪尝胆干活，后来就不干了。一个苹果手机有那么高的利润，美国不干活，1万多的专利却能拿走55%的利润。

再回到中国，目前我国的文化产业还处于一个非常初级的阶段。刚才讲了电影非常地不乐观，现在再讲讲电视。去年中国人一下子拍了1万6千多集的电视剧，1万6千集电视剧是什么概念，全世界的上星电视台铺满了都用不完。但有70%左右胎死腹中，就是连播出的可能都没有。这一两年文化产业投资的井喷已经发生。说到资本就应该说到内需。大家研究过电影票房吗？我国2010年的票房数据是100个亿，2011年是130个亿，一年增加了30%。2011年票房过亿的电影有20几部，全国新建电影院有803家，新增的银幕有3003块，影院都进行了数字化的改造。推荐大家看一本书，一个法国人写的，叫《主流》。它清晰地展示了世界文化产业的现状，最主要的结论就是，专业化的传媒在未来的十年必将死去，相关联的专业化的广告公司、制作公司也得死，除非它自己转型。而文化产业的霸主美国则告诉我们一个规律：大众文化必将超越民族、政治等一切的界限，成为主导。大众文化在中国刚刚开始起步，不要老崇洋媚外说美国现在如何，最初美国的报纸叫黄色报纸，默多克现在还继承它的事业呢。市场，首先要保障自由。市场有自我修正和提升的能力。美国是电影监管最严格的国家，但监管的主体不是广电总局，人家没有这个机构，而是美国电影协会。我们稍微有点常识的话，就都知道行业自律才是治理行业市场的根本要素。美国电影协会第一次在世界上出台了比较完整的电影分级制度，一般分为四级，分别是NC17级、PG13级、R级和G级。但是美国的主流制作人员一般不拍NC17，即所谓的三级片，因为一个社会只要经过商业化的洗礼，市场和观众都会相应成长。主流文化战胜精英文化是靠商业和科技来推动的，这也符合整个世界的潮流。

说完内需就说外需。关于外需我刚才说了一个数据，美国的1340亿对中国的76.9亿。中国在2009年做了几件标志性的事情，那年的11月23日有一个叫"中国制造，世界合作"的广告片在美国的有线新闻网、美国的头条新闻频道和亚洲频道播放。这是中国在经历过漫长的铺垫后第一次国家软实力的输出。国外每天播放的几乎都是负面的中国新闻，我到过五六十个国家，几乎没有看到过正面的。文化产业的崛起，需要非常强烈的政府依托。这么大的一个国家，需要展示一个什么样的国家形象，需要输出一个什么样的国家价值观，不仅仅是民间的愿望，也是政府的愿望。我们在时代广场包了一个硕大的广告牌，政府主导花巨资，请了一堆明星来传播中国人的温良恭俭让和仁义礼智信，有一点效果。我认为走出去，以一种大国文化自信走出去是每代人的使命，总不能老让人说中国是一个高速行驶但逆行的列车吧。但是老美坏啊，他们用那块广告牌只播了一条新闻就将我们所有的宣传成果击为粉末。一条仅五分钟的新闻——佛山小悦悦事件。输出国家价值观，创建文化产业的高地，不仅仅是国家的使命，也是全民的使命，更是我们大学里精英学生的使命。大家总是嘲笑肯德基，说肯德基是垃圾、高油高脂食品。肯德基卖的是什么？肯德基首先不是食品公司，肯德基是商业地产公司。肯德基卖的不是炸鸡，它卖的是美国的生产方式。它改变了多少人的生活方式？一种标准化的、保障安全的、快节奏的生活方式。好莱坞输出的是什么？不是娱乐，是美国的价值观。

⊙ 现实的五大瓶颈

中国文化产业的发展，面临着现实中的五大瓶颈，这是值得我们重视和深思的。

第一个瓶颈，我们目前的文化产业规模小，不平衡。我们的人均GDP已经达到了4000美金，按理说文化消费应该出现井喷，这不仅符合国际规律也符合中国国情。要是按照人均GDP4000美金的要求，中国文化产业的产值应该是4万个亿，而现在才1万多亿而已。去年我是"CCTV年度经济人物"的评委和现场评论的嘉宾，当时有两家国企作为样板工程光荣当选，分别是中国对外文化集团和中南出版传媒集团。全是国企，这背后也说明了发展不平衡的问题。目前文化产业比较发达、比较适合大家未来创业的省市主要是北京、上海、浙江、江苏、山东，中部地区最突出的是湖南。说到芒果台，大家很难理解在毛主席的故乡怎么出现这么一个以娱乐为主导的电视台呢？不要笑，它的收视率早就把 CCTV 综合频道打趴下了。有一次去湖南卫视做节目时，我有幸见到了现在的湖南省政协副主席魏文彬。他说过两句话，我印象特别深。第一句是"你要搞开，别靠现代管理体制"；另一句话是他在与另一个领导谈话时说的，他当时问那位领导："农民种田谁说的算？""现在都是承包的，农民说的算，爱种啥种啥，市场经济嘛。"魏文彬又问："农民为什么不种鸦片？"这说明只有市场自由，市场才会自律。我们的某些监管部门怎么就那么没自信呢，中国的很多问题根源就是监管。让市场自己管去，你制定游戏规则不就完了吗！中国为什么那么多的人闯红绿灯呢？军车先不闯，我马上保证先不闯。自己制定的规则，却有那么多有特权的人天天破坏规则，老百姓能遵守吗？道理都跟红绿灯一样。

第二个问题，体制创新严重滞后。我们自己有很多东西在制约文化产业的发展。我们不是说要违反基本原则，违反中华人民共和国宪法。湖南卫视有一个做节目的天条，就遵守一样东西，遵守中华人民共和国宪法，再者一切实现自由。如果真的是依法治国的话，文化产业早发展起来了。

第三件事是山寨盗版成风。我真的劝很多人一句："出来偷的总是要还的。"在文化产业领域当小偷是没有前途的。中国现在是世界 WTO 控告席上最多的国家。主要告咱们两件事。第一件事是中国已经连续十五年成为遭受反补贴调查最多的成员，所以老美来搞经济论坛，居然逼着咱们搞国际改革。但背后的潜台词，就是说我们采取的一些竞争的策略要根据全球化的融合需要做出调整。第二件事，2009 年知识产权 WTO 被告中，十个里面有六个中国人。这严重制约了中国文化产业的原创力和竞争力。

第四个就是恶性竞争。现在的电影基本是靠着三分创作七分炒作来打江湖，明星身价 25 年飙升了 5000 倍。连《战国》的孙红雷都 2000 万，而且听说《战国》是一个煤老板为了捧自己的女朋友拍的，这样的人能推动国家价值观成长吗？再说各地的文化产业链，连西门庆都有故乡，后来孙悟空也找到了故乡。各地还流行一个口号，文化搭台，经济唱戏。这真不是经济唱戏，用中央的话，这还真是"三俗唱戏"。

第五个是优秀人才的匮乏。匮乏到什么程度呢？在北京做文化产业的人员，78.35％的人年龄在 20 到 25 岁之间，年龄稍微大点的都是半路出家的，而且一般都没文化，都想挣钱。另外人才培养机制也不健全，市场化程度不高。现在人才交流的模式比较集中于口碑，真正电视圈的人才、制作公司的人才，也是靠口碑在建构的。中国是一个重视体力劳动、不重视脑力劳动的国家，很难形成关于创意的科学定价体系和交易制度，这跟美国完全相反。比如美国的诺贝尔奖得主，他们都是提出想法的人，真正去做、去研究和他们无关。我们的情况则是不重视想法，只重视你做出了什么，而且甚至不问你的这个东西是偷来的还是自己想出来的。当然这个情况目前在改变。

⊙ 创意人的三位导师

最后我讲一下作为一个合格的创意人需要追随的三个导师。如果你要成为未来这个行业制作或创作的领袖，有三个人会给我们带来不同的启发。

第一个人是乔布斯。乔布斯告诉我们，创意人首先要做的事情就是：杀死常识！创意人做的第一件事就是要干掉常识，做逆水游泳的鱼。前工业化和后工业化的分支点是1913年，这一年造汽车的福特创造了人类工业史上第一条流水线，极大地降低了工人的劳动程度，提高了收入，创造了美国的中产阶层。后工业化和信息化的分支点是苹果公司，因为它彻底地告别了工业化的年代。工业化年代的钢铁的冰冷拒人于千里之外，而乔布斯强调的词却是"性感"。乔布斯的出现颠覆了工业化的游戏规则，完全是按照用户的需求来制造产品。他曾经说过一句名言：我可以把苹果的电脑做得像太阳，我的音箱为什么就不能像向日葵呢？文化是性感的产业，要像乔布斯一样，做逆水行舟的鱼，不要让别人安排自己的生活，要听从内心的召唤。美国人如是评价比尔·盖茨和乔布斯，前者的商业成功固然重要，但后者使生活变得更加方便。乔布斯试图赋予生活以意义，让我们感受到生命的鲜活和性感。他是新一代的实业家，也应该归为创意人。

第二个人是迪斯尼。目前全球有5家迪斯尼乐园，我也有幸跟迪斯尼的一些管理者进行过交流。迪斯尼的核心竞争力是什么？我当时回答说是美国天才的创意能力、技术能力、市场营销能力、人才储备能力。但迪斯尼的管理者说完全不是这样，迪斯尼不考虑钱的多少，只考虑东西的好坏，他们坚信只要自己的东西好就可以把大众吸引过来。迪斯尼乐园里的米老鼠、唐老鸭、史努比都在努力传播迪斯尼的六大法则：快乐、善良、真诚、友谊、爱和关怀。想想我们的东西在传播什么？如果这样的东西再结合创新和商业就成了帝国。迪斯尼一路的崛起全是靠它的核心价值。做传媒的也有三句话,第一是主流价值,这是内在的灵魂;第二是时刻把握公众的情绪,把握市场的需求;第三,一定要不断地创新,完成创新的表达,不然你在传媒是混不下去的。凤姐只能红一时,小崔可以红一世。

第三个人是个中国人,叫赖声川。他改变了传统相声跟现代演出的游戏规则,把两者完美地结合起来。他的提醒也很重要,赖声川告诉你创意的源泉在于内心,你必须杀死两样东西:经验和知识。你的经验会害死你,而你的知识会成为你创作的阻碍。实际上这两样东西跟一个关键词有关,那就是自由。自由是一切的灵魂。但自由不是免费的,自由意味着自律。哈姆雷特说过,"将我关到胡桃壳里,我内心依然拥有广阔的世界"。佛祖也说过,"空空的大脑是神的居所"。保持内心的自由对创意人来说是十分重要的。创意有三个敌人:经验、习性和动机,它们会形成一个格式的牢笼。如果有兴趣可以去阅读他的书——《创意的金字塔》或者《赖声川的创意学》。他主要告诉你两件事,第一件事是创意的智慧源于生活,第二件事是创意的方法源于艺术。

总结一下,乔布斯法则告诉我们打破常规是创意人的态度,迪斯尼法则告诉我们想象力和核心价值是创意人的两翼,赖声川告诉我们创意的源泉是我们被经验和知识蒙蔽的内心。你们年轻人比我们有前途,不管你们身上有多少的缺点。但没有人能够骗你们,你们是第一次用自己的脑子来思考这个世界。

天下没有不散的宴席,该到了说再见的时候了。最后我说一句话,我20岁的生日是在天安门广场上度过的。我当时有一个深切的感悟,在错误的时间做了正确的事情那就是青春,青春无悔,青春无罪。你们的目标就是要修正这个时间。

精彩答问

观众: 第一个问题,您刚才用央视和湖南卫视对比,湖南卫视是好看,但是央视的目标不是好看。就像美国的公共台一样,它非常的严肃。春晚不好看,但是春晚为什么存在呢?因为春晚呈现的中国是最团结的中国,那个时候我们忘掉了一切的东西。第二个问题,您经常提到美国,美国是个什么样的国家呢?美国占有世界上50%的资源,而中国跟其他的国家共占剩下的50%,我们不能走它的路。就像我跟您一样,您可以说得非常漂亮,但我只能从小的事情做起。

石述思：我先回答你的第一个问题。就像世界上没有完美的命运，全在于你的选择。你那么评价春晚，我觉得你适合去央视工作。世界上没有完美的鞋子，只有合适的鞋子。春晚的口号是"开门办春晚，创新办春晚"，它自己说的比你还要更面向于这个时代、更面向于大众。第二个问题和美国有关。我承认两国的差异，但我必须提醒你，这个世界上的东西有很多。我的态度跟中央的态度是一致的，大胆地借鉴、消化、吸收一切人类社会先进的文明成果为我所用，包括美国。谢谢。

讲座时间：2012 年 5 月
编辑：唐天奕
校对：章文颖旨

邹友开：春晚相伴三十载

【嘉宾简介】

邹友开，1939年生于福建闽侯县。他身处中国电视艺术行业塔尖，央视大型晚会幕后常有他的身影。他的工作经历，堪称一部中国电视文艺成长史。三十年来，他是学习者，也是开创者；三十年来，他与春晚这道"年夜大餐"一同走过风风雨雨。他是下属眼中严厉的"邹政府"，他是陪伴我们度过漫漫除夕夜的邹友开。

【微语录】

其实，民族特征、国家特征，还有一个是时尚特征，这些对春晚来说都是一贯的、应该坚持下来的东西。

电视是大众文化，但是电视并不是歌厅、演艺场所那样的大众文化，因为它还有一些导向功能。

"颠覆"意味着什么？等于把过去全盘否决掉了。而我的观点是，要在尊重规律的情况下，创新、前进、突破。

对于一个草根明星，春晚绝对不可以用一种怜悯的、施舍的态度来对待。

⊙ 春晚的昨天与今天

我在中央电视台大概 40 多年了，刚刚到央视的时候，我的工作重点并不是文艺，而是文化生活。当然，涉及文化生活的内容必然会联系到文艺，这就使我的工作空间非常立体。后来由于文艺部需要人手，就把我调到文艺部当副主任，那年正好是 1983 年，而央视举办春节联欢晚会也是从 1983 年开始的，可能从那时起就注定了我和春晚 30 年的不解之缘。

有别于之前的一些划分方式，我将央视春晚的阶段分为以下三个：第一阶段是从 1983 年到 1986 年，是带有一点波浪起伏的起步阶段。第二阶段，从 1987 年到 1990 年代末，也就是到 1998、1999 年，可以称作是走向成熟的阶段。在这个阶段里，特别是 1995、1996 两年，无论是节目内容还是观众口碑，已经达到了最高峰，成为了民俗专家口中的"新民俗"。而在 2000 年以后，大体上归纳为第三阶段，在这一阶段里，春晚慢慢地受到市场经济的影响，开始与市场谋求结合。在与市场结合的过程中，从国外的收视来看反响还是不错的，但从国内来看，观众的要求上升了，很多观众提出希望春晚质量进一步提高，可是要做到这点谈何容易，因为春节晚会本身质量的提高和观众审美情趣的提高并不是平行关系，就像跳高一样，越往上就越难。

所以今年春晚从一开始筹备的时候，就有人提出来说要"颠覆"，颠覆往届春晚的内容与形式。在当时我就很明确地表示了不赞成态度，"颠覆"意味着什么？等于把过去全盘否决掉了。而我的观点是，要在尊重规律的情况下，创新、前进、突破。规律性的传统不能丢，春晚的规律在于，无论如何创新，有这样几个是不能打破的：第一，互动联欢，互动性是少不了的。第二，节目的构成，我觉得也变不了。即包括语言类节目、歌舞类节目、曲艺类节目、"四不像"节目等等，其中语言类节目还是主要的。第三，现场直播。第四，其本身具有的电视特点。我们是搞电视文艺的，而春晚的电视特点是最明显、最突出的。试想如果把春晚搞成舞台节目，可行吗？必然不可行。这些都是规律性的东西。就拿舞美来说，看看 1983、1984 年的舞美，再把今年的舞美拿来比较一下，变化十分明显。

今年春晚，我觉得舞美有两点做得特别突出：一是舞美和节目的结合度与契合程度很高。比如杨丽萍的舞蹈《雀之灵》，现场的感觉比电视上所展现出的效果更美。二是镜头感,相比于过去真的进步太多了。虽然今年镜头和往届比有一点波浪,有的镜头处理得不是太理想,但是从总的来看,还是在各个方面都有突破的。

⊙ 电视文艺之路

电视文艺是中国电视节目的特色领域,在我所了解的一些国家当中,没有几个国家的电视文艺作品能与我们相比。电视文艺节目也是在不断的争论中逐步壮大成长起来的。1983年我被调去文艺部工作的时候,电视文艺还是以剧场模式为主,另一种电视形式就是栏目,那时候文艺部只有一个关于戏剧评赏的栏目。不过,改革开放的春风已经吹到电视台,吹进了中国电视人的脑海中。不仅如此,社会需求、观众的审美要求,也为电视台工作提出了更高的要求,观众们希望电视里不要老是只播放那几个节目。就在这种情况下,文艺部的同志们拧成了一股绳,积极拓展思路,力图把电视栏目开拓出来。

我把原来在社教部搞文化生活的经验搬过来作为借鉴,有下面几种借鉴形式:

第一,我们在搞文化生活的时候有一个指导思想:中央电视台要起融合作用,要团结各地方电视台。所以当时我们每年都要开一个文化生活研讨会,全国的文化生活也搞得十分火热。1984年全国第一次电视文艺研讨会定下了两件事情,第一件是要搞文艺奖评奖,当时的一位副主任张富华问我这个奖应该叫什么,我说,我们每个人就像文艺的天空里的一颗小星星,干脆就叫星光吧,于是"星光奖"应运而生;另一件是借鉴了体育比赛的方式,把竞赛类节目引进到电视文艺领域,之后就产生了风靡一时的青年歌手大奖赛。青歌赛也正是从1984年开始举办的。

第二,搞好栏目建设,文艺台从1984年开始,办起了《周末文艺》等一系列的栏目,反响热烈。

第三,适应社会环境。当时适逢改革开放,再加上社会环境的变化、老百姓需求的提高以及台里领导给予的支持,整个文艺台迅速发展,青歌赛也是这样。在座的同学们可能都不清楚,第一届青歌赛没有分唱法组别,就是殷秀梅、彭丽媛这样的美声、民族歌手和通俗歌手混在一起比,这样比下来通俗唱法的歌手往往很吃亏。1986年成了青歌赛的分水岭,在这一年,青歌赛正式分出了三种唱法：民族、美声、通俗，这种赛制也一直延续到了今天。

这背后有个故事。虽然现在通俗流行唱法普遍为大众所接受，但在那个时期，有很多人，特别是有些领导，都接受不了通俗唱法。当时有领导说，我们这是中央电视台，只能搞民族歌手大赛，别的不需要。要么不分唱法，要么就不弄。我还记得第一次去向领导申请分唱法时就被退回来了，第二次再去，领导见到我第一句话就是："你们台怎么又来了？"我说："部长，我们商量商量吧！"得到的结果是根本没有商量的余地，这就是中央电视台当时的情况。但是我们也要体谅这种情况，因为我们当时的情况就是那样，人家作为领导，处在那个位置上，自然也有他的考虑。

与之不同的是，作为电视人的我们就必须要具有前瞻性的精神。当时通俗唱法很受欢迎，邓丽君的歌曲我都能唱出来，在社会上也很受欢迎，所以如果不加入通俗唱法将会阻碍大陆音乐的发展。

接下来再回到栏目建设这个话题上。以前虽然也有几个电视栏目，但是整体上电视特点不太浓。电视文艺必须要充分发挥电视的特点，把节目进行加工改造，然后通过我们的电视屏幕播出来，这样出来的电视节目才叫电视文艺节目。如果是从舞台上录制了以后直接拿回来播，能不能算电视文艺节目呢？也算，但是电视艺术的手段太少。比如当年，我手下有一个工作人员，录了一台舞台形式的歌舞节目，我就跟他说，你这台舞台节目，应该如何把舞台的痕迹消灭得干干净净，根据电视跨时间、跨空间的特点，把其他的元素融进来，编在一个既有观赏性又有综合性的、毫无舞台痕迹的节目里，就是胜利了。他很聪明，听了我的建议就这样一做，结果得了个星光奖一等奖。所以说，电视文艺节目必须要有浓厚的电视文艺特点。

再比如，现在大家可能很爱看演唱会一类的歌曲节目，像《同一首歌》、《欢乐中国行》等，很受观众们的欢迎。但是从专业的角度来看，从锻炼导演的能力来看，从衡量一个导演的标准来看，《同一首歌》的导演，做那样的一台节目是缺乏技术含金量的，不需要花费太多的精力。这类节目将来并不是说不需要，但作为现代电视人来看，发展到现在，电视文艺的"文艺"所涵盖的内容应该是所有的艺术品种中最多的。这是因为什么？单从电视和文学相结合来看就产生了很多种类，比如电视与诗歌、散文结合就产生了电视诗歌、电视散文；和音乐结合，把听觉上的音乐配上画面，这样就产生了听觉和视觉相结合的MTV。

春晚节目里面，有一类是我一直以来都非常强调的，就是"四不像"节目。所谓"四不像"节目，就是指艺术形式是杂交性的，比如杂技和舞蹈的结合、戏曲和小品的结合等等。这样的杂交类节目做得好，观众会很爱看，觉得很有新意。大家可以回顾一下过去的春晚节目，看看牛群和冯巩，他们两个人的节目介于小品和相声之间，所以很受欢迎。另一个例子，就是广州军区有个战士杂技团，他们经常到国外去演出，在国外很受欢迎。这个杂技团的团长，他的编导理念很新，将好多技法、杂技和舞蹈结合到一块，就融合成很有新意的一个杂技节目。

电视文艺发展到今天这样的一个局面，我觉得，无论是里面、前面还是很多其他方面都是需要进一步开拓的，因此我刚刚并没有用"成熟"来形容。电视文艺的领域是非常非常广的，所以需要更多有志于从事电视文艺编导的年轻人继续开拓，继续前进，只有这样，电视文艺才有前途。

⊙ "邹政府"时代

主持人：谢谢邹老师精彩的演讲。今天除了请到邹老师以外，我们还非常荣幸地请到了我校戏剧影视学院的副院长关玲老师以及戏剧影视学院文艺系主任郑赟老师。两位老师将和我们一起来聊关于春晚和电视文艺的话题。刚刚邹老师总结春晚成长的三个阶段分别是：起步，上升，然后是与市场结合。关玲老师怎么看？

关玲：是这样的。我是咱们学校80级的学生，1984年毕业。1983年的时候受到学校条件的限制，没有怎么注意到春晚。但是，1984年的春晚万人空巷，确确实实是非常令人震撼的。春晚结束的当天，有一个四川电视台的编导半夜跑到学校里敲我的门，第二天我们集体去看了重播。1984年春晚之后我毕业，作为教学实习，我到了邹老师他们所在的文艺部。我刚去的时候是被分在戏曲组，也就是邹老师提到的当时唯一的电视栏目《戏曲欣赏》。

后来我就回学校上课了。在文艺部也兼做一些别的栏目，但是我的工作重点已经放在学校了。我记得当时邹老师有一个外号叫"邹政府"。为什么叫"邹政府"呢？因为当时他的手里面掌管着好几个亿的钱，又基本掌握着中国电视文艺的走向。所以呢，他既掌握着资金，又不断提出一些很高的指导性意见，推动着中国电视文艺的整体进步。那个时候就是他的时代。然后一直到了现在，邹老师能够以一个和蔼的老人的形象，像我的兄长一样坐在这儿，跟我们的学生聊天，真的让我觉得很荣幸。因为那个时候，去见"邹政府"是什么态度？毕恭毕敬！那是中央电视台成果最丰富、最红火的年代，春晚也处在一个最高的位置。

主持人：但是今天我们见到他本人，发现邹老师其实是一个非常和蔼的人。

邹友开：你没看到我在工作的时候。在我工作的时候，每一个人都害怕我。举一个例子，每期星期六直播前一天的彩排，彩排完了我必须看看效果。开会的地方有三个。一个地方在直播室前面，那地方比较明亮；一个地方在吸烟区的角落，比较阴暗；第三个地方是我们文艺部的办公室。在这三个地方开会，待遇是不一样的。如果我看过之后觉得节目比较好，或者说还可以，就在明亮的地方开会；这个节目不行呢，就到了阴暗的角落；如果这个节目原本50分钟，被毙得只剩下十几分钟呢，就上21楼办公室。所以他们每次看我眼镜一摘下，一站起来，心里就发颤，滴血不止。等结果一出来，就赶忙问在哪儿开会啊。我一说到吸烟区那边去，基本上脸就吓绿了；一说到21楼那边，整个就瘫痪了，就是这么个情况。

主持人：关于春晚，我们两年前采访过2009年春节联欢晚会导演郎昆，郎导在采访中提到过，80年代初期的时候，春节联欢晚会的所有特征里面，娱乐性是它的第一特征，政治性是它的第二特征；而到了20世纪末进入21世纪初的时候，春节联欢晚会越来越表现出了强烈的国家特征。这种强烈的国家特征导致整个晚会的仪式感、时代感越来越强，而娱乐性则退居到二线、三线。对于郎导的说法，邹老师您怎么看？

邹友开：我觉得，春晚是我们国家很重要的一台节目，因为它是特定的标志，观众特别多。从要求上说，我们一开始给春晚的定位就不是一般性的晚会，对节目要求非常高。至于国家特征的界限倒不是太清晰。因为我参加春晚的时候，越是有国家特征的东西，比方说，1998年抗洪，春晚必然是要反映的。这是否属于国家特征，我觉得应该是。比方说香港回归，这是不是国家特征？也应该是。当时在我们这些春晚策划导演来看啊，这些元素是都要有的。

主持人：其实郎昆刚刚讲得更多的是国家特征上去以后，相对的娱乐功能退居到第二线和第三线了。

邹友开：这就要看导演的布局和台里面的要求了。我有一个想法，越是民族性的东西，越要在上面下工夫。如果说节目弄得不精彩，观众也会很不满意。越是民族的你就越要下工夫。只要把节目搞好了，观众就不会有这样那样的疑虑了。其实，民族特征、国家特征，还有一个是时尚特征，这些对春晚来说都是一贯的、应该坚持下来的东西。

郑赟：刚才邹老师强调的这一点，还有主持人提到的郎主任讲的这段话，大家都是从国家特征和民族文化的角度来看现在的春晚。但是我在想，我们能不能从我们社会生活的变化、信息汲取方式的变化、渠道的变化以及观众需求的角度去看这个问题。所以其实我心中有一个问题一直特别想要跟邹主任交流，就是在我看来，春晚上那些"一夜风云"的歌曲，都是出现在2000年以前，比如《乡恋》《思念》《相约98》《冬天里的一把火》《故乡的云》《我的中国心》……而2000年之后的春晚，很少有春晚结束后第二天你还能唱起的歌。这个究竟是创作的问题，还是观众吸收信息的问题，还是唤起我们共同记忆的问题？我觉得邹主任对2000年之前的春晚尤其了解，可不可以从这个角度给我们谈一下？

邹友开：郑老师这个问题提得非常好，我也深有体会。因为在那个时代，电视导演的使命有三条：第一，搞好节目；第二，推出新作；第三，推出新人。毫无疑问，春晚是这样，电视节目也是这样。比如说每举办个大型节目，我就规定这样的节目里面需要明星，但是必须得有唱得好的新面孔。有一年春节联欢晚会，我费了好大的力量把七个大腕编成联唱，就腾出了更多的时间让给新人。大腕中包括阎维文、董文华等等，这些歌手非常地通情达理。这说明了什么？说明脑子里面要有把新面孔推出来的意识。但新面孔推出来，不能靠硬推，还得有作品，所以这里就涉及对歌曲的判断，对节目的判断。一首歌拿出来，你能不能准确预测这首歌是否推得出来，那就看你的本事了，也要看你平时的鉴别力。

⊙ 电视文艺的新气息

主持人：刚刚我们聊到的更多是关于春晚，现在我们把话题转到电视文艺上面，我给大家看一张去年的全国电视综艺节目的收视率排行，排名第一的是江苏卫视的《非诚勿扰》，第二位是湖南卫视的《快乐大本营》，央视已经不在前十名当中了。我想请问下几位老师，你们觉得这是观众观看的层次和央视的不太贴合呢，还是说央视的综艺节目缺少创造力的问题？

关玲：确实在全国有很多收视榜单，而且各个时期都不一样。看到这个榜单，我自己心里面有个感觉，似乎我们能够感受到收视率排名很高的节目，社会反响也是很高的，这就涉及一些问题：

第一个问题是电视文艺的概念。春晚是电视文艺的一种，电视文艺是一个非常多元的大概念，这些综艺节目多于我国电视跟国际接轨之后，也就是从1999年开始进入"真人秀"时代之后出现，仍然是电视文艺下属的一部分，并且是十分多元化的一个组成部分。

第二，这些节目代表着电视节目在新时期的面貌，节目形式本身更多地是来自国外的模板，也就是我们说的"引进模板"。这个引进模板成为省级卫视，尤其是我们的省级电视台争夺收视率的一个非常有效的办法，也就是省级电视台中常说的"得综艺者得天下"。很多电视台，包括湖南卫视、安徽卫视等等，都是靠综艺节目来夺冠的，但是，它夺冠以后又不稳定，来回摆动，其中一个原因就是电视剧不是本台所有的，不带有标签。比如说《士兵突击》火了，但是它不是北京卫视的，也不是安徽卫视的。在收视率上去以后，电视台就用一个全新的标识，一般来讲会用综艺形式来打造，这就是我们一般的综艺节目。我们说"新闻立台"，这在各个电视台都是一样的。但是，一想起湖南卫视，你就会想起《快乐大本营》；一想起江苏卫视，你就会想起《非诚勿扰》，这也是我们的电视文艺的本质特征。这些现象的出现，我觉得是一个好事，给我们中国电视文艺带来了新的气象，但是我们并不是说这些东西就是我们电视文艺的全部内容。

邹友开：我很赞成关老师的意见。光看收视率，我觉得可以从两个方面来考虑：第一，如果从一般观众角度考虑，收视率不管是怎么样，节目本身都还是值得肯定的。从电视文艺发展来看，电视娱乐节目是一朵花，不能涵盖电视节目这个面；第二是综艺节目中最重要的，也是我常说的一个观点，就是我不太赞成"唯收视率论"，也就是把收视率作为唯一的衡量这个栏目的标准。电视是大众文化，但是电视并不是歌厅、演艺场所那样的大众文化，因为它还有一些导向功能。

主持人：既然邹老师谈到导向功能，那么我们就来探讨一个这方面比较热点的问题，就是三个字——"限娱令"。有人说我们相关部门断章取义，让每个上星综合频道每晚18点到24点限娱。首先，我想问下几位老师，是不是中国的娱乐节目已经达到了过度娱乐的程度？

邹友开：情况并不一样。有的台做得很好，但有的台做得过了。为什么呢？太过于追求收视率。不能将收视率作为衡量这一节目好坏的唯一标准。电视台首先应该致力于把节目做好，把观众的欣赏心理摸透。再说中央台，也有很多人说中央台竞争不过地方台，我是不太赞同这样的观点，我觉得中央台和地方台不管怎么样是两个层次，不管怎么比较都是不存在竞争关系的。如果把中央电视台都弄来搞娱乐节目，一定是能够比得过地方台的。但不存在这种可能性，因为中央台的栏目定位就在那里。

关玲：事实上，我们说的选秀时代，并不是从地方开始的。我们知道的"超女"是从2004年开始，但是在"超女"之前，最著名的选秀节目是从央视开始的，如我们知道的《非常6+1》和《星光大道》。可能大家觉得这些选秀节目更适合地方电视台的品质，符合它们的定位，要是全国都一样也没有什么意思，所以我觉得不要这样把地方台和中央台拿来对比。

精彩答问

观众：您好邹老师，我要问的就是现在我们有一个"被春晚"的现实，我们很多地方卫视也想搭春晚这趟快车，如果把春晚放在市场的情况下PK，它要怎样才能茁壮成长？第二个问题是关于我们电视的定位，央视和地方的层面是不一样的，作为一个有超过13亿人口的国家，我们的新闻能否与他们竞争？文化是多元性的，我们的路以后该怎样走，发展道路到底是什么？

邹友开：竞争的问题，今年还真是巧，往年广电总局包括中宣部都会说，某某地方电视台你们不要办春晚了，都看中央电视台春晚。但从今年开始，我了解到的地方电视台，好像没有出现这样的情况。中央电视台有春晚，地方电视台也有春晚，而且很多也是安排在大年三十的晚上。并且从广电总局角度来看，以前好像有限制性政策，今年却没有，中央电视台有一个春晚，北京电视台也有一个春晚，不要垄断，要平等竞争，我是赞成这样的。地方台春晚从今年开始，明年后年会继续做下去，我还是坚持我之前的观点，中央与地方，是两个层次，定位不一样，做出来的东西也不一样。中央电视台的财力和物力都很雄厚，有一些人觉得它的定位和地方电视台不一样，所以它搞出来的节目和地方是不一样的，就是这个道理。

第二个问题，电视文艺以后怎么展望？春晚时有记者采访我，我说春晚还得往前走，比较难，但是还得突破，还得创新。而电视文艺还处于开始阶段，还没有到成熟，还没有到开拓的阶段。如果把电视文艺理解成电视运用的话，那是说得通的，现在也做得差不多了。但电视文艺门类里面有很多东西需要我们去开发，好多综艺性的节目都需要我们去探讨，去研究，去创新，去创造。电视文艺还有很长的一段路要走，现在如果不走，的确有萎缩的倾向。

观众：现在中国排名前十的综艺节目，模仿海外、购买版权的很多，在这些当中，我觉得除了做得很有特色的那种，像《天天向上》《快乐大本营》，基本上可以说是很相似的，而且创新的地方非常少。您觉得这是中国综艺栏目的一个必经阶段，还是因为我们过于急功近利所致？

关玲：我觉得这是必经的一个阶段，因为它还没有结果，所以拿已经成形的东西先来滋养这个频道，像江苏台靠《非诚勿扰》带动收视率，在此基础上再带出系列的节目和主题，比如"情感中国"，这是一个捷径。

观众：您对于旭日阳刚、西单女孩等"草根明星"登上春晚舞台这一现象怎么看？

邹友开：对于草根明星参加综艺节目，究竟要参加什么样的层次，这个不同的人有不同的看法。中央电视台春节联欢晚会应该说是中国档次最高的晚会之一，要不要草根明星？要！关键在于要给他什么样的分量，这个非常重要。如果把草根明星的位置放在专业的歌手位置那样去对待，我觉得往往会适得其反。也就是说，如果你要硬推，也许会有昙花一现的效果，是不能长久的，为什么？因为他仅仅处于模仿的阶段。

关玲：我接着邹老师所说的补充。我们的春晚努力在用草根明星，但是分很多种情况，我们有专门为草根办的春晚，比如说，农民工春晚、农民春晚、百姓春晚，这些就聚集了很多的草根演员，服务的受众也是草根。在过去，我们说春晚是满载着国家的精品的舞台，这样的舞台向草根开放，它是一个非常大的进步，但是这个进步，一定是要有度的。具体来说就是你怀着什么样的心态去看待草根明星、使用草根明星，以及对他的未来进行设想。如果像刚才这位提问者说的，仅仅只是停留在这个层面上的春晚，这个明星一夜之间就会红、会火，但是，过去一段时间之后呢？对于一个草根明星，春晚绝对不可以用一种怜悯的、施舍的态度来对待。如果是这样的话，对于草根明星的未来是一种伤害，这种伤害比不要让他上春晚来得更大。这可能是一个专门的课题，所以我特别同意邹老师的看法。

观众： 每年的春晚都在提倡创新，这个创新会不会和我们传统的东西相悖？我认为这种"四不像"的东西对我们传统的东西冲击力比较大。希望老师给我一个解答，谢谢。

关玲： 我简单地说，创新和传统，继承和发展，肯定是一个悖论。而这个悖论当中，我们要找到一个度。在过去创作的大量节目中，不管是哪一门类的艺术，都出现了一大批电视创造的新形式，而且是电视文艺下的新形式。文艺的各种样式，能够称得上电视文艺的东西，是因为真正有这样的形式存在。用邹老师的话说就是"四不像"节目，它一方面会有推动的作用，另一方面可能会有负面的效果，这是肯定的，但是这个过程确实是电视工作者面临的一个课题。如果抱着尊重文化进程、了解文化进程的真诚态度，会是一个新的结果，但是如果你伤害到文化，又是另外一个结果。

邹友开： 关老师说得非常好，我补充一点，就是"四不像"节目和传统的节目，我现在这样说你可能还不理解，如果你看了这种节目就会明白，比方说"四不像"节目还是继承了民族的东西。我刚才强调，民族的元素不要打掉，然后再考虑时尚，这样，年轻人才喜欢。就像音乐一样，有的是很正统的民族潮，有的慢慢转到民通结合，现在为什么充斥着通俗音乐，道理也一样，艺术需要百花齐放，需要大家共同的建设才能创新。

讲座时间：2012 年 3 月 26 日
编辑：王岚
校对：余佳遥

电视！电视！

⊙ 阿　丘
　　　→ 电视从业的危机

⊙ 董　路
　　　→ 电你个视

⊙ 韩乔生
　　　→ 体育的回归是本质

⊙ 尤小刚
　　　→ 君子怀才，用之有道

阿丘：电视从业的危机

【嘉宾简介】

邱孟煌，取名"阿丘"，寓意如一小山坡，不显山也不露水，1968年出生于广东汕头，2003年4月开始在央视任《社会记录》节目主持人。他是"半路出家"一路摸爬滚打的媒体人，是主持界里拒绝正襟危坐的"非主流"。他带着南方口音主持的《社会记录》，在央视新闻类节目中独树一帜。他的工作充满挑战也充满无奈，他的讲述却诙谐幽默娓娓道来。他是阿丘，为我们分析央视发展的瓶颈与困顿，讲述电视从业的危机和挑战。

【微语录】

我们没有必要用"低俗"两个字来看娱乐。

中央台的新闻资源是绝对不会倒的，它是第一平台。

这一拨个性化的节目主持人，哪一天个性过时了，观众审美疲劳了，团队厌倦了，领导不欣赏你了，就完了。

⊙ 电视行业：危机四伏

今天来参加"传媒人"系列讲座，没做太多的准备。和各位相比，我在这个行当里算是横插一刀、半路出家的人。我就是一个杂家，一个混混，不过在这一行工作也已经有十年了，积累了一些感受，希望和大家分享一下。

今天讲的主题是"危机"。作为一个传媒人，特别是电视人，我认为危机迟早会爆发。今天我就以电视人的身份和大家分享一下我所感受到的电视行业所面临的危机。

我大概已经5年基本没看过电视，为什么呢？比如看新闻，有大事我才看，不是大事不用看，整点新闻都是滚动播出的，内容差不多。有兴趣的时候我就看体育，偶尔看看三套，把以前经典的小品再看一遍乐呵下。

我基本不看电视，而是靠网络获取信息，我问了身边的很多电视人，他们也不看电视。连电视人都不看电视，更何况我们现在的年轻人、白领、精英人士，他们获取信息和知识，更多地都是依靠网络，网络的发展令人吃惊。

我看过一个视频，在北京，有一个律师要扛着一辆自行车上地铁，被很多旅客拦住了，不让他上去。之后双方发生了冲突，报了警。报警之后律师和警察又有冲突，双方一直僵持不下。就是这样一件事，有人用手机拍了下来，我们打开网络、打开微博就看到了。从拍摄者主观的视角来看发生的这件事情，有现场的评论、乘客们的交流、网民的评论，整个看下来就是一期完整的电视节目。我们做电视的，无非就是把这个视频剪辑一下，加入观点，现在甚至都不需要观点，不需要后期制作，很多人有了网络或者微博以后都能参与评论。骂也好，给意见也好，传播也好，每个人都是一个自媒体，都能发出声音。如果我们做这样的节目，就得有互动，要看观众来信，看节目怎么样，看收视率怎么样，看领导给我们的评论怎么样。但这样一个手机视频，只要看点击率、转发量、评论量，就能知道这个事件的影响有多大。再比方说，在网络上我还能看到不同的观点，看到意见双方是怎么争论的，事情最后是一个什么样的走向。而这正是我们当下做媒体的遇到的一件很尴尬的事，原来的新闻都是由我们去发现，我们在电视上评论，我们来引导大家。现在这样的事情根本不需要我们，都是老百姓直接参与。而且类似我刚才说的这样的事情每天都会发生，这些事情又是上不了电视的，能上电视的内容都经过多重过滤，最后全国人民看到的都是一些大事情。而那些发生在我们身边，同样值得被关注和讨论的事情，电视根本没有平台和空间去播出。

现在网络的影响力很大。比如我今天看到两条微博，一条是"作业本"说的，他说如果吃胶囊，会选择德国和意大利的，因为中国的很多胶囊原材料是皮鞋；另一条是马伊琍发的，她说去超市买了"鳕鱼"，回去煎给女儿吃，女儿拉出来全是油。后来有人捅出来这其实是"油鱼"，一炸全是油。像家乐福这样国外的大品牌超市都卖这样的东西，小超市有多少假货就可想而知。这条微博发出来之后，很多人转发，要么评论，要么讲自己的亲身经历，事情发展得非常快，传播得非常快。但是这事如果我在电视上报道，我要开版、剪辑，把案头工作做完，然后主持人进演播室做节目，做完要领导批阅、主编修改、领导再修改，等到播出的时候，这事都过去3天了，没热度了。由此可见网络、微博对电视的影响有多大！不仅是微博，还有手机，现在几乎每个人都有手机，只要手机有信号、能上网，我刚才所说的一切也都能实现。

现在网络上很多主流门户网站都拍摄自己的节目，民生新闻、财经的、名人访谈等等，比比皆是。我收到过很多邀请，比如某某视频网要举办访谈节目。以前的邀请方都是电视台，现在多为网络，网络可以开办自己的节目。后来我朋友说了一句话，我觉得很好。他说，只要你感兴趣，你自己就可以办个电视台，你找个视频，比如今天在路上抓拍到一个老太太摔跤了，没人扶她，你拍摄后哪怕不剪，直接把视频放上去，然后自己做节目，发表自己的观点。如果你还有能力的话，可以搜索一下相同类型的视频，剪到一块，进行综合性的梳理，你自己就是一个电视台，这个节目根本不需要审查。

在网络的冲击下，电视台的影响力越来越不如从前。接下来我说一下网络对电视的影响。中央台为什么改版？中央台新做了一个中国网络电视台，原来叫央视网。以前我们都不屑去央视网，现在成立中国网络电视台之后，很多央视的编导转到那边，他们觉得在那干更自由，更无拘无束，更不受剥削。特别是中国网络电视台体育台，从中央五套分流了很多人。以往我要看各大足球赛的转播，就看中央五套。同时打八场比赛，五套只转一场。我打开网上的体育台，八场欧冠比赛，我打开八个窗口都能看到。去年春晚的时候，有人问今天那个谁怎么没有来彩排啊，原来那个人参加中国网络电视台春晚去了。网络春晚连续办一周，把所有能上春晚但没机会的民间演员全部聚集到一块，人家全部愿意去。

有一次我问成都理工大学学新闻的同学,毕业最想去哪儿,他们说中央电视台,其次省台。我说不要去,没有位置。中央电视台有400多个主持人堆在那儿,很多人没事干。台里头有这么多这样的人,外头的人还在往里挤。所以我跟他们说,你们何必呢,网络电视台都在招聘主持人,说不定哪一天,某个门户网站做的视频节目就能捧红一个节目主持人呢!

⊙ 央视:风光不再

再说说央视面临的危机。现在中国电视面临一个激烈竞争的时代,各位都在出奇招。我今天看到手机报上说湖南卫视要投资把《那些年,我们一起追的女孩》拍成电视版,而且有可能请所有的原班人马来出演,他们出招太快,想得太前卫了,什么火,什么牛,他们就做什么。这样的事情,我斗胆地问一下,央视敢吗?央视在做吗?

央视以前播的都是收视率最高的电视剧,这两年在央视,你们记住了哪部电视剧?同样的,在安徽卫视、湖南卫视首播的电视剧,出一部就形成一种效应。他们播的我们都不能播,清宫戏不能播,穿越戏不能播,国外的不能播,非主流的、非主旋律的不能播,那我们还能播什么呢?《士兵突击》《潜伏》,央视不要,觉得没意思,结果地方台一播火了,央视再重播。我们的电视剧没有优势了,跟不上年轻人的心态,而且即便你悟出道理了,领导还是说不行,不让播。

再说说央视的其他频道。比如二套——财经频道,现在哪个卫视没有财经类的节目,同样的一件事,同样的解读,同样的新闻素材,你请得起中国顶级的金融专家,我们也请得起。我们二套财经的强项在于环球资讯和高端财经,这是我们自己的,但是共享国外媒体资源的话,你找得到,我找得到,路透社的也找得到,除非央视记者自己去采访,有各台没有的资源,这才是我们的优势。

三套最尴尬。中国以前说文艺青年,是说有气质,现在文艺青年是骂人的。北京台以前有文艺频道,到央视改成了综艺频道,到各地一看叫娱乐频道,中央台不敢娱乐。一打开综艺频道,不是老毕,就是董卿。当年我给央视的主持人大赛当评委,最后我们选了六位新主持人,第一名是张蕾。我当时觉得很高兴,心想央视终于敢娱乐了,终于能培养一些年轻的主持人,可以给央视带来活力。可是这六位主持人，除了今年上了春晚的李思思，其他人你们还能记得起谁呢？这六个人没有一个能跟地方台同样级别的娱乐节目主持人相比，他们比赛的时候太好了，才艺好、口齿好、形象好、背景也好，为什么到了央视之后娱乐不起来呢？这是因为央视没有相应的娱乐节目。你看《天天向上》以及《快乐大本营》，全是围绕主持人在做节目，这种模式在中央台是不可能的。偶尔我看看综艺节目，主持人站在那儿，既想"综艺范儿"，又想"娱乐范儿"，不敢自嘲，不敢开玩笑，不敢拿嘉宾开涮。很多时候想说话又说不到位，大部分时间更像一个报幕员。但是你看，同样的文艺演出，交给湖南台、安徽台、东方台的主持人都能做，甚至两个节目之间根本不需要主持人穿插，节目好就可以了。而我们呢，培养出来的人，在这样的平台上只能做这样的事情。我们的姿态永远低不下来，我们的综艺频道娱乐不起来。收视率最高的《黄金艺苑》，说的是国外的杂技、魔术，收视率第二高的是20年来春晚经典相声小品的重播。而央视自创的节目火的没几个，上一个下一个。

如果你们以后真愿意做电视，或者说想从电视里学点有用的东西，那我建议你们多看央视九套——纪录片频道，你的收获会很大。在中国有大量制作纪录片的团队和很多专业人士，很多人五六年拍一部片子，相当精细，后期制作、3D也跟得上，非常好看。

那么，中央电视台面临一个什么样的境况呢？首先，央视处在这么一种情况中，想要从计划经济向市场经济过渡，但是又"市场"不起来。

第二点，央视受到各地方卫视的冲击。前段时间我们开了一个会，领导拿出这一周全部的收视份额数据，湖南卫视超过了我们一套，大家赶紧想办法改。第二周，我们上来，第三周又不行了，江苏卫视上来了。我们拿整个平台、所有的时段、所有的节目和别人拼，人家就拿一个，江苏就拿一个《非诚勿扰》，湖南就拿一个《天天向上》，或者《快乐大本营》，或者什么"超女"就行了。各地方卫视非常聪明的一点是不再跟我们拼栏目、拼资源、拼高度了，他们开始做活动了。湖南卫视学港台的时候我们在改，大家学港台的时候湖南卫视又改学日本了，大家改学日本，湖南卫视又学欧洲去了，大伙都学欧洲的时候，湖南卫视又学美国了，我们永远跟在别人的后头。后来我们也有了国外的栏目，比如《吉尼斯》《墙来了》，但你要是看过国外的节目，就会知道这是小儿科。

另外，现在我们的天空打开了，但凡一个人住了一个新的小区，第二天门口就有塞进来的字条，给你装"锅"。很多人家里装了"锅"，你外语好一些的，一看国外的节目，觉得五彩斑斓啊，这一片天空打开的时候，还有谁看国内的节目。现在沉迷电视剧的年轻人，以前是看港台剧、日本偶像剧，现在上网看韩国偶像剧、美剧、英剧。

所以再回到"央视面临的危机"这个话题，我总结了一下。第一，我们中央台处在从计划经济到市场经济的转型期，自身的尴尬和转型当中的迷茫导致整个频道定位不清；第二是地方卫视的冲击；第三是天空的再一次打开让央视受到很大冲击。

⊙ "非主流" 主持人的生存现状

接下来聊一聊我们这些主流电视台的"非主流"主持人的现状。我们边缘节目的主持人吧，在中央台有谁呢？我觉得我算是其中一个，再加上二套的刘仪伟，很多人眼睛一亮说这个主持人挺好啊，但他不是主流的；三套的老毕，老毕是学摄像、编导出来的，和专业的主持人相比，他有活，他现在做得已经很主流了；另一个"非主流"主持人是高博，高博是正儿八经播音主持专业毕业的，我个人认为在综艺节目上高博的形象表达和个人风格远远超过老毕，他很有幽默感；还有央视以前的主持人黄健翔和王志，黄健翔属于那种不听话的节目主持人类型，他的自我表达空间太大；而王志，做访谈出身的，我们经常开玩笑说他是大智若愚，他说话时语速很慢，淡定又从容。

作为边缘节目主持人，你的团队，你的节目风格可以火一时，但几年之后团队如果被解散，播出平台没有了，就不知道干吗了。小崔有自己的团队，白岩松有一帮多年一起合作的人，我们没有，没有团队，没有播出平台。任何一个东西都是讲圈子的，电视也一样，多年共事，你会有自己的圈子。小崔和岩松，他们会有这个体系，而我没有圈子。你自己干，你有多大的能力能当一个制片人，做一档节目，找一个播出平台，让观众、自己都满意？所以说非主流节目主持人在央视绝对比不上播音员。这一拨个性化的节目主持人，哪一天个性过时了，观众审美疲劳了，团队厌倦了，领导不欣赏你了，就完了。你要找一个适合自己的节目，适合自己的团队，适合自己的播出平台，那是相当的困难，可能这一辈子都没有。这一辈子只要记住在中央台三四年干过那么一件事情，就行了。当年我们出来之后，很多地方台开始模仿，戴眼镜的，光头的，长得不好看的也在说新闻，娱乐节目也出来了一批，在全国各地风起云涌，根本不需要播音专业毕业的。相反，央视这两年更加规范，这类人不要，因为很容易做偏，受他个性的影响，节目整个的精神气质会跑偏，一非主流，栏目就不好办了。我们做过老毕的《七天乐》，一帮主持人找来跳跳舞，唱唱歌，后来台领导批评了，说节目当中暴露了很多主持人的软肋，某个主持人原来很正经的，到了这个节目会开玩笑，观众发现原来这个人这么低俗。总体来说就是我们非主流节目主持人在央视目前很难生存。

精彩答问

观众：老师您好，我有两个问题想请教您，一个是综合频道为什么特别拿出黄金时间播放纪录片；一个是您对"限娱令"有什么看法。

阿丘：九套纪录片频道现在的覆盖率不是很好，而且没有大幅度的宣传，大部分人不知道这个台是干什么的，很多好的纪录片无法第一时间让老百姓看到。另外这两年广电系统也在宣传推进纪录片，让大家多看我们自己的好纪录片，中央电视台这么好的平台当然有责任有义务来播一些好的纪录片，更何况现在晚间档并没有好的规划。在一套十点半播纪录片的安排，我个人认为并不是长远的。

第二点是"限娱令"。首先再怎么"限"，老百姓还看，限制电视，网络还是有的，再限制网络，很多影视制作公司都开始做这样的节目。我们没有必要用"低俗"两个字来看娱乐。

观众：您认为在未来的十年，中央电视台可以发展起来的电视节目类型有哪些？另外组建一个团队需要有哪些人才？谢谢。

阿丘：首先，中央台的新闻资源是绝对不会倒的，它是第一平台。这两年中央电视台在国内外各地派了很多自己的记者，包括在中东、在非洲，都能看到央视记者的身影；第二，体育方面肯定没问题，这是我们的优势；第三，财经肯定没问题；第四是社教，我们的社会与法频道以及科教频道，从内容上来说公安部、高院、检察院会给予我们支撑，这样的节目资源不用愁。

团队方面，我不知道咱们传媒大学有没有"制片人管理"这个专业。知道做什么样的节目能卖钱，做什么样的节目在哪一个时段影响大，这样的人得有。尽管这个人不是主持人，不是做编导，不会摄像，但他得知道目前中国电视市场需要的是什么样的东西，如果说是做娱乐，什么是做过的，什么是没做过的，如果是做新闻，得知道中央台有什么样的栏目已经做过了，而你要以什么样的形式去做。还需要非常棒的一批记者。还有一个是电视编导。一旦看到了新闻或者一档节目的文案，脑袋当中马上呈现，演播室多大，预算多少，怎么样搭台，需要什么样的灯光，需要什么样的布景，需要几台摄像机。除此之外，节目是什么类型的，需要多少嘉宾，需要多少现场观众，需要几个主持人，编导要马上给出方案。当然摄像和后期也是必不可少的，特别是摄像。这个团队还要有一个很好的外宣人员，这个人得有人脉，熟悉各网络各报纸，为节目做宣传。

讲座时间：2012 年 4 月 18 日

编辑：刘亦凡

校对：王瑛楠

董路：电你个视

【嘉宾简介】

董路，1969年生于吉林通化。北京工业大学环境化学专业出身的他，却能纵横电视、广播、报纸、网络四大媒体。这个将跨界进行到底的代表人物，主持节目、出版小说、表演脱口秀、排话剧、说相声、创作歌曲……十八般武艺信手拈来。丰富的从业经历，塑造了他独特的人生观念。好奇他的"电你个视"，究竟是怎样一番阔论？

【微语录】

中国的电视剧生产有一个特别有意思的规律，就是当一部电视剧火了之后，这个题材用不了多少时间，都不用做动员，就满街都是。

不同的主持人，他只有形成自己鲜明的特点并且为观众所接受，才可能会做出一个好的节目，并且树立自己主持人的品牌。

现在的栏目，我总结了一下，其实就是五类：找对象的，找工作的，找别扭的，找乐呵的，找挨骂的。

你想拥有什么，你就去追求什么，但前提是你得知道你想拥有什么！

⊙ 低调的工科男

今天来到传媒大学，确实是非常开心，内心也非常复杂。我毕业于北工大，北工大比北大多一个"工"字，当然也多很多"公"的，所以我在那里待了四年没有喜欢上男人，的确是一个奇迹。

其实我在做电视节目主持人之前，是名记者；在做记者之前，是电台节目主持人；而做电台主持人之前，我是管库房出身。1991年大学毕业后，我被分到了铁道部一个物资公司的材料厂看库房。冬天的时候，我就裹一个军大衣，坐在很高很高的钢筋垛子上面，每天最大的乐趣就是等我师父中午给我拿点包子回来。这样的生活让我觉得特无聊，我就想找一些事情做，于是我没事的时候就会翻报纸。有天我看到《北京晚报》上一个招聘启事：北京人民广播电台交通台成立，现面向社会招聘专职、业余主持人各10名。我当时就想，这是挺好的事啊，我当时也曾做过晚会的主持人，也挺能说会说的，但坦白讲，当我写简历、录制磁带寄过去的时候心里还是很忐忑，磁带里总共5分钟的节目，我在我们家的走廊里录了差不多7个小时。

没想到的是，我竟然进复赛了。当时交通台台长是汪良老师，他后来告诉我，当时我身上有两点打动了他。第一，他问我，你以前应聘过吗？我记得我说刚刚应聘了麦当劳的小时工，但是没成，这件事给我很大的人生打击。你说就是麦当劳的小时工，一小时3块钱的活，我都没录上，我能去广播电台当主持人吗？他问了，我一着急也就说出来了，从这事上他觉得我很诚实。到最后他又问了我一个问题："你有没有座右铭啊，比如失败是成功之母、坚持就是胜利、一分耕耘一分收获啊？"从小到大，我还真没有座右铭，墓志铭也没有。当时我一着急，就说有，我的座右铭是："先帝创业未半，而中道崩殂。今天下三分，益州疲弊，此诚危急存亡之秋也。"他就乐了，接下来就问我愿不愿意做专职的主持人？我当时有点发憷，因为我报的是业余的主持人，我那看仓库的工作好歹是铁饭碗，而交通台这还是合同工。当然，我不敢这么说，于是我就说我要回家和爸妈商量下。结果这一点给汪老师留下很深的印象，他觉得这么大的孩子，有事还能跟爸妈商量，百善孝为先啊，马上就录取了我。

从此我就走上了传媒行业。在电台做了十年主持人后，我又做了十年的记者，但真的没想过要做电视节目主持人。实话讲，人贵有自知之明，我也是每天都照镜子的啊。你看你们长的像素比较高,有八百万的,五百万的,最少也是三百万的,我这只能是十五万的。前两天有一个小孩在微博上问我一个问题,他说董叔,有一个女孩追我,但是我对她没感觉,我应该怎么拒绝她,才能不伤害她呢?我就给他回复了,我说兄弟啊,我说叔长这么大了,就有一个女生追过我,还是因为我去小卖部买饮料没给人家钱,老板娘追出来了,所以叔也不知道啊……

但是关于电视这一行呢,我的确也积累了一些经验。在这个走上十步八步就能碰见一个主持人的地球上,我跟别的主持人还是有一点区别的,那就是我主持过的节目类型是最多的。我做过体育、新闻、财经、情感、脱口秀访谈,还做过综艺、家装等等。2006年的时候,我已经做了十年的足球记者,我觉得在中国做足球记者啊,就相当于在埃塞俄比亚做乒乓球记者,没有什么前途,所以我就想转行。这时正好有机会让我去做电视主持人,所以我就想,要用三年的时间,出乱拳,逮着节目就上,我的目的只有一个,就是迅速把观众弄乱,就是让观众不知道那个哥们是干什么的。最后证明这么做还是有效果的。

大家都说我是"三陪"主持人出身,为什么呢?第一,陪聊。这是必然的。第二,陪想。一个嘉宾来到节目上,你要帮着他回忆,引导他表达出栏目组所需要的信息,不然节目都录完了,嘉宾还没说到重点,那你就受不了了。第三,陪情绪。但凡做访谈节目能做出名堂的,都是第三点做得特别好的。嘉宾如果是笑逐颜开,你最少也得是个喜上眉梢;嘉宾如果是泪流满面,你不跟着流眼泪,也得跟着黯然神伤;嘉宾如果是来情绪了,要跟着唱歌,如果是女生,你要跟着唱男声,如果是男生,你要跟着唱女声……

⊙ 收视率决定一切

收视率是万恶之源,这句话是谁说的?你们都学会抢答了,都说是崔永元,但我要告诉大家,通常抢答都是不对的。这话不是崔永元说的,而是他引用的一位传媒领域的教授的话。你知道有一天,当你踏入电视圈之后,有三个字,就像阴云一样笼罩你,就是"收视率"。为什么?因为中国的电视播出方式就是开路。国外有闭路,有收费。咱们就只能靠收视率,靠广告,广告是按收视率来投放的,收视率对于所有身处其中的人都意味着一切。对总监来说,意味着政绩；对制片人，意味着奖金，或者说是升官之路；编导就更不用说了，你这期收视率低了，你这个月没活了，你干吗去？主持人和收视率有什么关系呢？我想问问大家，你们告诉我，节目和主持人之间到底哪一个更重要？谁是起决定性的？节目是吧？回答正确。我告诉你，通常一个主持人对节目，最多有百分之十的正面拉动。就是说可能你原来一个节目收视率是3，但是有一个好的主持人去了，可能达到3.3，最多。当然，一个主持人对于一个节目的破坏作用，那是无法估量的。

主持人能够缔造一个节目，你可能瞬间想到崔永元与《实话实说》，对吧？没错，但是我想问，现在崔永元主持什么节目？哪一天，什么时候播？它的收视率是多少？不知道吧。所以这就说明节目重于主持人。孟非现在很火，孟非在做《非诚勿扰》之前，除了江浙一带的朋友，或者我们圈内的知道《南京零距离》，谁知道孟非啊？所以大部分电视台现在只能瞄准收视率来做事情，之所以现在呈现一种混乱，广电总局不得已发布"限娱令"，也是考虑到在这种盲目追逐收视率的情况下所产生的怪异现象。那么我接下来问一下大家，什么样的节目在电视上收视率最高？电视剧？对，太对了，电视剧！很多人说，明年江苏台要出两个亿来买电视剧，湖南台可能是四个亿。

中国的电视剧生产有一个特别有意思的规律，就是当一部电视剧火了之后，这个题材用不了多少时间，都不用做动员，就满街都是。比如说《潜伏》，火吧？谍战，那家伙，有意思！也就半年，黄金档基本上全都是这样的电视剧。各种卧底，卧龙先生都要去当卧底了。这样的电视剧看多了，你就会有一个疑问：这新中国的建立，到底是革命先烈洒热血换来的啊，还是革命卧底忽悠骗来的啊？接下来就是母爱，因为母爱适合于女性观众。就前阵子，晚上没事我看电视，北京卫视播的是《继母》；接着翻，北京文艺频道播的是《妈妈我爱你》；接着翻，北京影视频道播的是《当婆婆遇上妈》。我就在想，如果再有一部《我的后妈我的娘》，就齐了。

有一类题材最是长盛不衰，什么呢？抗日题材。以往我们看到的一些抗日题材的电视剧，还是有一些爱情元素的，很纯，很朦胧。现在就不行了，现在开始"多角"了，这样大面积呈现出来的所谓"革命小品"式的抗日题材电视剧，确实赢得了很高的收视率。但同时也生产出廉价的革命浪漫主义、廉价的革命英雄主义、廉价的革命乐观主义，乃至于那种廉价的爱国主义和民族主义。刚才有同学说了，玩穿越啊，古装啊，宫廷啊，这都是打擦边球。有一些脑子快的，另辟蹊径，怎么办呢？翻拍。四大名著差不多翻两轮了吧。有时候翻国内的不过瘾，还要翻国外的。可你翻欧美的有点问题啊，因为文化背景不同，只能翻美剧的一些故事梁子，然后瞄着这个人去写一个国内的人，麻烦。所以翻韩国的，因为都是东方文化背景。你只要把"思密达"，改成"嗯啊"，你把泡菜改成榨菜，狗肉改成羊肉就活脱一国产剧。《回家的诱惑》，你说这名字起的，回家能有什么诱惑？谁回家有诱惑？但是就火了，这也是借用国外的某些优秀的电视剧来形成本土化作品。

电视剧真正毒害的是我们的女性群体，尤其是比我更大的女性。她们太把某种想法沉浸在电视剧的某个人物当中，所以不断地去幻想，最后宅女变成剩女，已婚的幸福者变成已婚的不幸者。前几天，我去一个日本料理店吃饭，隔间隔音不好，我就听见俩大姐在那聊天。俩大姐可能是老朋友，但是多年没见面了。一个说：咱们俩这么多年没见了，你过得怎么样啊？一个说：别提了，我把日子都过成《中国式离婚》了，你呢？另一个说：你那算什么啊，我这都《家的N次方》了！两人聊到最后说，没事，今天晚上还有《步步惊心》呢，咱一块儿回去看去！就是这样，女性同胞的精神意志、灵魂，给彻底地击碎了，她们在痛苦之中不能自拔。这些女性朋友就沉浸在这里，天天幻想着有一个完美男人，走过来拜倒在自己的石榴裙下。当然，电视剧只是电视上所能呈现出来的一部分。

⊙ 主持人的独特功力

我们可能平常接触更多的，还是电视节目，比如综艺节目。你们知道中国内地第一个综艺节目是什么吗？对，《正大综艺》。最早的时候，中国内地没有综艺节目主持人，但后来台湾团队的介入使得内地的综艺节目开始崛起了，很多的主持人开始浮现。我们在座的同学，如果你们生活在那个年代，我只告诉你一点，你就能成为大腕的综艺节目主持人。就一点，你敢说着说着就往地上爬吗？敢吗？不敢吧！当时谁敢说着说着往地上一滚，谁就成大腕了。在当时，谁要是能自讽自嘲，有自我牺牲精神，不怕出丑，谁就能够成为第一代内地综艺节目主持人。

在综艺节目还没有完全铺开的时候，其实国外有一类节目已经开始在国内落地，就是脱口秀访谈。当时国内的很多海归知道这种节目形态，他们把国外流行的脱口秀访谈的部分演绎成我们现在看到的访谈节目。大陆的"明星产业",或者叫做"娱乐产业",其实在九十年代以后才逐步发展起来。那个时候大陆没有那么多的明星,包括九十年代初,都没有那么多明星,来来回回就那七八十人。所以,这种节目一多,你会发现什么呢?雷同。你把一个嘉宾某一次节目的录音,配点钢琴伴奏,就是《艺术人生》;配个VCR画面音,就是《鲁豫有约》;你再配点现场表演,那就是《超级访问》。所以说这种节目做来做去,新鲜感已经完全失去了。

其实做谈话节目应该是在座有志成为主持人的同学的一个梦想,或者说至少是曾经的梦想。因为我最近十来年也曾经去过一些高校,我也会问:有想当主持人的吗?回答:有。我说:你想当什么主持人啊?得到的回答大多是:我想当访谈节目主持人。在大部分人看来,我跟一个陌生人,或者我跟一个明星,聊着聊着能把他说哭了,这是一个多么神圣的工作啊!但是,不同的主持人,他只有形成自己鲜明的特点并且为观众所接受,才可能会做出一个好的节目,并且树立自己主持人的品牌。我给大家举个例子:比如现在正在做一档访谈节目,嘉宾突然说,那天我决定结束我的生命。如果访谈的主持人是柴静,她会问:"告诉我为什么。"如果是白岩松,他会说:"人的生命只有一次,你知道这意味着什么吗?"如果是朱军,会问:"难道你没有想到你白发苍苍的老母亲吗?"如果是崔永元,他会说:"怎么着,你也抑郁了?"如果是陈鲁豫,那就是:"天啊,那你成功了吗?"这就是不同主持人的不同风格,你很难评价好坏,但是他们都是非常优秀而且出色的节目主持人。

比如说白岩松,我相信是在座很多同学的偶像。确实,他的主持能力非常之强,也是目前中国内地最好的节目主持人。白岩松有什么特点?白岩松最大的特点,就是他说什么都像是真的。这不是我说的,这是他的拜把子兄弟赵本山评价的。你别小看这能力,如果将来有一天,你成为一名主持人,或者是一名记者,你说什么都能让对方觉得你在说真话,这就是一种能力。

白岩松另外一个明显的特点,就是填词造句。白岩松排比句用得很多,只是一些很简单的修辞,但是他能够不断地运用,这不简单。更重要的是他能够用他的语言组织能力,给你迅速勾勒一个情景,让你产生画面感。去年中国的一个船长,在钓鱼岛被日本人扣了多天。这位船长回来后,白岩松对他进行了一对一的访谈,最后一个问题是这样问的:"船长,你还留恋那片海吗?"船长一听懵了:"什么海啊?"白岩松随即换了一种说法:你还向往那一片碧波吗？船长还是不明白：什么碧波啊？旁边的一摄像大哥着急了，冲那船长喊：他就是问你还想不想去那打鱼了！你看这就是一个主持人的功力所在。

做访谈节目，嘉宾就是收视率的保障。如果现在让你邀请一个明星做访谈，你会邀请谁？你觉得邀请谁会有最高的收视率？我听底下的同学回答李宇春、王菲，还有谁，范冰冰。好的，那我现在告诉你，请李宇春和范冰冰，一点戏都没有。凡是年轻的漂亮的，尤其是唱歌的，全都没戏，基本上都没有什么收视率。你想啊，电视机前的观众基本上都是女性，而且是上了一定年纪的女性，你难道要让她在电视机前受五十分钟刺激吗？那请谁好，可以请韦唯、宋丹丹还有倪萍。她们有什么特征呢？第一，有名气；第二，五十岁上下；最重要的一点是离异，如果能带孩子出现那最好了。这样的嘉宾来一个火一个，为什么？我刚才说了，电视机前基本上都是四五十岁的女性，她们是主力收视人群。中国人，尤其是女性，很多时候的幸福感得建立在别人的不幸之上，所以当她们看到那么有名的女人，也忍受着婚姻的痛苦，内心也就平衡了。

⊙ 无极致不节目

再回到"电视节目"这个话题，现在的栏目，我总结了一下，其实就是五类：找对象的，找工作的，找别扭的，找乐呵的，找挨骂的。找乐子节目无非就是一些综艺节目。找别扭呢就是那种调解家庭矛盾的节目，这样的节目收视率真的是火爆。前阵子北京卫视就把调解家庭矛盾节目挪到了星期天，直接抗衡《非诚勿扰》，效果还真的不错，北京地区的收视率很高。还有找工作的节目，你看张绍刚老师就做这个节目做火了。找工作这样的节目，在广电总局"限娱令"的冲击之下，硕果仅存，居然没有任何的批评建议，知道为什么吗？因为这是有利于社会和谐的，你甭管真假，面对就业问题，电视上有这么一个栏目，来帮大家找工作。

什么样的节目有收视率？就是当这样的一些人出现了才有收视率！什么样的人啊？包括：美人、雷人、仙人、鬼人，然后接下来就是傻子、疯子、装孙子。当这些人出现的时候，收视率瞬间就会提升，这就是"无极致不节目"。当有一天你开始做节目，你会发现我们要找一个极致的故事、极致的嘉宾，这样的极致人物，在征婚节目中就会有明显的体现。美人有，疯子、傻子、装孙子者都有。最高的时候全国同时有十七档婚恋节目，这样的节目大面积呈现，你会感觉到：确实，找对象难。也有嘉宾幸福牵手的那一刻，这就是悬念。节目有很多必备的因素，比如说美女因素、音乐因素，还有悬念，这是很重要的，它们能让观众保持足够的黏性在这个节目上，有助于收视率的稳定，并且稳中有升。当男女嘉宾幸福牵手的那一刻，你心里也会升起一种暖暖的感觉，因为相信自己就是那其中的一个人。这样的节目，不得不说，有一个方法能让收视率有一个最高的呈现，就是把节目做成电视剧或者类电视剧，让电视节目有戏剧结构、戏剧矛盾、戏剧冲突。当一个节目能够做成电视剧的时候，它的收视率一定是非常之高的。那你说这样的节目，真人秀节目，怎么样才能像电视剧呢？就是编、演。所以这样的节目，坦白讲，有很多是演出来的。相亲节目还能走多远呢？一般来讲四五年是一个轮回。有人现在已经开始尝试去做点新的节目了。比如说有《我们约会吧》，还有《我们结婚吧》，那我们就做一个《我们离婚吧》；你说《非诚勿扰》，咱们做一个《非离不可》；你说《爱情连连看》，咱们弄一点《离婚试试看》。当然这不符合咱们的文化建设、社会建设的主流价值观。

　　真人秀节目来源于国外，中国真人秀一共有三个阶段，而现在处于第三阶段。第一阶段就是简单拷贝，或者是山寨国外真人秀，大概是什么样就这么拷贝过来；接下来就是复制国外真人秀的核心内容；现在是第三阶段，想方设法挖掘真人秀选手的故事。《英国偶像》选手里有一个叫保罗的，卖手机的，唱《今夜无人入眠》，感动了全世界。前阵子央视也做了一个真人秀节目，里面也有一老哥，也是唱《今夜无人入眠》，是放羊的。他牵着一只羊上台来了，羊脖子上还系着一条红领巾，人为地将他草根的性质机械化。这也幸亏他是放羊的啊，他要是开个火车的，那也没那么大的演播室啊！所以我说这是个蒙傻子的时代，这是我对这个时代的定义，反正不论你做什么，你把人蒙住了就行，然后你基本上就有吃有喝了。

　　今天我要讲的基本就是这些。最后说一点，事实上，我觉得自己远远没有很多站在这里做过讲座的人有名气，我在很多方面跟他们有很大的差距，但是我这个人，有一点特殊性，就是我比较善于独立思考，而且我愿意来表达我内心的感受。我觉得我是一个热爱生活的人，我没有太多的功利之心。在这个行业里面呢，当然你要去赚钱，也希望有更多的机会去表现，但我仍然觉得，我人生中最幸福的时刻，就是每天我去幼儿园接我的女儿时，她看着我，高喊着"爸爸"，张开双手向我扑来的那一刻。

在最后，我想把我自己最大的一点感受告诉大家，就是：你想拥有什么，你就去追求什么，但前提是你得知道你想拥有什么！谢谢大家！

讲座时间：2011 年 11 月 10 日

编辑：张钰

校对：王瑛楠

韩乔生：体育的回归是本质

【嘉宾简介】

　　韩乔生，1957年生于河北邯郸，江湖人称"韩大嘴"。由网友编纂的"韩乔生语录"，大胆肆意、妙趣横生。他用特别的"意识流解说法"诠释体育，用激情澎湃的体育点亮人生。这是一位充满个性的非典型体育解说员，他的大嘴，他的奔放，他的豪爽，何尝不是种独特的魅力？

【微语录】

　　如果说80年代我们去国外是仰视，那么从90年代开始，特别是在2000年以后，我们已经平视外国，甚至在很多方面开始俯视，因为中国在发展。

　　因为对于我们来讲，一个现实的国情就是物质上的匮乏，甚至于精神上的匮乏，于是体育成了强心剂，体育成了武器，那么这个时候体育的力量就被放大了。

　　只要保持一份坚持、持之以恒的这种精神，保持淡定的心态，特别要做到"坦诚"二字，那么我相信很多的事情都好办。

　　好朋友是当你危难之时，绝不落井下石，而当你飘飘然的时候，知道给你头上砸点冰块，让你清醒，让你发冷，甚至给你指出你最要害的弱点的人，我觉得这是真正的好朋友。

⊙ 看世界的体育评论员

今天我来传媒大学和同学们交流，类似这种活动我参加了没有十次也有八次，最大规模将近一千人，最小规模有一个班。我为什么频繁来到这里，没别的原因，我所从事的工作和大家所学的专业是对口的。

在上世纪80年代到90年代，中国的电视媒体在迅猛发展，这种发展是伴随着整个世界电视媒体的扩展而发展的。过去我们说媒体当中的航空母舰，除了中央电视台，还会提到新华社、中央人民广播电台和《人民日报》社，如果论杂志的话还会提到《红旗》杂志，这些是传递党的声音的最尖端媒体。而现在呢，虽然央视的处境是四面楚歌，"前有堵截后有追兵"，但央视仍然处在这么一个媒体老大的位置。中国的影视传媒业在迅猛发展，而在影视传媒中的航母就是电视媒体。现在的传媒业是新媒体如雨后春笋般出现，而在这种情况下，在面对诸多挑战的情况下，电视仍然拥有非常重要的资源，同时仍然保持着老大的地位。在此基础上，我想从一个电视人的角度，跟大家谈一谈我眼中的体育。

当然我相信在座的同学中有很多的人将来一定不是从事体育报道的，但很多事情都是相辅相成的。以我为例，我大学毕业后，在北京广播电台半工半读了两年，1984年很幸运地来到央视工作。1985年我第一次去香港，当时香港还没回归，所以我算出了一次国。紧跟着我又去了澳大利亚和马来西亚，当时很多人非常羡慕我这个工作。当时有人对我说，太羡慕你了，能够走南闯北。对于体育评论员来说，由于工作的原因，的确能够走南闯北去很多地方。我现在出国没有以前密度大，即使出国也不会像以前那样，感到自己的眼界在一点点开阔，那么幸福。其中一个原因就是中国在发展。我举一个例子，1985年我们第一次去澳大利亚，报道中澳之间的"安保杯"足球赛，这场比赛带有中澳友谊建交的性质，可以说是体育和政治相结合的产物。当时我们去了悉尼和布里斯班，我到了布里斯班，觉得那里简直是人间天堂，对于一个刚工作两年没见过什么世面的孩子来说，我所看到的国外简直满眼都是诱惑，包括打沙滩女排的三点女郎。我们曾经拍过沙滩女郎的照片，拿回来的时候还要偷偷看，不能让别人发现。现在这样的照片你在网络上随处可见，这也说明中国真的在发展。

话题回到1985年的悉尼，我对那里印象特别深。悉尼有一个情人塔，当时到了那里觉得它非常时尚，我相信很多人对待一些事物的态度可能取决于你的初始印象，有些初始感觉会特别美好，就像初恋一样，我和我老婆都是初恋，从小就认识，当然这是题外话。到了2000年悉尼奥运会，已经是我第五次去澳大利亚，可是当我拿出1985年拍的照片和2000年的悉尼对比时，我发现在情人塔那里，就多了两栋楼，其他没有什么变化。而当你走到阿格莱德、布里斯班、墨尔本那些城市的时候，你会发现和昨天几乎一模一样，是我们的记忆有误吗？还是这个城市真的不发展了？不是，准确地来说应该是作为资本主义的发展模式来讲，这些城市已经在几十年前走过了我们今天所走的路。但是有一点根本的不同，我们国家从修的路、桥到住房都是公有制，而在这些国家，我不同意你在我家门口修你就不能修。再举个例子，咱们中国人住新房都要装修、改造，但在国外，你在房间里钉一颗钉子，都要申报，否则就是触犯法律。更不用说你在家里虐待小动物，要是发生这种事，只要你邻居举报你，警察就会来找你，其实是国外的法律比我们要完备。

1997年我第一次到希腊，希腊很想在1996年也就是现代奥运100周年的时候主办一次奥运会，但1996年奥运会的主办权被美国拿走了；希腊又想争取2000年这个世纪奥运会，没想到被悉尼拿走了，所以希腊主办了2004年奥运会。对于雅典来说，1997年他们正在积极准备申奥工作，当时这个城市真的是高速启动，不惜血本地去宣传，但雅典这个城市给我的感觉仍旧是破烂不堪，我曾经亲眼看到雅典地铁的铁棚上掉下来老鼠，这绝不是耸人听闻。我举这个例子，是想说明尽管雅典在不断进步，但它实际上没有太多的发展变化。2004年我又去了一次雅典，除了在市中心修了一个新雕像，除了体育馆稍有点变化外，几乎没变。

⊙ 仰视、平视和俯视

作为一个做体育的传媒人，我讲到的一些观察是非常重要的，而且我也想讲一讲自己的切身感受。1987年，我在印度新德里报道世界乒乓球锦标赛，比赛后组委会搞媒体和运动员联欢，当时中国没有一个运动员能像外国运动员那样大大方方地冲到台上去，哪怕自娱自乐，就是图个高兴。事实上，并不是我们的运动员不具备"娱乐"这个素质，而是由于他们的内心受到禁锢，会觉得这么多人看着，哪里的人都有，我不好意思表演。或者是说，我唱得好跳得好我也不在这个场合表现。但实际上，那种场合恰恰是需要表现，需要欢乐的。在这样的情况下，你可以看到各个国家的不同形态。在后来的一些场合中，我觉得让我身为一个中国媒体人感到汗颜的事，就是我们中国人羞于在公众面前亮相和表达自我，应该说这是我们这种内敛的性格所造成的。可喜的是，至少在你们这一代身上，我看到了新的知识、新的眼界和新的思路，我觉得我还是能够和现代的年轻人一起交流的。

交流是一件重要的事，对于媒体来讲，要了解观众的心理，一定要做到"坦诚"。我想跟大家讲一件发生在2000年奥运会女排预选赛上的事。当时比赛的地点是在日本东京，说得更坦率一点，那是一场"落选赛"，就是各大洲选拔完可以参加奥运会女排决赛圈的队伍后，让第二名、第三名在一起争取参赛名额。当时日本女排在与韩国队交锋前，事实上已经失去了进军奥运会的最后一线希望。当时中国女排获得第四，搭上了进军奥运会的末班车，我们欣喜地要上街购物。当我们要退场的时候，发现现场挤满了日本观众，在我们眼里这已经成为一场表演赛了，但日本拉拉队的队长，一位六十岁的老人在带领全场加油助威。现场的播音员更是让我感动，她说我们已经没有机会进军悉尼了，但是我们仍然有希望，那是在2004年的雅典，让我们一起把掌声送给我们的女排姑娘。说实话，当时她的话说完，所有的外国记者都落泪了，日本后来以3∶0击败了韩国。当日本赢得比赛后，赛场上的喊声和跺脚声几乎要把地板震塌了。这件事深深地告诉我，什么是体育精神。

2008年奥运会后，中国人走到哪儿都趾高气扬，到哪儿一拉开包就开始消费，购买力非常巨大，就像《大腕》里讲到的那样：不买最好，只买最贵。其实在国民心态和国民素质上，我们仍然有很长一段路要走。比如我刚才在高速路开车，发现明明两条车的线，却有六辆车在挤。我多次到国外，到了国外也是租车自己开，到了以后入乡随俗，到哪儿都排队，所以路也没堵成什么样。

可能大家会说，这韩大嘴，说要讲体育，却扯那么远。我想说的是，体育它恰恰是一种综合的表现，我个人对于中外整体的经济发展，有着切身的感受。如果说80年代我们去国外是仰视，那么从90年代开始，特别是在2000年以后，我们已经平视外国，甚至在很多方面开始俯视，因为中国在发展。大家回到你们家乡，可能发现城市面貌变了，居住条件改善了，国家富强了。我们过去没有机会发言，但今天已经有机会发微博，发表自己的感受和感慨，包括在人文关怀方面也越做越好，这就是进步，中国与世界都在互相改变，这是不争的事实。那么我想说，其实在现阶段来讲，中国这种发展变化真的让老外感到震惊，因为中国有十三亿人口，这是多么大的一个基数。当然，回过头来说，我这么多年出去以后感觉就是：先是仰望、仰视，接着到平视，然后到俯视。

⊙ 体育：回归本质最重要

再回到体育这个话题。体育在不同的时期有不同的概念、不同的内涵以及不同的体现方式。你们父母可能给你们讲过1981年女排第一次获得世界冠军时大家那种朴素的感情，而女排五连冠的历程则伴随着你们的父母从恋爱到结婚、生子。所以从这个角度讲，体育解说评论就是你们的胎教声音了。为什么这么说：第一，在众多的节目当中，只有体育是现场直播，只有体育是面对着比赛的画面，然后再进行旁白旁述。在新闻开始直播前只有体育是直播的，并且体育对直播的要求更高。第二，你们的父母那个时候如果对体育有兴趣，那么这就是他们谈恋爱的话题。今天出现了越来越多的文艺形式，大家的业余生活那么丰富，但在当年，大家没有太多消遣的活动，而体育在当时的生活中占有很重要的位置。

所以从我个人的角度来讲，我觉得体育在那个物质文化生活相对贫乏的年代，是振奋民族精神的兴奋剂。1990年我们举办亚运会，主题歌是韦唯和刘欢唱的，里面唱道：我们亚洲，山是高昂的头；我们亚洲，云也手握手。什么特点：战斗！就是一定要告诉世界，我们亚洲强大了，我们中国人了不起。因为对于我们来讲，一个现实的国情就是物质上的匮乏，甚至于精神上的匮乏，于是体育成了强心剂，体育成了武器，那么这个时候体育的力量就被放大了。这不是个例。1964年东京奥运会和1988年汉城奥运会，都是发展中国家开始民族腾飞阶段的兴奋剂。从这个角度来讲，到了2004年雅典奥运会，大家还在提"为国争光"，但体育的定义绝不单一。在这个时候，中国人可以在维也纳金色大厅开个唱，钢琴大师郎朗也能出现在世界舞台上，但是体育仍然给中国国人一种强大的振奋力。

2000年奥运会以后，中国体育发生了一个很大的变化，那就是体育逐渐回归其本身的面目。2008年中国以举国之力主办了北京奥运会，我认为北京奥运会是一届赛事组织非常严谨、运动成绩相当优异、观众参与度高的奥运会。但深究下来，观众发自内心的参与度可能打了折扣，我觉得北京在"人文奥运"方面做得还是不够。我们不能说北京奥运会全都好，大家看到奥运会开幕式的大手笔大气势，因为这是举国之力，是一张政治牌。但反过头来说，体育在西方人眼中也是一张政治牌。奥运会对于中国意味着什么？我把我们家大门打开，欢迎你们进来，但同时，我们也敞开心扉，接受外来的信息和事物。在这个基础上，很多事情发生了巨变，大家慢慢了解到，原来世界是这样的，而世界也在了解中国，这就是我们全人类共同追求的东西。

刚才说道，随着社会的高速发展，我们对体育的认识越来越回归到本质，回归到其本来面目。大家也会觉得，体育解说评论可以活泼一点，可以用"迅雷不及掩耳盗铃之势"；体育解说员可以说"今天这个教练带了个绿帽子"。我觉得"韩式语录"恰恰是今天体育回归的一种表现。大家可能觉得我狡猾，把自己犯的错误往这方面推，但实际上我想说什么呢？一个人犯错误一点都不可怕，可怕的是在同样的阵地上连续犯错、连续摔跤。大家看到我要有信心，如果一个人能够敢于否定自己，我觉得他什么事儿都能做。我是怎么翻身的呢？第一，错误就是错误，不能抵赖，认真承认错误；第二，要行动；第三，要积极地去创造，要想到为什么在民众当中有这样的一种要求，同时，如果能够在平时的节目当中，也包括在我们这种交流当中，体现出你的这个知识，可能就能为大家逐渐认识。当然，我想说更多的其实是源于大家对体育本来的认识和中国观众的宽容。所以我们呢，只要保持坚持、持之以恒的这种精神，保持淡定的心态，特别要做到"坦诚"二字，那么我相信很多的事情都好办。其实人生，老天对谁都是公平的，我的一生没有让我在感情方面栽跟头，那就在其他方面来惩罚一下。失败，你如果能够认真地去总结，也许它会成为你的财富。从这个角度来讲，我觉得在座的各位朋友都比我要年轻，比我要有前途，你们的眼界也更开阔，而且将来可能还会有很多的同学，说不定当我要去离退休办公室办手续之前，您还和我成为一个战壕里的战友。

最后我想说一下，无论是一个传媒人，还是一个其他行业的人，无论是体育评论员，还是记者、编辑，无论是对自己，还是对别人，都要坦诚。这样的话我相信即使你笨点，能力差一点，一定会得到老天的回报，像我就是一个非常典型的例子。我们有的时候要相信自己，要坚持，大家有的时候不能太相信互联网上的东西，它可以无限放大事实以至于纷繁复杂，让你有雾里看花的感觉，但如果坚持，它同样还可以还原，所以只要坦诚，能够实实在在地待人，对别人，对自己，对朋友，我相信，任何事情，经过时间一定能够水落石出。

精彩答问

观众： 韩老师，很多同学包括我以后希望做一名体育节目主持人，您能够给我们什么建议？谢谢您！

韩乔生： 我觉得一个体育评论员对于自己本专业要尽可能做到专业化。因为今天的情况和我们昨天不一样了，昨天是饱览天下，一专多能，现在是需要你非常地专业化。而我个人认为一个优秀的体育评论员、体育解说员，应该是有着充分的运动实践经验和感受的，同时，又能够有广泛的知识，相当于一个杂家，在这个基础上呢，你再发展。当然你进了电视台可能还有一段时间锤炼，能够了解观众的心理，对于一个体育评论员这是最基本的一个要求。

观众： 韩老师您好，我看过您的传记，在书中您提到您从初二就下决心做一位体育评论员，在"文革"期间您曾经插队去过密云的农场，在那时候还是没有间断播音方面的练习，我想问您当时的心态是什么样的？

韩乔生： 好，谢谢。其实这个同学提的问题呢，我觉得挺关键。坦诚讲，我觉得一个人如果能做上自己梦寐以求的工作，那是最幸福的一件事。有人说如果能够把自己的爱好同毕生的职业结合在一起，那是最幸福的，我觉得我就是这样一个人。正是这种力量，使你在面对困难的时候不会低头，不会被轻易打败。

同时我想，其实在座的有些同学也会发现，自己现在可能已经逐渐感觉到自己在所学专业上并非那么投入和忘我，如果你对追求的目标有所犹豫甚至模糊不清的话，我建议你要三思而行，而且现在改行为时不晚。有一个旅德的女性摄影家，叫黄晓惠，她有一句话很好，她说人生的第一步非常重要。你的第一步迈向哪里，可能会使你今后的人生轨迹完全不同。我们最最根本的就是要有一种强烈的愿望，要始终不渝地追求，同时坚定信心，我觉得这比什么都重要。

另外一点，要海纳百川、不耻下问，即使自己的脸被别人踩在脚底下都行。我经常和一群出租车司机谈论"韩乔生语录"，好听的话谁不会说，关键是能够发自肺腑地给你提一些意见。如果有个人他说出的话让你感到火辣辣，但切切实实切中要害，真正替你着想，这样的人才是最可交的朋友。我觉得好朋友不是说酒肉朋友，也不是说结婚了以后能够玩得开、闹得开的才叫好朋友，好朋友是当你危难之时，绝不落井下石，而当你飘飘然的时候，知道给你头上砸点冰块，让你清醒，让你发冷，甚至给你指出你最要害的弱点，我觉得这才是真正的好朋友。

讲座时间：2012 年 11 月
编辑：赵彤
校对：章文颖旨

尤小刚：君子怀才，用之有道

【嘉宾简介】

尤小刚，1962年生于南京，毕业于北京电影学院导演系。上世纪80年代，他用《凯旋在子夜》《共和国往事》为中国电视剧的起步助力；新世纪来临，他导演的《孝庄秘史》掀起了古装剧的风潮，此后由他执导的"秘史剧"频现荧屏，成绩斐然。

【微语录】

只有我们对历史有一种批判的精神的时候，我们才能对历史有一个正确的认识。

艺术，尤其是戏剧艺术，当然允许虚构，但是它在总的方面对历史的认识、对历史精神的汲取和历史事件的把握，还应当还原在历史的轨道上。

所谓的文化软实力，一定是别人出于对你的文化的需求，花钱买你的东西才叫软实力，送上门的叫硬宣传，它跟软实力不是一回事。

一切的作品，它要想有生命力，它就应当具有人文主义色彩。所谓"权威意见"，就让它见鬼去吧。

⊙ 尊重历史，反思现实

主持人：非常荣幸，我们今天邀请到尤小刚老师做客传媒大学，与大家分享和中国电视剧一起成长的光荣岁月。第一个问题，请问尤老师，您拍了这么多年的电视剧，哪一部作品让您印象最为深刻或者最有意义？

尤小刚：拍到现在，我的作品应该说比较多了，每一部都有特别深刻的印象，如果让我一下子总结出来有点难。

我进入电视行业比较早，我刚拍电视剧的时候，中国电视行业才刚刚起步，长篇电视剧还很少，大多数都是上下集，基本上还是延续着电影式的拍摄手法。可以说当时电视剧的拍摄一直是在比较困难的情况下成长起来的，所以能够目睹到中国电视剧的成长，看到今天电视剧取得这样一个长足的进步，也是我的荣幸。

你们熟知的肯定是"秘史"系列。事实上我拍的戏很多，也拍过自己很满意的戏，比如说《凯旋在子夜》，这部可以说是80年代最具有代表性的作品；到了90年代改革开放初期，我拍摄了100集的《京都纪事》，到目前还没有哪个100集的电视剧能够引起整个社会那么大的震动，这部戏在当时的收视率高达49.2%。进入新世纪后，拍了一部《孝庄秘史》，后来一发而不可收地拍了七部，于是"秘史"这个名字，这两年也出现得越来越多了。

主持人：那么当初是什么原因让您有兴趣拍"秘史"系列？

尤小刚：平日在选择作品时，我对那种家长里短、婆婆妈妈的题材兴趣不大，而对那种真正能够震撼人心的、代表时代精神的现实作品我还是很感兴趣的，可惜这样的作品太少，所以我就拍了一个秘史系列。

其实拍《孝庄秘史》的起源也是比较偶然的。我拍《欲望》的时候，男主角刘德凯说他很苦恼，因为他准备了一部电视剧叫《大玉儿传奇》，然而几次立项最后都没拍，于是我说我来帮你立项，支持你拍。这就是后来的《孝庄秘史》。其实开始我只打算帮忙立项，但后来资金出了一些问题，最终就由我来投资拍摄了。我仔细读了剧本，发现原剧本过于"琼瑶化"了，一段波澜壮阔的历史，本就表现了大的历史变革。四十万人口的女真族人主了人口一亿的大明朝，一定是历史、个人、性格、命运、政治等多方面因素共同作用的结果。这是一段值得书写的历史，当然孝庄本人的经历的确具有戏剧性，但是

"哥哥妹妹"的事情太多，把历史给粗浅化了。

当时我说，如果作者愿意的话就请作者来，我们一起重新认识这段历史，看看该怎么改。作者杨海薇是一位很聪明的女性作家，我提的意见她大多接受了。在我看来，真实的历史化成一个简单的爱情故事是不够的，但这个爱情又是真实存在的，甚至几乎推动着历史的发展，几乎被历史卷着，使得这个爱情最后完全变了质。所以我觉得这是一部很好的戏，可以拍摄，但需要重新改。并且剧名也要改，我希望我们的戏是讲史，因此改叫《孝庄秘史》。既然是"秘史"，就要以史为据，但它跟我们过去的正剧又不一样。我觉得正剧都有一个历史的谬论，那就是把皇帝的作用无限地加大，好像这个皇帝一定创造了伟大的历史，如果真是这样，我们为什么要过现在的生活，接着依靠皇帝不就完了吗？实际上不是这样。所有的皇权都是残酷的，都是扭曲人性的，连同皇帝本身也是这样，不管他是什么样的性格，有着什么样的出发点，都会被这个制度所扭曲，而我们要表现的，就是这样的扭曲。只有我们对历史有一种批判的精神的时候，我们才能对历史有一个正确的认识。

所以在大的历史背景和历史人物基本准确的前提下，着重去描写历史人物的人物关系、心路历程和他的行为逻辑，这就是我在拍摄每一部秘史作品时都尽力遵循的事情。艺术，尤其是戏剧艺术，当然允许虚构，但是它在总的方面对历史的认识、对历史精神的汲取和对历史事件的把握，还应当还原在历史的轨道上。

主持人：尤导谈到了想象和客观历史之间的关系。近来，荧屏上开始流行穿越剧和宫斗剧，观众对于这种电视剧的反映也是褒贬不一的，那么您是怎么看待这个现象的呢？

尤小刚：其实穿越只是一种创作方法，对于现在的电视观众来说，电视剧成了很多人了解历史的一个载体，那么解读的正确与否就比较重要了。你要向未来穿越，我觉得无可厚非；你要在同代穿越，我觉得问题也不大，因为大家对身边的一切都很熟悉；但是你要往历史穿越，并且在拍摄中又使用了貌似完全还原历史的这样一种表现方式，这就有问题了，在很多年轻人对历史的真相和事实并不了解的过程中，穿越往往就容易造成对历史的误读。在这个问题上，教育部门也比较紧张。其实如果我们的历史学习非常健康，对历史脉络的认识也都比较清晰，在这样的情况下，"穿越"不过是一种游戏、一种制作形式。所以在广大青少年对我们悠久的历史把握还不够准确的前提下，在我们的历史辅助教育尚且不足的前提下，这样的穿越剧，就会带着一定的负面效应，这就是我的看法。

主持人： 其实这是一种电视剧的同质现象和扎堆现象。那么尤老师在您看来，未来什么类型和题材的电视剧会更有市场，"百花齐放"的电视剧市场会出现吗？

尤小刚： 说到扎堆同质化，某种程度上也是我们目前的生存环境决定的，因为我们国家的电视剧是在电视台播出，一定要考虑收视率。收视率的设置有时是比较偏颇的，而收视率的高低又直接关系到电视台的广告收益，电视台的广告收益回过头来又直接反映到将来对于电视剧购买的程度上。通过这样一个狭窄的空间，一个比较狭窄的观众群所得出的数据，导致这些戏都一窝蜂地往一个题材上走，往一个审美习惯上走。所谓曲高和寡，其实不叫曲高和寡，而是你偏离了这些人的需求，可能口碑很好但没有收视率。

比如说《士兵突击》，刚开始播出的时候，没有一个台看好，因为它没有明星。它描写了一群军人的故事，又是一群男人，老太太们怎么会爱看呢？出于对收视率的担忧，电视台不敢播，后来重庆台试着播了，效果还不错，之后又在网络上成为热门了。很多时候成为网络热门会引起电视剧重播，比如说《亮剑》，一开始中央台就觉得，李云龙这个形象跟我们以往看到的军人形象是不一样的，怎么这么特立独行呢？想播不敢买，于是地方台先播了。地方台播火了，中央台一套又拿回去再播，效果还是不错，直到现在半夜三更播出还是有很多观众。真正的题材高雅、特立独行的作品是有感染力的，往往最后在某种形势的反作用下，还是得到了传播的机会。

另外，我们的电视剧跟其他国家，比如日韩的电视剧有很大的不同。日韩的电视剧，他们非常注意生活细节的收集，有专门收集细节的，有专门做台词的，有专门做人物的，当然需要一个好的编剧来把握，相当于一个工作室。严格地说这些人不能叫枪手，这是一个创作集体。他们的戏，对人的尊重、长幼关系这些传统观念都不会被颠覆的，所以他们的戏中往往包含温馨的一面，也有感情的一面，当然也有它桥段化的、离奇的一面，比如主角得癌症这种剧情。肯定也会追求这种最基本的戏剧冲突，但他们的电视剧不太容忍那种把家庭关系彻底撕裂的恶斗戏。而我们为了要追求那种戏剧效果，已经把我们的社会生活中各种各样的不良现象都写得比较透彻了，所以生存环境决定我们一定会碰到同质化的问题。所以从数据的样本上要动手改造，电视台自己对节目的编排也要更加科学化，不要走一条路。

⊙ 君子爱财，取之有道

主持人： 看电视剧可以说是融入我们日常生活的一个休闲项目，各种各样题材的电视剧也层出不穷，那您觉得什么样的作品才能真正地吸引观众呢？

尤小刚： 这是一个老生常谈的问题了。什么样的作品能吸引观众？好看的作品能吸引观众。真正有思想性、有艺术性，又有感染力的作品最吸引观众。但这个问题是很难一概而论的，现在的观众对于电视剧的关注热情是很高的，但是整个产业里面的泡沫化现象还是存在的，浮躁是普遍的。因此很多时候都是一个大作家搞几个枪手来写作，多是那些刚毕业、能够编剧又没有名气的年轻人，之后就开始桥段化的创作，先支起各种各样的技术性的结构，然后往里面填充所谓戏剧性的料，这样的作品的确可以哗众取宠一时，但难以为继。因为干这一行，讲的是"君子爱财，取之有道"。君子为什么要爱财？好的作品、好的作家、好的表演应当取得报酬的；至于"有道"，我认为作为戏剧工作者，首先需要有个严肃的态度，需要有一种严谨的从业精神，需要对自己所从事的这个行业保持一种敬畏之心，这样你就算"有道"。所以如果不是君子，就不要来取这个财，不要来爱这个财。不按规矩办事，不仅取不到财，最后还要栽跟头。

主持人： 尤导，作为一名电视工作者，您是否想过利用新媒体的力量来做一些尝试呢？比如说最近比较流行的微电影、微电视剧，或者利用这些新媒体来发现一些有才干的网络制作人？

尤小刚： 我肯定会关注这些，因为这个新市场刚刚开始。电视剧真正的出路就在于新市场的开发，因为现在传统的电视剧都在追求收视率。我一直说，我们的收视率统计实际上是有偏颇的，因为我们电视剧的样本库基本上都设在了城乡结合部，观众都是年龄高、收入低、文化审美层次低的人。这样的观众和网上的不一样，由于样本库都在这些人手里，最后得出来的数据跟我们日新月异发展的、时代的普遍审美需求已经不相适宜了，所以这是一个很大的问题。所以我们整个制作的同质化现象非常明显，电视剧创作者在对收视率也就是对钱的追逐中不断迷失了自己的本性，失去了原有的创作活力，很多新的人才、新的创作力量也就很难获得他们生长的土壤和机会，这个危害是非常大的。如果网络真正把市场的格局与盈利模式同一种新的盈利模式结合起来了，也就是说从内容上与运营平台进行了真正的商业性和产权性的结合，那么我们的电视剧的创作会呈现一个新的状态，这个新的市场会对传统产业市场产生很大的冲击，这个时候所带来的变化就不仅仅是电视剧的问题，可能带来整个的观看形式的变化、创作的变化、新人才推出的变化，这个时候才能真正地带来新的商机。

主持人：刚刚尤导谈到了，尽管近年来电视剧一直处于一个非常高产的状态，但与此同时，电视台的黄金时段又常常会重播一些电视剧，这种现象又是什么原因造成的呢？

尤小刚：重播的电视剧质量好，花钱少，播出可以取得事半功倍的效果，电视台当然就愿意去做了。当然从广电总局角度，从产业发展角度来讲，我们不主张这样。严格说起来，中国的电视剧如果一年生产7000集，质量会比现在高得多，价格也会比现在高得多。平常的时间应该拿出来播一些其他类型的片子，比如说国际上很盛行的叙事性纪录片，完全可以多播，因为叙述中国历史的纪录片很多，叙事性纪录片不仅在中国很容易传播，在国际上也会有很好的市场。大家看到的《发现》《国家地理》等等，这些东西也是叙事、也是演绎的，但是拍这种片子不需要那么多的明星，制作也相对比较简单。

我拍完四部秘史以后，前清题材的这一段等于结束了，但我总觉得电视剧里是有很多"编出来"的东西的，并且大家也对历史都特别感兴趣，所以还有很多东西我想进一步去表达。于是我就同李亚平——一个写过很多历史题材的著作的留美学者——交流，我们俩合作，拍了一部纪录片，叫《前清秘史》，力图符合我们对历史的非常严肃的判断和非常严谨的叙述，把我们戏中虚构的那种戏剧性的谬论给厘清。我的戏虽不是穿越剧，但毕竟是戏剧，它肯定还是有很多假的东西、有很多戏剧性的成分。纪录片则不能这样，它要讲述历史本身。从明朝的万历皇帝开始，一直到清朝的雍正皇帝，我们这部纪录片完全是使用现实主义的手法来拍的。拍成后几个电视台在黄金时段播出了这个纪录片，结果收视率是播电视剧的两倍。所以我讲叙事性纪录片是有它独特魅力的，这件事情就做得很值得。

⊙ 摸清规律，认清自己

主持人：刚才我们谈到了穿越剧，我们下一个问题是有关自制剧的。比如说2009年湖南卫视的《一起来看流星雨》就在争议中成为当年收视率和广告的最大赢家，您对这样的现象有什么看法呢？

尤小刚：《一起来看流星雨》是一个翻拍戏，翻拍的是《流星花园》。因为《流星花园》在当年没有被批准引进内地，所以湖南卫视翻拍了，这也是他们的特点，比较不拘一格。当然这么一翻拍大家的确是很想看的，我觉得这个现象也是无可厚非的。湖南卫视真正播国产剧，是从十点档播出我的作品《杨贵妃秘史》开始的，后来它的自制剧就比较多了，品质良莠不齐，有不少经验值得总结。严格地说起来，剧本上的问题比较多，但有它们自己独特的叙事语言，那种叙事语言满足了90后的一些需求，所以观众们也都比较喜欢，这和湖南卫视的一些娱乐栏目也是一脉相承的。

从去年开始，电视上播了很多宫斗剧，又引起了一些风潮，最近恐怕搞不下去了，因为不被允许了。做电视剧这一行，一是要坚持自己的风格，二是要提高自己的水平，第三也要丰富自己的视野，如果一直同质化，一直千篇一律，原本成功的经验就变成了导致颠覆的诱因。面对挫折的时候又有点沉不住气，就成了试水现象了，一会儿播播这个戏看行不行，一会儿播播那个戏看行不行。其实观众对电视剧的观看存在一种惰性，惰性到一定程度的时候，观众也需要一些新的刺激。

主持人：那既然这个电视产业里面有其浮躁的一面，也有其机遇的一面，作为一位名导演，在整个电视行业中，您最看重的是什么？

尤小刚：以前的状况是这样的，学徒跟师父一般都要跟三年，师父管吃管喝，但是你得干活，跟着学本事，学习三年以后，还要跟着师父干活，然后才能真正地出师，自立门户。根据我的经验，想要从事某一行业，没有两年到三年是不可能把握的。即使你很聪明，可能一下子就把握到行业里面的规律，但你的从业关系不可能一步建立起来。现在的机会比较多，诱惑也比较多，大家都想买房子买车子，男孩子要满足女朋友的虚荣心，女孩子要满足夫君的选择条件，于是乎大家这个时候都在各行各业跳来跳去。我觉得传媒业的跳槽是非常严重的，这就使得大量的人要嘴皮子的水平都很高，动手能力都很差，从业精神都不够严谨，这是我在年轻人中看到的一种比较普遍的现象。你们将来一毕业也就牵扯到这样的问题，这时候，选择一个比较有远大目标、坚定其目标并且有自己成熟作风的一个团体，就变得很重要。

从业机会很多，但是能够真正成为你自己从业以后的立身之本并能坚持下去，其实不容易。你们毕业后出来工作，除了选择机会多，更重要的，是在选择你的目标，当你目标很清楚的时候，你耐得住寂寞两三年，潜下心来干你这件事，你就会摸清一些真正的规律；再过两三年，那个时候就可以定位了：你究竟是做哪个事情最合适，而且你用成绩证明了你的价值，此时你的工作业绩就会直线上升。否则的话，你跳这跳那，只不过是利用了一些用人上的盲点，而这种盲点代表不了你的本事。如我刚才所说，君子爱财，取之有道，更重要的是我们这个创意行业，只讲功劳不讲苦劳，因为它不是简单的重复劳动，所以，所谓的功劳，就是你在创意活动中你自己下工夫创造的属于你自己的那些成功，既是你的经验，也是你的资本，更是你将来晋升的阶梯。如果你觉得从这儿一跳，从那儿一跳，比别人跳得快，你迟早会摔下来，你选择哪一行，严格地说起来，做书生的是需要有气质的，你搞的是文化活动，就一定得是君子才行。现在是商品经济社会了，有文化市场了，你可能赚钱多了，但总体上，在心态上你还是要坚持做一介书生，甘于清贫，你才能把你的事情做好，才不至于迷茫，不至于被那些铜臭淹没。我觉得这个就是我对你们的忠告。

精彩答问

观众：尤老师您好！比较一下中国的电视剧和很多英美的电视剧，从制作的方式来看，英美剧甚至日剧，基本都是周播剧，边拍边对剧本进行修改；但我们的电视剧还是一次性拍完，每天播放两三集，您怎么看待这样的区别？

尤小刚：你这个问题提得有意思，也很敏锐。这种播放情况和我们的传统文化是有关系的。你看，欧洲的文化氛围主要是浪漫主义，而东方则是写实主义成分更多，所以电视剧严格地说是写实主义文化。欧美电视剧的制作电影化程度是比较高的，原因很简单，它是周播，一个星期播一集，一个连续剧13集，播一季，一年等于说四季，这是欧美的特点。日本、韩国受欧美文化的一些影响，也是有两种播出方式，一种是周播剧，在工作日播出。也有周六周日专门播出的假日剧，大概75分钟左右一集，这是他们形成的习惯。

另外，我们的管理制度也存在着差异。我们国家的电视剧，不管30集还是50集，开始就要选题，做出来之后要一次性审片，审片以后反馈给你，我们成了电视剧大国就是这个道理。但是欧美，甚至是亚洲的其他国家都是不一样的，它们的电视台是开放的。我想表达的意思就是他们的创作不像我们，我们是类似一本书结集出版的方式，它们则是我们所讲的自由的"传媒方式"。

观众：您刚才所提到的频道分类问题，您说同质化现象十分严重，希望有一些专门播出纪录片的电视频道，但是事实上前些年杨澜女士曾经做过这个尝试，她曾经尝试做阳光卫视，但是后来好像是失败了。所以我就想问，您觉得当时是一些什么样的困难导致她投资失败的，而现在这样的困难是否依然存在，是否还会阻挠我们，我们应该怎样去克服它？

尤小刚：杨澜的阳光卫视，严格地说起来因为它是境外电视台，所以它不能够在境内落地，只能在3星级宾馆和允许涉外的地方落地，以及在我们国家的媒体开放实验区珠江三角洲落地，所以它起步就比较困难。虽然我是搞电视剧的，但我觉得叙事性纪录片是我们电视文化软实力的一个重要的方面，以我国电视剧这样的播出形态和题材，走出国门是有困难的。但是，如果我们能够搞好叙事性纪录片的话，我们的发展会很快的，在世界上也行得通。现在我们输出的一些纪录片，严格地说起来那不叫纪录片，叫专题性宣传片。所谓的文化软实力，一定是别人出于对你的文化的需求，花钱买你的东西才叫软实力，送上门的叫硬宣传，它跟软实力不是一回事。好比你在报亭上买份报纸，一定是你所需求的，你会好好看。而如果是马路上塞给你一个小广告，你不会认真对待的，所以一定是有市场需求了才叫软实力。我曾经向广电总局建议过，之后只批了中央台一个纪录片频道，但是还是按照中央台一贯的做法在做，并不是市场化的路子。因此，在我们还没能提供很好的市场平台的时候，我们的叙事性纪录片就很难发展起来。

观众：尤导您好！您刚才提到纪录片，最近有一部美食纪录片，叫《舌尖上的中国》，在网络和电视上都比较火，这部纪录片的特点是比较有人文性，名义上是讲美食，实际上却是从美食的角度讲述老百姓的故事。那么现在有两种观点：一种认为这是很好的，体现中国文化的内涵；另一种观点认为这样做偏离了美食的主题。请问尤导支持哪种看法？

尤小刚：一切的作品，它要想有生命力，就应当具有人文主义色彩，所以当然第一种观点是对的，第二种观点肯定是不对的。但是可能是教科书上规定的，有些老师他一辈子也是这么讲的，这样的人的话你就别听了，听它是谬论，第一种肯定对。因为第二种是所谓的权威意见，权威意见就让它见鬼去吧。

讲座时间：2012年5月25日
编辑：王岚
校对：余佳遥

打不死的媒体人

⊙ 邓　飞
　　→ 从调查记者到公益人

⊙ 刘　同
　　→ 打不死的媒体人

⊙ 曹保印
　　→《新京报》的品牌与情怀

⊙ 大　山
　　→ 一个加拿大籍的"中国人"

⊙ 黄　西
　　→ 美国相声界的中国人

⊙ 李咏、哈文
　　→ 台前幕后那些年

邓飞:从调查记者到公益人

【嘉宾简介】

邓飞,生于1978年,湖南沅江人,《凤凰周刊》编委、记者部主任。他是优秀的调查记者,从业十年写下近百篇调查报道;他是有责任感的知识精英,凭借网络的力量展现出一个不一样的中国。他号召"微博打拐",让被拐孩子重回父母的怀抱;他倡导"免费午餐",让贫困山区的小学生免于饥饿;他发起"大病医保",让乡村孩子病有所医。他是邓飞,从调查记者到公益人,他已成为中国社会坚实的中流砥柱。

【微 语 录】

我总是强调一点,做事先做人。学会做人很重要,要学会反省自己为人处世存在的缺点,学会和别人协作,取得对方信任,双方才能变成很好的朋友,才能够互相照顾和帮助。

我们写文章也是为了服务别人,所以做一个记者最主要的,是对他人的关怀。

后来我发现,如果运用爱和善良的手段,我们会更加有力量。

⊙ 特稿记者之路

1978年，我出生在湖南洞庭湖边上的一个渔村。1996年，我考上了湖南大学，2000年我去湖南的一家周报《今日女报》工作。在那家报社待了两年后去了《凤凰周刊》，一直做到现在。从业十年多，我一共写了150多篇调查报道，所以我是一个特稿记者。

1998年的时候，我去报社实习，一点点地步入社会。大家要明白一个现实问题，当你走向社会的时候，你不能指望所有人像老师、同学那样对你友善，因为没有人有义务来照顾你。我当时被安排到一个最艰苦的岗位，就是接热线，或者和上访的人交流，当时我觉得这是最苦最累的活，因此很有情绪。但是现在想起来，这是很棒的一段经历，在这个过程中我可以把自己沉下去，沉到最底层，然后慢慢浮起来。当时我与不同阶层的人都打过交道，对每个阶层都有所了解，对他们所遇到的问题、困难，能够感同身受。我很感激当时带我的老师，他每次带我出去采访，就会让我写稿，如果写得不能让他满意，我就继续写，不断挑战自我，直到他满意。

我的另一个感悟是：做记者，一定要擅长与人打交道。当时我是一个实习生，如果我想留在报社，那就需要和每一个人都友好相处，每一个人都可能会投出很重要的一票。我总是强调一点，做事先做人，学会做人很重要，要学会反省自己为人处世存在的缺点，学会和别人协作，取得对方信任，双方才能变成很好的朋友，才能够互相照顾和帮助。我在实习的时候，我们报社所有的人，包括扫地的阿姨都很喜欢我，最后单位说，这个孩子可以留下来，于是我就得到了一个宝贵的机会。

我在《今日女报》做了两年，这时我发现一个问题，我刊登的每篇文章几乎没什么改动，编辑觉得很满意，文章拿来就可以用。这时我迷茫了，我开始问自己到底要什么，如果我留在那里，会成为一个什么样的人？2002年的时候，我在《南方周末》发表了三篇文章，对于一个地方报纸的记者来说，这相当不错了。这时候我就辞职，断了自己的后路，打算去《南方周末》工作。没想到2003年，我来到了《凤凰周刊》，一直做到现在。我要特别感谢我的单位《凤凰周刊》，我现在开始做公益，得到他们很大的支持，他们说这是为中国的公益事业捐了一个志愿者，照样付我的薪水。

在《凤凰周刊》工作期间，我发现了自己的不足。我对经济和文化领域的报道不太敏感，当杂志社让我去做此类题目时，我就明说，我没有灵感，我不要做"万金油"。我一直认为，每一个人，可能只能做好一件事，我就做我的调查。因为我对未知的事件充满好奇，富有想象力，喜欢做一些需要冒险的事情，同时又结交了很多朋友，所以我决定只做调查记者。另一个问题，就是在我接触到的信息多了之后，发现很多事情和我原有的观念不符合，我对我之前所接受的教育、所接收的信息产生了质疑，这就产生了一个价值观的问题。当你有一个正确的价值观时，才会有思考力，这种思考力在记者这种职业中是最重要的一种品质。

做记者，一定要敏锐、灵活还有坚韧。几年前我在天涯论坛看到一个帖子，爆料说河南某油田发生官员嫖宿高中女学生的事情。这个帖子很快被删了，有记者去采访，也是一无所获。我凭着本能觉得这里面有秘密，但是没有任何可以提供的信息，调查很困难。后来我在当地找到一个律师，从他那得到一个内部通讯录，我挨个给那些官员打电话，他们一直装聋作哑。当我打通第五个电话，并告知对方我是记者的时候，他迟疑了一下，提出和我见面。在办公室里，他给我一些文件，我记住了那个女孩的名字。通过河南和当地的警察，我找到女孩的家庭地址。女孩的母亲以为我是警察，就让我进去了，后来知道我是记者，就赶我走，说孩子父亲回来后会杀人的。我能理解孩子父母的心情，如果我女儿出了这样的事还有记者来采访我，我也会暴跳如雷。当时我真的很害怕，但我必须 hold 住。我跟女孩的妈妈解释，说我特别能理解你们的情况，何况孩子没有错，她是被害者，我们一定要讨回公道。孩子的母亲被我打动了，开始向我诉说，我就调动自己的潜能去捕捉信息。通过他们家的摆设，可以看出他们的日子过得并不富裕，但是收拾得很整洁。当我要离开的时候，那个女孩回来了。当时我问自己，要不要叫住她，要不要问她，但是到最后我没有问她，我不想继续伤害这个女孩子。后来我在文章里写到：我和这个孩子擦肩而过。

另外想说的是，记者写稿，实际上是一个谋篇布局，是要讲究策略的。到了一定程度后我会三四篇文章一起写，从不同的角度写一个事件。比如前面提到的那件事，我当时观察到，在事件发生的那个油田，存在两种极端状况：一方面工人都很穷，物质条件很差；另一方面，那些官员却很富有。这就是事件发生的一个背景。要学会讲故事，要用最少、最简单、最平实的文字去讲故事，要让读者没有任何障碍地去阅读。

我进了《凤凰周刊》后，我们的编辑部主任对我说，在所有应聘的人里面，你的文章不是最好的，也不是最有深度的，但是我们都很喜欢你的文章，因为文字简单、冷峻，几乎都是白描，没有判断和结论，但暗藏着悲悯和关怀。我们写文章也是为了服务别人，所以一个记者最主要的，是对他人的关怀。

⊙ 微博改变一切

接下来跟大家交流我是如何利用微博来做公益的。2009年我们开始认识微博，那时候我已经写了十年了，作为一名写作十年的调查记者，难免会很焦虑。你会自问：我写那么多的文章，国家和社会有改变吗？

写了十年的文章，我最欣慰的事情就是救了两条人命。一个姓黄的农民把法院炸了，等我的报道出来之后，发现这是个冤案，是事出有因，于是这个农民从死刑改判为死缓；另一个人当时把去他们家拆迁的人给杀了，我调查之后写了一篇报道叫《辽宁本溪张剑杀人事件》，在社会上引起极大的反响，张剑本来也被判了死刑，后来改成有期徒刑三年，缓刑五年，他得以安全回家。这两件事给我带来极大的安慰，但是我发现改变甚少。我开始觉得一种巨大的无力感，我满足了自己的基本需要，就是我的文章能够写出来。但是到了后来我发现作为记者我更大的一个需求是，我的文章写出来是有效果的，是对社会有所改变。我有一个好朋友叫陈峰，他报道的"孙志刚事件"改变了收容制度，但是很少有记者能做到这一点。这让我很郁闷很焦虑，我不想再写了，我想写的东西几年前已经写过了。如果你要做一件重复的事情，你会发现很痛苦。

就是在这个时候我碰到了微博。媒体人玩起微博肯定比其他人要熟练，因为我们是写字的人。让我这种写惯特稿的人去写140个字，对文字的控制力肯定比其他人要强。就这样，我的微博开始被别人注意到，之前我的一些读者跟随我来到微博，成为我的关注者。

现在我们大家基本都有微博，那么我们该怎样和一个陌生人去交流，包括对你不友善的人，如何尽量让他们成为你的朋友，至少让他不会对你怀有恶意？我们现在可能每天都发愁一个问题：怎样才能让关注我的人多一点？我做"宜黄事件"直播的时候才有5000关注者。从宜黄自焚事件，到"女厕保卫战"，再到"微博打拐"，到现在的"免费午餐"，我已经有差不多180多万的关注者。这意味着什么？人家为什么要关注你？要么是你有价值，要么就是你能说俏皮话，让人家觉得心情很愉悦，或者你讲的话很有道理。你总得有贡献，如果你什么贡献都没有、什么价值都没有，肯定就没人关注你。这就逼迫我们思考怎么样去贡献我们的价值，去吸引人家关注我们。微博就是这么一个工具，优胜劣汰。

2010年9月，新闻报道了县委书记把两个女孩堵在了女厕所，我对这事进行了直播，或许这是微博史上第一起网络公益事件。我在遥远的北京，在我的卧室里，对千里之外某个地方发生的事情进行网络直播，最后导致县委书记和县长全部落马。这时候我发现这是一个巨大的力量，我的粉丝从5000蹭蹭地长到3万。于是我开始思考一个问题，能不能利用这么巨大的力量，再次创造一个奇迹，找到一个被拐卖的孩子。

2008年我曾在广东东莞进行调查，有4000多孩子在过去的十年被拐卖，我写了一篇文章，叫做《南中国男童拐卖链条》。我们很难在960万平方公里，在14亿人中间找到一个被刻意隐藏的孩子，所以警察也没办法。但是当我看到微博的巨大力量，我就开始思考，能不能把这个被拐卖的孩子的照片放到微博上，让更多的关注者帮助寻找。我当时跟那个孩子的父亲说，我有种预感，他就在某个山村里，我们能找到他。于是我把他的照片放到微博上面，请大家过年过节的时候留心一下。结果过了三四个月，有个大学生回家，真的看到了这个孩子！这事对我的触动很大，后来我们发起了"微博打拐"。这大概是那年春节最火爆的事情之一，人大代表、政协委员一看全国人民都在说打拐，他们也很重视，要不然他们就"out"了。去年有很多提案和议案就是关于打拐的，所以公安部也很紧张。后来公安部改变了打拐制度，一个地方丢了孩子，这个地方必须要成立专案组。公安局局长成为专案组组长，保证把孩子找回来，保证把案子破了，保证答复家属。这个制度能够建立，真的很不容易。

⊙ 爱是更有力量的手段

因为"微博打拐"的成功，我受到了很多媒体的关注，也得到了一些奖励。在某个领奖现场，有人和我聊天，他跟我说有个学校里面小孩子没饭吃了，以至于他们都不敢在孩子面前吃饭，因为根本受不了孩子们的眼神。我的初衷是筹点钱帮孩子们盖个食堂，可是到了贵州我就傻眼了，整个贵州所有的山村小学里都没有食堂，小朋友们忍饥挨饿。那里七八岁的孩子就像城里五六岁的孩子，而十几岁的孩子根本看不出年龄来，原因就是挨饿。

这时我开始想，作为一个记者，该怎样去改变？如果按照我们传统的方法，就是把这个事情报道出来，但是这样做，可能5年之后都很难有改变，这是一个普遍现象。我总觉得我们应该去改变它，中国的发展已经牺牲了一代农民，不能再去牺牲这一代农民的孩子。因为饥饿，他们学校每天下午4点就要放学，让他们回去吃饭。这样他们就没有办法跟城里的孩子一样，站在同一条公平的起跑线上。所以说，乡村的孩子就丧失了向上流动的可能性。我不清楚在座的有几位是来自乡村的。但我知道中国的清华、北大很少有来自乡村的孩子，而在80年代，这些名校学子80%是来自乡村的。中国现在乡村的孩子基本上已经固化了。所以我还是强调，我们怎么做才能去改变它。我当时想的办法是我作为媒体人，信息流通，我要让所有人都看见，所以我动员了很多媒体，但是媒体也不可能天天去报道这样的事情，因为没有价值，没有负面，没有丑闻，只是一个很普遍的现象。我唯一的优势就是我有微博，我可以通过微博去团结、动员网友们。后来我发现这样做的效果非常好。当我们把孩子饥饿的照片通过微博展现出来时，就开始有人捐款。

收到捐款后我发现另外一个问题，这事交给谁来做？没有组织来做，也没有国家机构来做。那时候我就发愁了，这就是逼着我来做公益，逼着我去执行。我那时候体会到一种曾国藩的感觉，另起炉灶，自己组建团队、自己做执行，来推动我们的"免费午餐"。如果当时有专业的团队来接我们，那么我现在应该还是在快乐地做调查。

作为一个媒体人，我对公益一无所知，之前也从来没有写过公益的报道。但我们清楚任何一个事情都是有规律的，我们只要做到公开透明、接受监督，就可以得到信任，从而把这个事情做好。我要求我们的团队每花一笔钱都要公开透明，我们大部分的钱都是拿去给学校用的，我们就要求学校开通微博。只有证明你们是干净的，是有效率的，才能够得到信任，才会有人捐款给你们。学校同意开始发微博，但是条件确实很糟糕，没有网络。我就让他们发信息给我们，我们城市里面的网友就帮助他们把信息整理好发成微博。这样，捐款人一看，能够做到公开透明，就放心了。最后有无数的志愿者加入到我们中间来,现在我们有注册的1000多名志愿者,一共有一百零几万捐款者向我们捐款。

为什么现在这么多人会支持"免费午餐"?实际上"免费午餐"解决了中国人的一个问题。在"免费午餐"的公益活动之中大家是可以监督我们的,是可以批评我们的,大家享有参与权,这就是说你可以向我们提供任何资源,你的建议,我们也是要去斟酌的,如果可行的话我们是会迅速地去采纳的。我们现在要对163所学校进行监管,掌握了3500多万资金,到现在为止没有一个办公室。我们的核心成员都是志愿者,没有拿一分钱工资,有13个全职工作人员做运行。但是我们要通过民主的方法把大家的智慧都集中起来,把年轻人动员起来。很多的大学生贡献了他们的技术,使得我们的捐款方式比任何的组织都多种多样。我们有淘宝店,有支付宝,还能通过二维码捐款。不仅如此,很多微博网友还积极参加微博拍卖活动,今天拿出一个水晶,明天拿出一份茶叶来拍卖,通过微博拍卖支持"免费午餐"。等到我们真正把年轻人的积极性调动起来之后,大家纷纷投入宣传和行动,"免费午餐"就可以自我运行了。

"免费午餐"帮助我们中国的乡村小学打通了一条道路,因为有微博可以进行联系。现在我们有小额贷款和电子商务去帮助学生的家长。这样的话学生家长经济上能够发展起来,他们就不会去城里打工。这样通过让农民回去,让他们去照顾空巢老人,去解决留守儿童的问题,并且还倒逼中国的经济发展,得以优化经济结构,转变经济发展模式。

"免费午餐"给中国的乡村孩子带来的不仅仅是一个午餐,我们现在有很多团队。我今天下午就去了一个基金会,这个基金会愿意跟我们合作,并且表示可以给孩子们做体检,这是我们最新的一个项目。现在国家拨给"免费午餐"的钱已经出来了,我们要求国家借鉴我们的"免费午餐"的模式去做热的饭菜。把这个权力放到学校去,让他们去接受社会的监督。而做好"免费午餐"后,我就有更多的精力来做"大病医保"。

除了挨饿,中国的乡村孩子还有一个问题就是"看病难"。这些地方不仅贫困,医药费用也很高。现在乡村里已经没有赤脚医生了,人大代表在两会上这么说的:"小病拖,大病挨,重病才往医院抬,这就是中国农民得了重病的命运。"我们现在可能还照顾不了中国农民的全民医保,但是我们现在可以帮助孩子。我们就设想在家庭和政府的"新农合"之外再做一个儿童的大病保险，给他们买一个50块的医疗保险。一年中如果他得了大病，他可能有13万的补助，"新农合"那边有6到8万，大病还有几万，加起来我们就可以保护一个孩子。我每天就在微博上被这些生了病的孩子呼叫，就想通过这样的方法去保护中国乡村的儿童免于大病的伤害。这是我今年做的第三个儿童项目，去年不知道是什么原因让我在微博上面写了这么一句话，我说："从今年开始我要做三件事：微博打拐，让孩子免于拐卖；免费午餐，让孩子免于饥饿；还要做一个未成年人的医保，让孩子免于大病伤害。"这可能就是我这几年要做的事情。

讲到最后，我很感激乡村的孩子。现在很多媒体说我是孩子的恩人，其实我应该感谢他们。他们让我发现了真正的自己，我们除了去监督，除了去批评，还可以做得更多，我们还可以自己去改变。他们让我可以脱胎换骨，他们让我觉得除了这种方法我还有另外一种方法去撬动这个国家，去改变这个国家。后来我发现，如果运用爱和善良的手段，我们会更加有力量。现在我们改变了国家的几个方面的制度，我们会继续运用这种方法，而不是对抗和破坏，我们通过这种方法去实现各个阶层的团结。我们首先动手去改变，然后去影响国家跟着我们去改变，这是让我开心的一个路径和方法，所以说我对孩子们是很感激和感恩的。

今天很有幸来到传媒大学，让我们在这里一起分享。我知道今天是假期，我们聚会在这里都是想着怎么样去帮助需要帮助的人，去改变自己，进而去改变社会，然后去改变国家。我相信很多年以后，在座的也会有很多像我一样，通过我们自己的努力，用行动去改变中国！欢迎大家一起参与，我们大家一起，谢谢你们！

精彩答问

观众：邓飞老师您好！针对"免费午餐"这个项目，我想问一个问题，"免费午餐"看似可以解决孩子们吃不上饭的问题，但是营养不良是一种隐性的饥饿，这个项目能不能进一步解决这种隐性的饥饿？

邓飞：我们看待一个事情要有耐心，解决一个问题也需要耐心。现在最需要解决的是怎么样让孩子吃上饭。我现在没有办法让他们的饭菜特别有营养。我能做到的就是给他们一个鸡蛋、一碗米饭和一个带有肉的菜。它是有油有盐，能够让孩子填饱肚子。刚才你说的营养这个"隐性的饥饿"，我知道说的是缺乏维生素或者其他。我们是这么解决的：我先把"免费午餐"吃饱，填饱肚子的问题解决了，然后再设法把它做得精致一些、细致一些。我们现在就得到了浙江一个制药集团的帮助，他们现在可以为孩子们提供维生素。然后我们会争取更多的营养学家来帮助我们，就地取材，尽可能多地去保证孩子们在吃饱以后还能吃好。但这需要一个过程，我们现在能够做的就是先把最基本的问题解决了。

观众：邓飞，我是你的老朋友了，我问你两个问题，第一个问题：很多人这样说——中国多了一个出色的公益人邓飞，但少了一个出色的调查记者邓飞，觉得很可惜，你怎么看？第二个问题：做公益初衷都是好的，但是也会出一些个别现象，比如像胡曼丽那个现象，最后就拿孩子去做工具敛财了。现在来讲，每天行走在利益的边缘，你和你的团队怎么样保证不迷失在利益的港湾？谢谢！

邓飞：我在这个做公益的过程中间肯定会有利益的诱惑，但是一开始我们就把这个路子堵死了，这就是资金安全。这个钱进入到基金会里面去，它和我的团队是绝缘的，我们是碰不到的。钱到了基金会以后，它流出去主要是两个方向：第一是我们团队的出差和做执行，还有一块是留给学校去做午餐。这两块我们都通过制度设计，做到公开透明。我觉得只要公开透明、接受监督，我们就可以把事情办好。我的意思是告诉大家我们的一举一动，我把我们的团队全部放在阳光下面，让我们所有的网友去监督我们的团队；第二我们引入了第三方，一个独立的会计事务所对我们进行独立审计。这样的话也会威慑到我们的团队不要胡作非为有贪污，要不然被审计出来，他们是收买不了审计的。可以说，我们用很多的方法去阻止我们有任何的贪污或者其他的问题。我做了十年调查记者，如果说收黑钱，我们早就在微博上被人家爆出来了。对我来说，最大的诱惑不是利益，而是权力。我自己也很警惕这个问题，在做这么大的事业时，我能不能做到民主而不是独裁。一个人再怎么优秀，再怎么强大，他的力量也不能和团队相比。我对自己最大的一个克制和隐忍是我要坚持民主，我做了一个决定出来，还要大家讨论，这是最安全的，这对我自己来说其实也是一个自我保护。

最后说到要离开调查记者这个行业。我的老师也是这么说，我去做公益他是支持的，但是调查记者少了我他也是很惋惜的。我就对他这么说：中国的记者不缺我邓飞，咱们现在也有很多很棒的记者出来。我们要继续去鼓励他们写出更好的作品,继续去执行我们媒体人要完成的监督。但是媒体人现在出来做公益,直接去解析他的新闻理想,让自己的能力从单纯的监督和写作变成了执行和建设,这实际上也是中国媒体人的一个拓展和延伸。中国可能缺这样的"行动派",所以说我愿意做一些尝试,做一些努力,看中国的媒体人能不能够找到除了监督、批评之外,其他的有利的方法来让这个国家实现改变,因为我们的国家实在是需要改变。这也是我新闻理想的一部分。最后我跟大家承诺,你们一定还会看到我写的东西。谢谢你们!

编后记:2011年,"免费午餐"公益项目筹集到2万元,修建了第一个学校食堂;截至2013年1月,项目共募款超过7000万元,参与人数突破千万,惠及18个省、市、自治区,328所学校,7万余名学生;2013年12月,邓飞新书《免费午餐:柔软改变中国》出版,记录"免费午餐"项目一路走来的轨迹;而今天,邓飞依然坚持着"行动改变中国"的理念,在公益人的道路上前进着。

讲座时间:2012年4月3日
编辑:王苗
校对:章文颖旨

刘同：打不死的媒体人

【嘉宾简介】

刘同，1981年生人，毕业于湖南师范大学中文系。他以一部《谁的青春不迷茫》描摹人生逆袭，引发无数北漂青年的共鸣；他代表80后新锐作客《职来职往》，点评精辟，聚观众人气。《最佳现场》《娱乐现场》由他担当制片人，《读者（原创版）》《女友》有他执笔的专栏。他是刘同，"在大同世界中，做小不同的自己"。

【微语录】

做任何事情之前你要首先明白自己的感受，是好还是不好。除非是为了交际，否则你所做的任何事情都千万不要牺牲你自己的尊严和主观意识。

我对自己说出的每一句话负责，这会给人以信任感，这种信任感就来自于你对自己的了解。你只有每天和自己对话，才能完全相信自己，对自己的所有负责。

一个人说的每一句话，做的每一件事情，背后的动机其实都反映着他的性格。在微博上，一旦你使用真实姓名，就要清楚你的名字代表了一个品牌。

做任何工作的时候，不要觉得这个事情我已经做腻了，才准备去接触新领域，而是要同时去了解其他工种的内容，跨出半步，先去尝试做一些工作之外的事情。

下午跟《女友》的编辑聊天，他们说要我给自己一个定位，我就给自己定了个主题——"一个贱人的一生"。我跟他讲："你今天能够坐在这里采访我，我觉得是因为我从来把自己看得还挺贱的，所以呢，一直活到了今天。"

今天在座的同学们，未来大多数人会从事传媒，所以我接下来就讲一讲自己从高三到后来的一些历程。坦率地讲，在这中间，我"死"过很多次，我所谓的"死"是指我不知道自己将来会走到哪个方向。

⊙ 年少，了解自己的想法

有人问过我这样一个问题："刘同，你现在讲话看起来还挺有底气的，你之前是个什么样的人？"其实我在上高中之前，属于那种成绩很差，老师不太爱搭理的学生。因为我成绩差，可能父母觉得养我也没什么意思，也不怎么爱搭理我。我没有什么零花钱，没有钱买衣服，穿得很破，高中的女生都会喜欢那种打篮球的男生，我永远都穿同样的一两件衣服，女生基本就不会跟我做朋友，她们觉得我好无聊。之后我投靠男生阵营，只能扮演一个角色——哪个男生喜欢哪个女生，就让我去传纸条。我就一直这样，什么都听别人的。后来我发现，男生之间的惺惺相惜一定是在你有才华或者你某方面性格特质特别好的基础上，他能够和你交朋友。我那时长得又矮又瘦又黑又丑，所以男生跟我在一起玩的时候，也说我这个人好无聊。那个时候我觉得我的人生很灰暗，觉得自己这一辈子，会在郴州那个城市，结婚生子，再生孙子，然后下葬。

我记得有一次放学的时候，人家走了，我背着书包不记得自己要去哪儿。小时候，包括现在也有很多人是这样的心理，会认为想搞好人际关系，第一步是倾听你想要交往的那个人的意见。然后我就问一个男同学："放学了，你说我要去哪里啊？"那个男同学就完全忍受不了了，跟我说了一句："我又不是你爸，你干吗问我！"那一刻我突然觉得，对啊，我为什么永远牺牲自己的意见，完全去考虑对方的意见？从那一刻起我开始明白要先了解自己的想法，我要干吗，我想干吗，不能什么事情都去听"霸王"的。做任何事情之前你要首先明白自己的感受，是好还是不好。除非是为了交际，否则你所做的任何事情都千万不要牺牲你自己的尊严和主观意识。

那么多年过来了，我终于明白了这么一个道理。

⊙ 写作，每天和自己对话

我常常在讲，对于做传媒的人来说，真的能够让你在传媒界混得飞快的一项技能就是文字。谁的写作功底好，一定能很快出挑。回想起来，我觉得自己好多的晋升机会都源于我会写一些东西，现在在我的团队，我也更加青睐会写东西的人。

回过头讲，如果你们真的会写东西的话，一定要每天都写。为什么要写东西？比方说现在，很多人问我问题，为什么我第一时间就能回答？因为从高三开始，我每天都会想我的问题在哪里。从2004年到今年我写了七年博客，一个星期大概两到三篇，一年大概150多篇，七年大概有1000多篇，每篇博客大概在1500字左右，加起来大概有100多万字了。其实我每一篇博客要解决的问题都很俗，比方说，今天有人说我坏话，整我，我就会在博客里写，有人整我，我该怎么想呢，我该怎么办呢？有很多很多我自己觉得还挺好的话，都是在写博客安慰自己时说出来的。比方说这句话，"当有人利益与你相冲突的时候，他就会到处说你的坏话，因为他嫉妒你。当你混得好的时候，他觉得他的利益已经与你没什么冲突了，他就会羡慕你。当你做得更好一点的时候，他会崇拜你。如果你做的是他这辈子都做不了的事，他就会敬仰你，把你当成偶像，一辈子在心里膜拜你。人和人之间就是这种关系。"

柳岩是我们公司的，她说很多人问她"你是靠父母的吧"或者"那么多人骂你你是怎么想的"，她原来也很困惑，但是后来发现，在她奔跑的过程中，如果一有人骂她，她就停下来回过头去解释，那就放慢了速度。莫不如不要理后面的人，继续往前跑，跑远了，后面的人说什么也都听不见了，而跟自己处于同一高度的人是没有工夫说闲话的，他们只告诉你应该怎么去改进。

在我的博客、微博上也有好多人骂我"你站着说话不腰疼"、"你自以为了不起"，我觉得很好笑。每天挣我的工资，写我的博客，我特别幸福，而他一定是很难受才忍不住要来骂我。我看一眼之后就把他忘记了，但是他却因为一个不认识的"我"而浪费了时间，你不觉得他的人生好无聊吗？所以说如果你们搞不定谁的话，就别去搭理他。

回过头来讲，当你写完这些东西之后就会突然发现，你比任何人都更了解自己。比方说我们现在缺乏自信的一种表现是你都不知道自己是谁，那么你就要好好安静下来，把你所有想到的东西写成文字，在文字当中去找答案。当你找到答案的时候，你就会发现你对你说出来的每句话都是负责任的。比方说很多人就会问我："为什么你看起来很小，讲话也没有太多的技巧，但讲话的状态总是不错？"因为讲话的时候，我对自己说出的每一句话负责，这会给人以信任感，这种信任感就来自于你对自己的了解。你只有每天和自己对话，才能完全相信自己，对自己的所有负责。

现在常常有好多人喜欢讨论谁谁谁是个什么样的人，但是你连自己都不了解，为什么要花时间去了解别的人？当你很了解自己，把自己做得很好的时候，自然而然会有人来了解你。

⊙ 娱乐圈，你的名字代表品牌

我觉得每个人对待你们的产品时一定要很用心。比方说，我发的一些微博看起来很矫情，但是我真的很用心，每一篇都写得很随性。我很讨厌的一种微博就是今天吃了牛肉拉面，发一条，或者今天和谁录了节目，发一条。一个人说的每一句话，做的每一件事情，背后的动机其实都反映着他的性格。微博现在完全成为了一种社交工具，既然是社交工具，你就不能把它完全用在展现自己无聊的一面上。前段时间，动车出事的时候，有一个杂志的主编，在微博上写他主动取消了对光线传媒一个女主播的关注，因为在动车出事的这一个星期里，这个人没有发过一次时政新闻，全在写她吃喝玩乐。所以说在微博上，一旦你使用真实姓名，就要清楚你的名字代表了一个品牌。

我讲一个稍微有点长的小故事。我那个时候负责《娱乐任我行》，当时我找到华谊兄弟，请羽泉组合的两位老师给我们写一首歌，作为《娱乐任我行》的主题曲，由羽泉跟沈凌来合唱，我们在节目里一直做推广。这个方案很好，羽泉立刻就答应了。后来我回光线工作，《娱乐任我行》的新主编就没有跟进这件事，我知道后立刻和华谊联系，告诉羽泉的负责人这是怎么回事儿，跟他们说"非常非常对不起，如果你们在光线有任何需求，我都会尽力来帮你解决"。后来我去请羽泉参加我们的一个颁奖典礼，华谊一听是我，就说有什么事情都不要去，我大概就明白我已经触到别人的底线了。后来我托了很多关系,邀请他们吃饭,给他们买礼品,去向他们道歉。其实现在想起来,人家已经写了歌,定了棚,我信誓旦旦地和别人商定一件事,居然没能把它落到实处。这件事情困扰了我六七年,但是现在我跟华谊兄弟的关系已经恢复得很好了。

传媒这个圈子很小,如果你一件事情做得特别不妥帖,又不能及时灭火的话,其实会对你的品牌造成非常非常大的影响。你一定要知道,你说的话、做的事,交往的每一个人,包括你选择交往的朋友,其实都对你的未来有影响。

前段时间《职来职往》来了个女达人,可能大家不喜欢她,但我觉得她人还不错,所以就和她合了张影。她把合影发到微博上,好多人就骂,大家问我为什么会和这样一个人合影。我是无所谓的,但你就会知道,在这个圈子里头,好多人是有固定的印象的,所以每个人一定要很清楚自己做某件事的后果。

⊙ 初入职场,"关系"并不重要

讲到娱乐圈的人际关系,我想说在这个圈子里,尤其是传媒这个圈子里,关系真的是最不重要的。举个我亲身经历的例子。那时候我刚来北京,在光线做记者,每天拍很多娱乐新闻,需要选题,所以就要和很多的公关公司、唱片公司、经纪公司打好交道。但那时候没人认识我,当时我的工资大概就是五六千块钱一个月,交完房租之后大概就剩两三千块钱,我就把所有剩下的钱都花在了请经纪人、艺人的宣传还有公司的头们吃饭、喝酒上,我想让他们认识我,以后有一些关系呢,他们都会来找我。结果发现,你请也请了,但是人家该给的选题还是不给你。

那时候有连续两三个月的时间,工资发完的第三四天我就没钱了,当时觉得好辛苦,可能是这条路不适合我,我就想要不就不做这个事了吧,把更多的时间花在编新闻、节目制作以及与人沟通上。半年之后我被《娱乐任我行》挖过去做主编,那个节目没有制片人,就是一个主编管一个卫视的节目,底下有二三十个记者。那个时候我还蛮小的,也就 23 岁,我花了大概一个月的时间把所有的事情全部弄清楚。后来我登录 MSN,一两百个人加我,都是各个经纪公司的头、总监、主编,这里面甚至有以前我想请吃饭都约不出来的人。他们讲的一句话就是:"哇,听说你现在管《娱乐任我行》啦,有机会一定要多捧捧我们家艺人啊。"我讲这件事是想说明,其实这个圈子里每个人认的都是实力,你手上的资源和实力,才是能真正触动他们的东西。当你把所有的焦点都投入在你的工作当中,当你的工作做得很好的时候,自然而然就会有很多人想要跟你合作,因为你显得靠谱了。

现在我们公司好多外地的员工常常跑到光线,要我带他们去酒吧。我来北京的头五年,没有去过一次酒吧,就是两点一线,家里、公司,没有任何别的休闲爱好,白天上班,晚上写点东西,偶尔逛街。其实你不用在乎那么多,并不是说你一定要天天去夜店你才会认识那么多人。有很多人在微博上说传媒好难进,或者怎么样才能做一个好的记者、编导,需不需要托关系。其实现在你知道湖南台有多缺人,江苏台有多缺人,光线有多缺人吗?但关键就是我们找不到和我们的需要匹配的那个人。

讲到匹配,我先讲讲自己的经验。我们家都是学医的,所以在我高考之前,家里把所有的钱全都取出来,帮我交到各个医学院,就像介绍费那样,让我去学医。但是我自己报考了湖南师范大学,然后就去读了,这导致我的家人和我的关系很差。因为那个时候所有人毕业之后都会安排工作,上学一定要以找工作为前提,我只有学医,家里才能给我找到工作。我给自己的要求是,大四毕业之后一定要回湖南省郴州市人民广播电台任何一个节目去当一个小的接线员或者编导,那是我当时最大的目标。因为我没有任何关系,所以我在大二放假时给郴州人民广播电台台长写了封信,然后我就和他见面了。我告诉台长,自己是湖南师范大学中文系99级的学生,我们整个中文系来自郴州的同学,一共有12位,这12位同学都非常努力,非常刻苦,代表了郴州的形象。因为学校放假,我们郴州这12名同学非常想报效家乡,如果你们有需要我们的地方,我们非常想去郴州电台实习。那时候我的想法很简单,觉得如果我一个人写信的话,他根本不会理我,但是如果我代表一个集体写信,台长会认为那是一个政绩,他会写在自己的工作报告里面。果然他安排主任找我们,然后我就带着12个人去实习了。那段时间真的学到了好多好多东西。我回来之后,因为有电台的实习经验,我就写了封信给《湖南广播电视报》的主任,自己去送信给他。我把平常写的一些东西发给他,然后就很顺利地进了《湖南广播电视报》实习。

毕业生都会觉得人际关系很复杂,会很担心自己怎么跟老师和同事沟通,其实真的没有必要,你们就完全放下自己,看见什么做什么,所有事情都以尊重对方为前提去做。我实习的时候，第一天把所有老师的名字全部都记住，和他们打招呼。我在光线，有一个我不认识的人叫了我的名字，叫第一次我会觉得有点不好意思，你就会看看人家。第二次他又看到我，他又叫了我的名字，我还是不认识他，我又会有歉意。但是他第三次再和我打招呼，我就会说"你好，你是哪个栏目的啊？"他告诉我了，我就会很留意他，开始把我的一些工作安排给他。

我之前讲过，打杂是一个特别特别好的工作，因为你可以通过每一个老师交给你复印的资料，了解公司最近在做哪个项目，或者台本是怎么写的，这些东西对你来说都是有帮助的。你们进入传媒圈，最重要的事情不是立刻学会某样技能，而是弄清楚每个运作是怎么回事，一个节目组里的每一环、每一个人做什么，一个东西是怎么完成的。只有完全清楚之后，你才能明确自己未来的定位。

⊙ 光线七年，换了十一个岗位

我在光线工作了七年，换了十一个岗位。一开始在光线，我管理的节目叫《明星 PK STAR》，就是现在的《最佳现场》。它是个日播节目，每天都要采访一个明星。那个时候，我们公司所有的艺人都通过艺人关系部去邀约。我们做节目，下一张单子，可能要采访二十个艺人，最后发现只能约到五个，剩下的十五个都由不同的艺人填补，导致我们的节目非常不好看。后来我就跟老板提出，你给我试一个岗位，这个岗位一个月无非也就四五千块钱，但是我创造的价值每个月至少数十万或上百万，老板同意了，我就当了一个艺人统筹。大概一年之内，完全不靠艺人关系部，我自己的部门约了三百多近四百个艺人做我们一年的节目。其实这个圈子里叫得出来名字的就那么一两百个，我们该约的全约完了。

第二年我们做了一个大型的颁奖典礼，艺人关系部的总监怀孕了不管事，所有人都不知道怎么办了。老板看了全公司说："原来《明星 PK STAR》一直在约艺人，那赶紧叫他们约艺人吧。"我大概花了一个星期把一百多个艺人全部约到了，老板就说你来当艺人关系部的总监，我说我不当，你就把这个部门并给我吧，老板同意了。这样我不仅管《最佳现场》，同时也管艺人关系部。

艺人关系部除了要约《最佳现场》的艺人，另外像《娱乐现场》《最佳一百》，以及各大型颁奖晚会所有约艺人的事宜都要从这边走，我就很清楚艺人的情况。我让我的同事做了一张特别大的表，是全国艺人的联系表，写下这个艺人二月份要拍戏，那个艺人五月份要度假，完全跟各个公司的表统一。老板觉得我手头的资源要够多，才能跟艺人去谈判，仅仅管一个节目是不够的，再加上当时《娱乐现场》的制片人突然带着好多人集体跳槽，去了搜狐娱乐，我就立刻受命接下了《娱乐现场》，成了《最佳现场》和《娱乐现场》两个节目的制片人，再分管艺人关系部。这对我来说是好事，因为我要有好多的资源才能够和艺人去谈判。比方我和艺人讲，只要你来参加我们的颁奖或者配合我们做一个公益活动，《娱乐现场》会给你做专访报道，《最佳现场》会给你多少报道，跟他谈资源规划。

  同时我也在做另一件事情。我们公司的广告部很厉害，他们和客户提案的时候会涉及一些节目制作方面的事宜。比方说如果一个明星来做访谈，我们要怎么做客户的版块；如果是娱乐新闻，我们又该怎么做客户的版块。开始我会去问广告部，节目怎么做，后来常见的情况就是我自己带 PPT 去提案，告诉客户怎么做，客户问我明星情况，我自己打电话，拿出表来查，一个人把所有的事情做完。《最佳现场》这个节目 2008 年在北京地区的收视率是第一名。我当时很无聊，无聊到做一期明星记者招待会，每天要花 10 个小时，但实际上只要花 2 个小时就能做完，很多时间都在荒废。我就跟老板讲，我不做节目了，我想去做广告。老板一想，说："你既懂艺人情况又懂节目，去做广告很好啊。"我就做了大概一年多广告。

  后来因为我们公司要成立艺人经纪公司，我之前在《最佳现场》，每天都会和主持人沟通，了解他们的想法，告诉他们应该怎么定位，所以老板就要我去管艺人经纪公司。于是我跟老板谈，做完广告，我现在在做什么？老板说你自己来管你想管的节目，不仅管节目内容，还可以管经营，也可以签艺人的约，可以做艺人经纪公司，还可以做公关活动。有一段时间，刘谦和高圆圆做一个玉兰油的发布会，那个发布会是模拟《最佳现场》做的。我们《最佳现场》这个团队什么都能做，节目、公关活动、内容、出书，包括电视剧，比方我自己的电视剧《遗爱》，那是我自己一个人弄完的。现在公司就给我一个筐，一个文化公司，我想做什么都可以，只要能赚钱就行。

  我的经验就是，你在做任何工作的时候，不要觉得这个事情我已经做腻了，才准备去接触新领域，而是要同时去了解其他工种的内容，跨出半步，先去尝试做一些工作之外的事情，只有这样你才会更快得到升职机会。我举一个很简单的例子。海底捞，它的晋升原则只有一个，就是每个人都要一专多能，一个人在刷碗刷得好的同时要会算账，我才会给你晋升，如果你还会讲外语，我还会再给你晋升。

⊙ 团队力量，成果源于大家

现在我们公司，整个光线传媒的传媒总监——光线老王，最早是我在天涯上发帖招编导来的。我写了20多个题，他就给我发了封邮件过来，我觉得他答得还挺有意思，就想挖他过来。半年时间没有过来，过了半年我又挖他，他当时刚好受情伤，要忘记以前的旧爱，我说那你就过来吧，他就来了北京。他的文字表达不错，但是做节目让我不敢恭维。当时在台湾有个非常著名的制片师叫徐明，台湾每一任"总统"上台之前都会找他做心理辅导，运动员比赛前也会找他做心理辅导。我们觉得他非常神奇，想约他。老王给他发第一封邮件的时候，对方同意了，说"我们可以去，但是你们要付15万的劳务和餐饮费"，我们只是日播节目，没有那么多钱，就说算了。可是一个月之后老王告诉我，徐明同意了，之后他来，节目录得非常好。徐明走的时候我想请他吃饭，他说你不用请我吃饭，你应该请你们家老王。我问为什么，他说："他给我发完第一封邮件，我回绝他之后，他还是不停地给我们发邮件，和我们分析光线怎么回事，《最佳现场》怎么回事，你们为什么要邀请我。"徐明来了，老王也把他照顾得特别好。后来我就和老王说，要是你导演做不好的话，就去做艺人统筹吧。老王特别土，穿布鞋军装，有一点秃顶，戴眼镜，特别像个老团支书，没有一个人相信他能做好艺人统筹。但老王做得非常好，后来大家觉得他做艺人统筹有点可惜，就把他调去人力资源部做二主管，做二主管一年后，他就成了总监。老王学的是陶瓷专业，但其实很多人未来从事的行业跟他的专业都是没有太大关系的，关键在于你在做某些事情时身上散发出来的闪光点是不是会让人觉得特别优秀，是不是会让人觉得你不单单只能朝这个方向发展。

你们看到的我的所有东西，都不是我一个人做出来的，有好朋友、同事、团队在帮我，任何一个艺人也都是这样的。我表哥是何炅的经纪人，那时候何炅做《超级女声》的直播，每当节目进入广告时段的时候我表哥手机就响了，何炅就问他自己刚刚是不是哪句话说太多了,是不是忘记谁了,是不是冷落谁了,我表哥给出建议,何炅在下一段节目中就会注意。电视都是这样做出来的。包括我们看《康熙来了》,它每一集最起码有十个故事会让我记得住,这十个故事编导在录制节目之前就准备了。现场小S和蔡康永很能挖故事,一旦他们忘记的话,团队还有小牌子放在那儿提醒他们。

时间过得很快,我的经历就先和大家分享到这里,接下来大家有什么问题可以向我提,我知无不言。

精彩答问

观众：您和您的团队之间是一种领导与被领导的关系吗?

刘同：不是不是,我们团队什么话都放到台面上讲。

我是一个很喜欢想事情的人,一件事情,当我想清楚之后会询问团队的意见。以前团队的人说不好,我问理由,他会随便讲一个,我就告诉他这个问题我已经想过怎么解决了,他就说"啊,我觉得那样也不好",我说这个问题我也想过了,我告诉你怎么来解决。当他讲三次"不好"之后我就会告诉他,问出问题之前拜托你先想一想,不要因为不想做这件事情而找借口,如果你还是这样,就表示你不尊重我。后来我们团队慢慢就学会了,当我说出一个深思熟虑的决定之后,他们会先想,想完之后再告诉我合适不合适。他们提出不合适,我会反驳,当我反驳不够的时候就会照他们说的做。我们团队所有人合作的原则就是,每件事情都想得很清楚,谁对听谁的,我只是那个最终拍板的人而已。

我前几天写了个微博,说在这个年代,我们连孝敬父母的时间都没有,千万不要把时间花在孝敬同事和领导身上。所以我希望,我自己的团队,包括你们未来找的团队,都是那种同事之间相互很尊重的,不用看对方脸色行事。既然北漂那么辛苦,我希望每个人把他的工作团队当成第二个家,彼此不要勾心斗角。我的团队就是这样的,大家是一家人,什么话都可以讲,没有什么面子不面子的,可能你一开始受不了,但是时间久了就习惯了。

观众：我是一个新生,所以想问您初入职场的时候有没有遇到一些挫折?如何面对"想做好,觉得能做好,但自己又做不好"时的心理落差?

刘同：想做好,又做不好?你想做好就一定做得好!

从光线离职去《娱乐任我行》,那个时候我很小。去的第一天,我们开会，老板没有看我一眼，总监介绍我说，"这是我挖过来要做《娱乐任我行》主编的人"，然后我们老板就直接对节目总监说："如果你要骗公司的钱，不要随随便便找一个小破孩儿来，你甚至可以去大街上找两个扫大街的，看起来也更加适合这个骗局。而且我觉得你没必要骗我，如果你要钱的话，你可以直接和我说"。我当时真的很想哭，但最后忍住了。在工作的过程中我一直告诉自己，必须要给他点颜色看看，所以就特别努力，一定要把那个团队做好。

我的工作流程是这样的，上午十一点到公司审当天要播出的片子，之后吃午饭，然后给所有记者排第二天的选题，排完选题之后排当天晚上的播出单，再看记者采好的新闻，告诉他们应该怎么写新闻，然后给他们改稿子。改完稿子以后大概晚上八九点钟，再开始审他们的片子，审完片大概两点钟，然后回家，三点钟到家，写一点东西，睡四五个小时，第二天上午十一点继续去审片。

这样工作了整整一年之后，我带着我写的三本书，全部签上名，放在我们老板的桌上，告诉他我想辞职。当时所有的事都是我一个人在管，所有的资源都在我的手上，我们老板就问："为什么辞职呢？我觉得你挺好的。"我说："老板我不知道你记不记得，但是我记得，我刚来公司第一天，你侮辱了我的人格。在这一年当中，你侮辱我的那句话我一直记得。这年头，家里如果有钱有权，如果是富二代，谁爱这样在外面打工。现在打工很辛苦，你为什么还要侮辱我们这些人的人格？我对你失望了，对你的公司也失望了，我一定不会留下来发展的，我要回光线。"

回到光线以后，原来的公司基本上就倒闭了。我想告诉大家，千万不要因为别人的错误惩罚自己，不要因为他人的不好转身就走。这个地盘不是他的，而是你自己的。你走到那儿，和他把话说完整，告诉他你要把地盘切走，你得让他痛，我觉得这个才是最重要的。

观众：我的问题很简单，您觉得自己大学做的最有意义的事情是什么，能不能给我们几个关键词？

刘同：我跟你们讲个小故事，有个主持人问我："为什么我每次主持节目都不知道跟对方聊什么？我是要看什么书吗？为什么我主持节目的时候别人都不喜欢我？"我跟她讲："作为一个主持人，没有人喜欢你，我觉得不奇怪，哪怕你不是主持人，只是一个很普通的女人，我相信也没有人喜欢你。很简单，不看书，不锻炼，不读报，不上网，不听歌，每天回家就睡觉，醒来化妆，穿漂亮衣服来主持节目，还没那么美，这样的人，作为一个普通人都不会有魅力，作为一个主持人又怎么可能会有魅力呢？"

大学最重要的事情不是看某本书，不是学某项技能，而是建立自己的思维体系。举个例子，当有人找你借钱的时候，第一次你会很尴尬，不知道怎么回答。当天你要解决这个问题，要想清楚，遇到这种情况时要怎么回答，关系不好的怎么回答，关系好的怎么回答，关系一般的怎么回答，如果你没有钱了该怎么办，如果你有钱又该怎么借……把这一系列问题想清楚，每一点你都觉得可以，都是自己真实所想的。第二次再碰到别人问你借钱的时候，第一时间你不会尴尬，你会告诉他你的想法，别人一定会觉得你已经想得非常明白和透彻，你是个有原则的人。

一个人身上有很多很多的问题，你在大学当中一定要把这些问题都解决掉。借钱的问题，专业的问题，兴趣爱好的问题，如何晚上不回家的问题……这些都是你们要面对的。不能问题来了，表现得特紧张，让别人觉得你是没有主见的人。建立自己的思维体系和价值观，这个是最重要的。

观众：您如何看待您的个人发展？

刘同：我以前是中文系的，所以很喜欢写东西。之前写了三四本书，卖得一般，算是小畅销，但是不红。我从来没有抱怨过为什么它卖得不好，我还是像之前一样，因为我很爱它。

通过《职来职往》，很多人知道我之后，再去看这本书，觉得还蛮有意思的。按照许多人的观点，一本书印出来之后卖得不好就不写了，这样会失掉未来的机会。《职来职往》是一个很好的机会，让我以前十年做的功课都没有白费。

关于电视，我觉得只要你知道自己是谁，当有一天，有人慢慢关注你，对你有需求的时候，你做出的所有努力一定会收到回报。每个人都不用着急，先规划自己的品牌，先把自己做好了，自然什么东西都来了。

至于我和光线，坦白讲，我们老板给予我很多。他经常跟我说，每个企业都需要几个有代表性的人去传递企业文化，你们应该去做得更好一些。我觉得光线给了我很多东西，离开光线，我什么都不是。今天我跟《女友》的主编讲："如果我仅仅是刘同，你们可能会把我放在一个六人群访里，但因为今天我是光线的刘同，你们会给我做一个五到六页的专访，这是光线带给我的。"所以大家一定要清楚，你们投靠的公司和你们的团队给你们自身带来多大的价值。

观众： 我看您的微博和博客，觉得您是个特别感性的人，可是我看您今天和您在《职来职往》上说的话，又觉得您非常理性。那么您自己觉得您是怎样的人呢？您如何平衡感性和理性？

刘同： 我是个非常理性地知道我什么时候该感性，什么时候不该感性的人。在感性的同时，我知道自己该到一个什么样的度，我不会让自己变得不快乐。有时我不是不想哭，我真的会哭，但是我一定不会哭到全是鼻涕，我一定会表达我想要表达的东西。比方说有些时候，明明就已经那样了，你还要装冷静，那没有意义。所以理性和感性不排斥，完全不排斥。

讲座时间：2011 年 10 月 21 日
编辑：刘亦凡
校对：章文颖旨

曹保印：《新京报》的品牌与情怀

【嘉宾简介】

中国最有影响力的新闻评论员名单中有他的席位，《新京报》"敢言、勤奋、以人为本"的纸张油墨中有他的赤诚。而专属于他一个人的CAOTV，总是未见其人先闻其声，喜怒哀乐皆发自肺腑，好一个神采飞扬。

曹保印，他的关怀触及世界的各个角落，剥去层层外壳，内里是柔软而笃定的核——人。

【微语录】

永远不要抛开新闻本身去做评论。

只要你想做一个好的记者，做一个好的传媒人，你必须得广交朋友，你的朋友必须得特别多，而且有了事情第一个就能想到你。

我在寒风中站在那个地方（梁思成、林徽因故居）的时候，眼前只有一片瓦砾。我们没有保住。但是我想告诉大家的是，我们是没有保住，但是我们保了。这就是一个媒体在一个时代应该做的事情。

选择本身是最大的压力，也是最大的勇气。

今天这个讲座我本来准备用一个PPT，但是后来想了一下，如果都用PPT的话，我们的思维就没有那么发散，想象力也没有那么好了。所以咱们干脆就讲故事，因为在这个世界上，理论从来不好听，只有故事最能吸引人。在开始这个讲座之前，我先讲一个故事吧，是最新的一个故事。

⊙ 一出生就夭折？

我来说说《新京报》品牌的故事。曾经的《新京报》为了推广自己的品牌，发生了很多很有意思的故事。

我第一次来北京，参加一个报纸的培训。在培训上呢，报社请了个专家来讲北京的报业格局。这个专家坐那儿就说了，最近北京有一帮傻子，他们准备办一份报纸，叫《北京时报》——曾经我们想用那个名字，可是别人不让用。后来就改成了"新京报"——北京的报业市场都饱和啦，他只要一办，必死无疑，今天他就把话搁到这儿了。

《新京报》的口号是什么呢？一帮媒体人在说，"它一出生就夭折"。而《新京报》自己的口号是什么呢？"一出生就风华正茂！"到底是夭折还是成长呢？大家可以看一下统计数据。在今年全国所有的都市报里面，别的报纸广告都在往下降，只有我们的在往上增加。别的报纸的订阅量都在大幅下滑，只有我们在往上走。当然这走的趋势也是越来越艰难。这也是纸媒将来要面对的一个命运。我讲这个故事是想说明，当你刚刚来到这个世界上的时候，必然会遭到很多质疑，但你要坚持住自己。这是今天的核心，就是告诉大家，想到一定要做！做不到，你所有的想象都是空的。

那么《新京报》是怎样创办的呢？当年有一段时间，《光明日报》办了一份报纸叫《生活时报》，办了一段时间办不下去了，老赔钱，最后差点连《光明日报》印刷厂都赔进去了。于是《光明日报》的老总就找了《光明日报》驻广州站的一个"诗人"——驻广州站的站长，就说："你得想办法把这个《生活时报》搞活了！"然后他就想利用《生活时报》这样一个刊号，重新办一个符合大都市气质的报纸。他觉得整个北京没有一份符合她本身气质的报纸。他就找到了喻华锋，他们两个约在了一咖啡馆，坐那儿说："要不然我们强强联合，反正我们现在什么都没有，我们就有一个刊号。"这个大家可别小看了啊，当你走出校园，你就会发现，这个刊号你是拿钱也买不来的。他们两个就在那里侃，这个行不行啊？行！一个半小时以后：咱们得签合同啊！签合同的纸呢？这一摸口袋，没有。正好，我这个烟抽完了，烟盒就是纸啊，咱们就搁这儿写吧，甲方：光明日报，乙方：南方报业集团。两家决定，各自出资多少钱。最开始是出资五百万，咱们办一个报纸。甲方乙方在烟盒上把合同签了。大家可以想象一下，一份报纸就这样诞生了。

当时北京的广告市场确实已经很饱和了，竞争特别激烈。事实上，想在北京立起一份日报，它的艰难可想而知。我们不要北京那么多的饱和的广告，那个30亿我不要。我只要这个30亿以外的30亿。

比如说奔驰，它在哪儿做广告呢？你去火车站，或者你坐地铁，来了一个人拿着报纸说某个名人死啦，然后你说"哎呀，这个人死啦，来给我一份报纸，给你一块钱"。假如你把奔驰的广告放到那个上面，你觉得怎么样？那不是给它做广告，那是"杀"了奔驰！他们没办法登在一些他们觉得不是那么好的地方。这个时候，与那个长发诗人的电话，一下子把他的情怀撞击了出来。而坐在咖啡馆里跟他聊天的喻华锋，还有没有来的那位，他叫陈一珠，就是获得世界新闻奖的那一位，他们想把《南方都市报》的经验复制到北京来。当时想得可美了，我可以把《南方都市报》的中国新闻全部拿过来，然后副刊、文学作品、吃吃喝喝啊也可以拿过来，行，不用做了。那经济版，对经济的分析，南方的跟我们的一样。这个"地球"，也就是国际版，也可以拿过来。唉！都拿过来了，最多是把广州新闻替换成北京新闻，就跑跑北京新闻，10个记者就够了。其实很多人，在他们做事情的时候，都不像我们想象的那样，做了非常充足的准备。他就是一个想法一闪而过，然后开始做！做的过程中会有各种各样的东西朝他飞过来。

在这个过程中，10个北京记者就够了，10个人，一个月一人发一万块钱吧。这三个算数都不好的，坐那儿掐指一算，感觉300万好像也够了啊！再加上咱们几个领导的钱，算了，咱们几个领导就不要钱了，咱就为了咱们自己的理想。然后说那拿出500万吧，还留出200万吧，足够了吧！够不够？真傻！印刷呢？没算！另外，广东吃的美食和咱们北京吃的美食，那能是一样的吗？那个教育版，都是广东的学校。广东那边的人看全国的新闻可能更加关注港台，北京的爷们儿、大姐们，看全国新闻都是关注宏观的，一张嘴就是我们京城如何如何，你们外省如何如何，对吧？那招人吧！诸位猜我们现在有多少人？我知道你们猜不出来，只有我们自己的员工能够猜出来。我们现在差不多2000 人。结果画了一个差不多 10 个人就能完成的梦，以为 300 万就可以实现。最终发现了，你说缺多少钱吧。

而且更有意思的是，这个报纸还没有办起来呢，就面向全国，甚至全世界招兵买马。这时候我来了，大家都来了，招了一大帮子人。报纸嘛，排版排着排着急了，这个软件用不成了。牛早就吹出去了，我一出生就"风华正茂"，结果这个报纸死活连版都排不成。当天晚上大家还在那儿拼死拼活的，要把明天的报纸拿出来，要不然怎么弄啊，一堆人就疯狂地做！做！做！等到了第二天凌晨，开始印报纸了，可巧了，奇迹出现了，一下子所有的东西都顺了。这几个老总，拿着那份印出来的报纸，基本上每个人都是大哭一场。而且更有意思的是，报纸出刊当天，北京下了一场大雪。大家知道，这大雪一下谁还出门啊！买报纸的人，我估计，少！这时候就有一种声音出现了，说这叫"天杀《新京报》，挡都挡不住"。可是今天，大家已经明白了吧，天杀了吗？没有，在那一天，《新京报》顺利出刊。大家看到第一张创刊号是《克林顿拥抱艾滋病男孩》。从此《新京报》开始了。

⊙ 《新京报》的品牌推广

我想问问大家，长这么大，收到过玫瑰花的举手，我看有多少。因为几个《新京报》的同事在聊天说："我啊，太悲催了，你看下一周就是情人节了，我长这么大还没有收到过一朵玫瑰花呢。""你拉倒吧，我比你还大一岁呢，我还不知道玫瑰长什么样呢。"几个人就在那聊天，有个同事突然一拍手说："干脆这样吧，情人节那天如果谁买《新京报》，我送你一束玫瑰花。"那些没有收到过玫瑰的说："哇，那太好了！"然后说玫瑰从哪里来啊？大家知道情人节那几天玫瑰花的价格吧？一支多少钱啊？看来你们都买过。但是你想我们《新京报》一份才 1 块钱，我再给你一朵 10 块钱的玫瑰，那傻子才会干。

可是大家一想这点子不错，就给云南玫瑰花生产那边的厂家，那边不是玫瑰花多嘛！给他们打电话，砍价钱，最后砍到好像是 3 块钱一支，直接从云南空运过来啊！3 块钱一朵，我报纸才卖 1 块钱，大家说是赔了还是赚了？（同学答赚了）一张报纸我才卖1块钱，一朵玫瑰3块钱，真是做传媒的啊，马上想到广告了。反正玫瑰花空运过来了。第二天《新京报》上街了：买一份《新京报》，送你一朵玫瑰花。好家伙，那谁不买啊！过了N多年，有人在网络上写文章，被我检索资料检索到了，说"我一生中，收到的第一朵玫瑰花，是《新京报》的，《新京报》是大家的情人。"满城尽是红玫瑰，多浪漫的一个城市，多有情怀的一份报纸！这一下，大家都知道了在北京有一份报纸，它送玫瑰花。

有一年我们出报那一天是世界艾滋病日。我们和一个安全套生产厂家头天晚上打电话，说我们准备做一个活动，你们愿不愿意支持十万只安全套。这是挺好的广告啊，但哪有人想到广告能这样做的。当时就调集了据说是北京所有的这个品牌的安全套，全送到《新京报》来啦。我后来在网上检索资料，发现有的女士回家了更难交代，男的还好一点。在艾滋病日通过这样一个做法，送出去十万只，又告诉大家今天是什么日子，我们怎么样关注这些人群，那么我们对于这样一个话题，该不该大大方方地谈论和接受呢？这样的故事有很多，咱们可以想象一下，这种故事大家都爱说啊，口口传播，这种效果比打广告的效果都好。

我讲这么长，其实关于《新京报》的故事，连千分之一都没有。我接着说第二个——品牌，就是你对这个社会真正有责任感，敢于担当。我们学传媒的，我们读大学的，肯定都听说过一句话，叫"铁肩担道义，妙手著文章"。这话说得轻松做起来难。比如说，当时有一个地方拆迁，拆迁的项目书记喊了一个口号，意思就是宁愿让你倾家荡产，也不能让你阻挡我发展的道路。这让老百姓真的是有冤无处诉，有苦无处说。这在当时是很敏感的话题。但是我们说了，他们既然做了，我们就一定要给他报道出来。我们就发了一个系列，叫做《嘉禾拆迁》。这种拆迁没有法制、没有道德、没有人情、没有人性，完全是想拆你的房子就拆你的房子，想扒你的坟就扒你的坟，这发生在今年的河南。这件事情发生以后，我们的连篇报道一出来，被一个人看见了，这个人姓温，朱笔一批，不能拆迁了。然后国务院迅速出台规定，不能断水不能断电，必须要在和老百姓协商以后，补偿到位以后才能做。

这个事情意味着什么，意味着这份报纸改变了一个国家的重大进程。再到后来河北定州血案，当时也是征地，电厂要征老百姓的地，老百姓不干。老百姓不干那怎么办呢？老百姓就搭个小棚子在自己家地里住着，男女老少发动起来，据说还弄上了消息树。只要那消息树一晃，大家就赶紧拿着那个棍、铁锹等等农具冲上来了，反正就是不让你进。一个回合之后，在一个"月黑风高夜，杀人放火天"，来了一群人，穿着迷彩服，拿着枪和刀，来杀人了。真杀人了，杀的就是当地的老百姓。这个事情一出来，关键在于可巧了，电力老大是谁，我不说你们都知道。谁敢报？能报吗？你报了你报纸还办不办？但是我们说了，我们办报纸是为了什么？有一首歌唱得好，"为了谁，为了谁？"其实就是为了一个社会公平正义。这时候我说"报"！哪怕第二天不办了。于是就把这个事情报了出来。在这个事情中更加说明《新京报》的品质和责任的是，报道这个事情的记者他老家就是那儿的。你把这个事情报道了出来，你家人在那儿怎么办？诸位将来要做有责任感的媒体人，一旦事情发生在你的家门口，这个时候你有没有勇气，有没有胆识，就体现出来了。这一报，那还得了！全世界舆论哗然。市长、市委书记也当不成了。但是这个事情之后，第二天报纸并没有关。你想想，因为这个事你就给我关了？可是大家想想我讲的这两个故事和刚才的玫瑰花、安全套相比，品质怎么样？肯定上升了一个很高的台阶。

⊙ 一份报纸的情怀

这个时候又发生一个故事，我要说金岳霖、梁思成和林徽因的故事。他们当时的故居，有一个开发商看中了，要把它拆了，我去过好几次，就是几间小房子，年久失修，破破烂烂。

大概是凌晨五点多钟，我的一个朋友给我打电话。说到这里呢，我想多说两句。我的朋友给我打电话其实是意味深长，因为只要你想做一个好的记者，做一个好的传媒人，你必须得广交朋友，你的朋友必须得特别多，而且有了事情第一个就能想到你，这个时候你就有写不完的好新闻。这个时候我这个朋友给我打电话说："曹啊，我听说梁林故居要拆啊，他们已经动手了啊。"我一听一激灵，说不行。我问大家，如果在你的生命中，有一个城市特别特别特别特别的重要，全世界所有的城市都比不过她的重量，这是因为什么？感情？精神？记忆？人文历史？爱？你爱谁啊？大家笑了，真别笑，真的是爱。如果一个城市真的有那么重的分量，一定是这个城市里面有一个人让你魂牵梦萦。

对于一个城市来说，她最重要最有魅力最能打动人的那些历史，一定是名人故居。所以我马上给记者打电话说,你现在赶紧起床,到哪个哪个地方去,阻止他,然后拍照、采访。从这一天开始,我们《新京报》就开始介入了报道,保护梁林故居,保护名人故居。经过一番拉锯战,梁林故居保住了。哎哟你不知道我们有多高兴啊!

但是我们的世界总没有我们想象的那么美好。

在去年,一个"月黑风高夜,扒房拆屋天",他们利用春节大家都放假的时机,报纸版面也少了,天又冷,"咔",把梁林故居拆了。等我在寒风中站在那个地方的时候,眼前只有一片瓦砾。我们没有保住。但是我想告诉大家的是,我们是没有保住,但是我们保了。这就是一个媒体在一个时代所应该做的事情。有一些事情你努力了未必就能有结果,但你毕竟努力了。《新京报》在这一点上又做到了它的本地化。从报纸的创办,到对这个城市的热爱,以及怎么样梳理这个城市的品牌,和怎么样树立起你的责任感,其实中间所做的所有的有关这个品牌和创新的事,四个字就概括了。哪四个字?其中一个是"情怀",无论是玫瑰花、安全套,包括你想让这一个城市有一份与之匹配的报纸,其实这都是情怀。另外一个是"勇气"。"责任"二字说实在话有点轻,真的有点轻,有的时候有勇气很难很难。我们总说做事情需要什么?需要你说到做到的勇气,需要你的情怀。

周二晚上我在北京大学做了两场讲演。当时他们问我:"在知识分子、公共知识分子、媒体知识分子、专业知识分子、书摘知识分子之间做一个选择,你觉得你是什么知识分子?"其实选择本身是最大的压力,也是最大的勇气。我说如果我选的话,我选我是一个"人"。所有的知识分子,你如果离开了这个"人"的话,你什么都不是。《新京报》做的这些都是为了什么?为了"人"!为了我们能够更好地生活,为了生活在这个城市里的每一个人,无论他在深深的山区,还是天安门广场;无论他是在中南海,还是在平民的小胡同中;无论他是在北京最好的小学,还是在马上要被拆迁的农民工子弟学校;无论他是一个亿万富翁,还是一个每天在垃圾土堆里讨生活的人;无论他是一个有房的,而且有很多套房的人,还是一个依然在为房子而奔波的人;无论他是一个官员,还是一个学生;无论他是在地铁卖唱的、乞讨的那个人,还是那个地铁司机。我们都要关注他们的命运,并且为他们将来的幸福去着想。当你活到我这个年龄的时候,当然我也没多大啊,这个时候我们突然就会明白,我们所奋斗的一切,其实都是为了"人"。无论是你为了你的妻子,还是你的女儿，还是你自己，还是为了你的朋友，其实大家都是为了"人"。如果说讲《新京报》的品牌故事和媒体创新，从那八个字最后就会浓缩成一个字——人。

精彩答问

同学：曹老师您好，您说《新京报》的创办初期是想办一份与北京市这个城市相匹配的报纸。那我想问从《新京报》的角度出发，您对北京的定位是什么？这是第一个问题。第二个问题是："一份报纸可以匹配一个城市"，它的匹配标准是什么？

曹保印：谢谢谢谢！真是传媒大学的，提得很专业。其实啊，我觉得现在《新京报》和北京还没有真正达到一种完全的匹配。因为在很多人的印象中，我们好像还是一份外来人办的报纸。无论我们为北京做了多少，她始终觉得你是一个外来人。为什么呢？因为同样是在这个城市里的一些媒体，他们从来不关心生活在这个城市中、没有户籍的那些人的命运。而我们关心，我们呼吁，我们甚至还为他们成立学校，我们的员工还去为他们当老师，而这恰恰可能才是真正的匹配。因为你如果想要匹配她，你首先要觉得，她绝不仅仅是北京人的北京，她是全中国人的北京；她也绝不仅仅是全中国人的北京，她是全亚洲、全世界、全人类的北京。《新京报》的版面中为什么设置了中国新闻、世界新闻、本地新闻？因为我们必须要有这种胸怀。但无论你怎么样匹配，你都必须掌握一个原则：在这个世界上，无论是在高山之顶还是河流的旁边，无论是在高高的太空还是就在那个低矮的茅舍里面，住的都是人。只要是能抓住这个，就能够匹配这个城市。谢谢你。

同学：曹老师您好，刚才您说到了关于媒体创新，您自己也在做 CAOTV，就您自己的实践来看，您对自媒体的发展趋势怎么看？您觉得它能变成和其他媒体并驾齐驱的媒体形式吗？

曹保印：其实，新媒体最终肯定会取代这些传统媒体。我告诉你一个数据，我昨天看到新浪微博上的一个消息，说美国已经有 500 万个家庭放弃了电视机。你可以想象下，你翻着《新京报》，如果你拿着手机，你就可以上新京报网，所有的新闻你爱怎么看就怎么看。你想复制，你按一下，"咔"，就复制了。你拿份《新京报》按一下，想复制？手摁断了你都复制不了。这个新闻你想分享给谁看，你拿着报纸你想按一下分享？你顶多把报纸撕一块下来。

所以说，媒体将来的形式肯定是自媒体，没的说。而我做的这个自媒体实验，虽然说是中国第一个私人网络电视台，但我从来不敢承认它是个电视台。它可以掀起一场媒体的革命和社会的革命。你甭管我说得好还是不好，我只要是说了，它就是革命。我不仅说了，我还批评了，那我就是第二次革命。我不仅批评了，我还公开批评了，全世界人都能看到，那这就是第三次革命。我让全世界人都看见了，点击率还挺高，又是一次革命。就是说将来的世界肯定是自媒体的，传统媒体必须要向这方面转型。但至于怎么转，盈利点在哪里，受众的心理是什么，你得慢慢去摸索。但无论这个世界有多么复杂，无论我们的技术有多么先进，无论我们现在的介质是由什么组成的，无论我们信息的量有多大、传播的速度有多快，它最终从一个地方出发，还是会回到这个地方。这个地方是什么？人！只要你可以把握住人，你就可以无往而不胜。

同学：曹老师您好，我刚才注意到您说大家讲您的视频灯光也不好，声效也不好，但大家都关注您的观点而不是看中您的技术。但是到了政策放开以后，所有人都可以来表达观点的时候，大家可能就不仅仅看中您的观点，可能也会看中您的技术。这个时候您就需要雇佣更多的人来提供技术，这时候不就发展成了一个小型电视台了吗？随着电视台的消失，自媒体就产生了。那最后自媒体是不是又回归到了电视台呢？

曹保印：谢谢，你的担心其实也是我的担心。因为现在有些技术问题还没有解决，所以我还没有把它全部上线。最晚在四月底，我会真正把它做成一个网络电视台。我会上六档原创节目：《保印说新闻》《保印说常识》《保印说教育》《保印说传统》《保印说江湖》《保印说性》。我告诉你啊，技术问题一个小时就可以解决，但是真正的智慧、胆识、勇气和你的判断力以及你在中国特有的环境之下，那样的一个糅合的能力，和巧妙的角度的选择，谁都代替不了你自己。将来你会看到有字幕了、有片头了、有片花了，包括有公司想买。但是我说如果要做，只是我一个人。我自己做主，这才叫自媒体。自媒体的"自"就是指自己，不是指自己的团队。当然，技术问题其实都好解决。有几个网友在微博上给我留言，有的实在着急的就找到我的电话，给我打电话说："曹老师，你真坑人，你那个节目我看一次耳机就坏一次。"一交流，最后发现什么呢？因为他是用耳机看节目，但节目只有一个声道，然后就以为是耳机坏了，又买一个新的，发现又坏了。其实是我自己在调的时候，把双声道调成单声道了。现在我又找人给我调回来，大家都觉得挺好的。但是现在又有人说:"曹老师,现在双声道有了,听着挺舒服,可是感觉那个声音空。"因为我是在我的书房里面录制的。他说你扛几床被子搭在书架上。我说妈呀,那我书架上搭的都是被子啊,肯定不现实,那空就空一点吧。其实很多时候,你在设计一个产品的时候,第一,你要注意时机。我这个节目为什么能受到高度关注,因为我在"两会"召开的同一天推出,选对了一个时机;第二,我要给我的节目留足了缺陷。设计一个产品先设计缺陷,为什么?简单的道理,假如说像刚才提问的那位同学,看了我的节目说,"曹老师,您这个灯光没有打好"。好!我第二天打好了,你特高兴。你说"哎哟喂,他接受我的建议了"。你是不是特满足?我跟他有互动,而且我接受了他。对于很多普通观众来说,他觉得他离我很遥远,他觉得我好像是一个什么的小小的小名人,这个时候如果你回复他,而且很礼貌,他的那个感动,以及他对你的忠诚度,那就可想而知了。

讲座时间:2013 年 4 月 11 日
编辑:余佳遥
校对:刘亦凡

大山：一个加拿大籍的"中国人"

【嘉宾简介】

大山，本名 Mark Henry Rowswell，1965 年生于加拿大首都渥太华，1988 年远赴北京大学中文系留学。一次偶然的机会，他参加了中央电视台春晚，在小品中出演一个名叫"大山"的青年，出色的表演使他的名字家喻户晓。后来，他拜姜昆为师学相声，娶中国媳妇过日子，还成为世博会的加拿大总代表和加拿大中国亲善大使。他就是大山，一个加拿大籍的"中国人"。

【微语录】

实际上，我觉得无论是我来到了中国，还是中国人走到了国外，时间一长，我们都会发现，人跟人的共性还是很多的，最深的最普遍的道理，哪里都一样。

什么事情都提到中外，对于两个集体之间，两种文化、两个民族之间的交流是很不利的，是很过时的一种方式。

新媒体、自媒体产生以后，每一个人都是一个文化使者，每个人都是自己的国家、民族文化的代表。

⊙ 我的身份:"著名砖家"

1988年,我第一次上了电视。那时候我刚在加拿大学了四年中文,本科毕业之后来到北大进修。一个偶然的机会,北京台在找会说中国话的外国人。因为我在国外已经有了四年基础,所以安排我和凯丽一起主持这个晚会。第一次上电视的时候导演不让戴眼镜,我什么都看不清楚,还摆出了一个典型的老外姿势。当时,灯光太亮,照得我只能看见灯,没有台词的时候我也不知道应该往哪看。我一直觉得在别人说话的时候,一种礼貌的表现就是应该看着人家,所以我说完台词就转身看着凯丽,让好多观众以为我对她有意思。

就是因为这场晚会,中央台的一个导演看上了我,想出了一个在那时还算是比较新的点子——让元旦作为国际节日。我的任务就是让中国人表现得更国际化,让外国人表现得更中国化。凡是挂上"国际"的活动,我都去涉及,各种各样的大型晚会、商业活动……再小的政府搞一个活动,都要说"首届什么国际节"。浙江宁波、四川会理、云南陆良,还有青海等等我都去过,都记不大清了。

这是我作为媒体人的一面。

同时我也还是相声演员。好多人误解我,以为我是专门来学相声的,其实不是,我原本没听说过相声,我是专门来学语言的。后来,发现有这么一种语言艺术,而且是一种幽默的艺术,是一种深入民间的老百姓的艺术,我觉得特别有意思,认为这是一个学习中国语言、了解中国文化社会的非常好的途径,我就开始自学。

比如,那时候姜昆有一段相声,大概是说天安门广场改成了农贸市场,然后念了一首诗——"鸡蛋诚可贵,鸭蛋价格高。要买松花蛋,还得添五毛。"我听了半天,确实没太懂。语言的东西好懂,但是文化背景真的很难。我不知道原诗。所以,也就不知道他改编得为什么这么好玩,还真的以为是鸡蛋诚可贵。

后来,因为上了一个节目,我认识了姜昆老师,姜昆老师收我为徒弟,开始教我学相声。一学就是几年,确实受益匪浅。最后,姜昆老师给我写了首诗:"徒弟大山,长相一般。眼睛带色,头发带圈。认准中国,玩命死钻。说中国话,把大褂穿。说句实话,不是偏袒。一个老外,真不简单。有本事话,您来一遍。学点英语，上台表演。估计给钱，您也不干。不远万里，专干难事。莘莘学子，傻子大山。"

在某种程度上，我还是文化交流的使者。在2008年北京奥运会时，我是加拿大代表团的正式成员。作为奥运会的特使，我和加拿大队一起参加了开幕式，非常荣幸。当时我的特使身份其实就是一个文化顾问，帮助加拿大的运动员来到北京，帮助他们入乡随俗。两年之后，在温哥华冬奥会中，我又作为中国媒体的代表团成员回到我的家乡温哥华，我相当自豪。文化交流理应是双向的，我觉得一味地在中国宣传西方或者在加拿大宣传中国，这就不是"桥梁"。

2010年上海世博会，我作为加拿大总代表，正式以一个文化大使的身份来到上海。世博会前后加起来八个月就结束了，结束后我又回归了相声老本行。

这些年我做了各种各样的活动，我的公众形象就变成了一个符号。它是中外文化和谐、交融的符号，是中外友好交流的符号。我总认为自己的公众形象其实不完全是我自己，它是一个高于自己、属于公众的形象和符号。作为一个文化交流的代表，我所做的事情，无论是严肃的还是喜剧的，民间的还是官方的，是相声还是外交，都拥有中外交流的含义。但是，名片上你不能印"我是一个符号"啊！所以，我最后还是用这么一个头衔比较好，我就是"著名砖家"。"著名"是因为大家都知道有这么一个公众人物，而"专家"再加上石头旁，可能就是哪个领域都涉及一点，但哪个领域都不太精。我就会觉得它表现了一种幽默感。这就是我对自己公众形象的认识。

⊙ 中外交流：勿言"中外"

中国人有一种特别强的自我意识，这种自我意识，加拿大人特别淡。什么叫加拿大人？首先来说，加拿大不是民族，也没有什么民族的感觉，这个国家就是一个国籍。什么叫加拿大文化？加拿大的文化意识很淡。它和美国有什么区别，和西方其他国家有什么区别，或者是移民到加拿大，什么时候就变成了加拿大人，这些都是比较模糊的概念。

中国人的自我意识就很强。中国人的意识是什么？中国人的语言是什么？我们的文化是什么？大家都是清清楚楚的，甚至有时候太清楚了。我来到了中国以后，有一种感受就是，任何事情只要涉及中外，大家总是把"中"和"外"的理解放在最基础的位置，所有的事情都分中与外。看待我的时候，首先就是从看一个外国人的角度——这个外国人说了很多外国人不应该会说的，演了中国人的相声。我不太符合中国人对外国人的看法，这个中外的反差就形成了我的知名度。

有这么一句话——"是个外国人，但不是外人"——这超出了一般中国人对于外国人的理解。实际上，我觉得无论是我来到了中国，还是中国人走到了国外，时间一长，人跟人的共性还是很多的，最深的最普遍的道理，哪里都一样。

还有，头两天在微博上，我说这次地震我给壹基金做了一个宣传，让更多外国人知道中国也有民办的基金会。好多评论就说："嗨，大山你也说'外国人'，你是中国人吗？"我就纳闷了，我指的是世界上所有不是中国人的人群，应该管他们叫什么呀？有时候，太把"中"与"外"作为标准，一切就分两队、分两派了。比方说，我媳妇是北京人，媒体就从中外婚姻这个角度去采访我。但实际上，我最深的感受是婚姻是两个个人的结合，每个人有他自己的背景、性格，走到一起形成了一个家庭。如果从不同民族、不同国家的高度去看两个人的婚姻，这个是没法理解的。这个问题让我觉得，中国人看中外问题的时候，应该不要过多地强调"中"和"外"这层意思。

最近，成龙在采访时也说——中国人关起门来，什么问题都可以说。但是对于外国人，就要说大好形势，就要说中国没有腐败，说中国挺好，说中国很民主。中国人本身就是集体意识比较强的，这是文化的一个基础。但是，这种太内外分明的话反而妨碍沟通和交流。成龙是中国在海外特别好的一个代表，但是这么一番话影响了他在国外的信誉，我们就会觉得你对外说的不是实话。

什么事情都提到中外，对于两个集体之间，两种文化、两个民族之间的交流是很不利的，是很过时的一种方式。在上世纪 70 年代，中加刚建交的时候，加拿大政府派了一个交响乐团来中国访问，中国派了一个芭蕾舞团到加拿大去访问，这是一种很纯粹的官方交流，非常高雅但是非常表面的交流。那么在现在这个时代，两个集体之间的交流应该是怎么样的呢？我认为现在官方交流只是中西交流特别小的一部分，现在更多的是民间的交流。尤其是新媒体、自媒体产生以后，每一个人都是一个文化使者，每个人都是自己的国家、民族文化的代表。

⊙ 软实力：来自民间

什么是软实力？我觉得在中国，人们对软实力的理解还是不大准确。

软实力不是政府干的事情，而是老百姓干的事情，它是属于民间的。政府可以涉及，但是不能主导。比如说，NBA、好莱坞、硅谷文化、麦当劳、星巴克等等，都是美国的软实力。你们注意到了吗？这里面没有一个是美国政府干的事。

中国的软实力方面，我们老说孔子学院。孔子学院确实做得非常值得，非常有意义，非常伟大，让特别多的外国人开始学习中文。中国的文化、中国的语言、中国的餐饮，或者是像姚明这样的人都是中国的软实力。但是，因为这个机构本身是官方的机构，所以还是会有一些不利条件。我打个比方，"美国之音"这个广播电视台是美国资助的，但是美国政府不干涉它的节目内容。它的节目做得再精彩，海外观众也总是要想，这是美国政府的，总会产生一种抵触的心理。就好像孔子学院在国外一样，教学做得再好，也毕竟是中国政府做的事情，政府以它来做软实力的宣传，势必会打折扣。

美国人罗德曼，就代表了美国的软实力，他把美国政府干不了的事情轻轻松松都干了。他到朝鲜跟金正恩一起看球，一起吃饭喝酒，走的时候还拥抱。他们说这个罗德曼到朝鲜去了两天，他对金正恩的认识早就胜过了美国情报局所有的人加起来的认识。很多外交官嘲笑他，其实他做了很多外交官根本做不了的事情。这个人可能没什么脑子，说不了什么话，但是这个人达到了什么目的呢？他保证了世界上最封闭的一个国家，保证了这个危险的人物，至少现在有一个有血肉的美国朋友。而且通过朝鲜的媒体，也让朝鲜所有的老百姓看到，美国虽然是我们的敌人，但是我们的领袖至少还有一个长得跟妖魔鬼怪似的美国朋友，那我们也还是可以跟美国人交朋友的。我觉得罗德曼做到了这一点，这就是美国的软实力，胜过了美国政府做的事情。

从这个角度审视自己，我之所以不愿意做政府官员，是因为觉得这样不好发挥。我在民间的发挥余地比较大，无论如何，多多少少算一种软实力的体现。也许，大家提到加拿大就会想起两个人，一个白求恩，一个大山。白求恩不是政府的代表，大山也不是政府的代表。大家就会觉得加拿大是一个友好的国家，这也就是软实力的印象。但是，软实力不一定是单向的，我在国外也做演讲,也许我也算中国软实力的一部分。所以,我觉得我是在做双向的软实力。我对自己就这么一个认识,我是一个中外文化的象征,一个符号,只要符合这个理念,能够促进中西之间的相互理解,哪个领域我都愿意去。

在中国的微博里,我应该算是粉丝数第二大的外国微博用户。第一大(苍井空)也是日本的软实力。苍井空也一样是文化的使者,她代表着一种价值观念,一种选择,一种生活方式。这种方式在日本是合理合法的,不需要在中国偷偷摸摸。她经常在微博上跟大家分享个人生活,如果我们俩同时发今天穿的衣服,我的转发量是一百七十九,她的转发量就会是一万九,难怪她第一名!

在新媒体条件下,每个人,尤其是咱们传媒大学的,你们每一个人都是文化的使者。走上工作岗位以后,大家也都是中国软实力的一部分。大家不用做很大的事情,无论是在幕前还是幕后,只要你做的工作涉及中外的接触,你都是文化大使。关键是你要有一个开放的心态,一个愿意学习的胸怀,真实地表现自己,每个人都是一个伟大的文化大使。

我希望在新媒体时代,人们能少讲一些笼统的中国怎么样,笼统的西方怎么样,而是多讲一些人与人的具体事。通过多方面的、多渠道的努力,让声音多样起来,才能排除中西之间的隔阂和不理解。

精彩答问

观众:大山老师您好!我是学对外汉语专业的,我也想以后为国家走向世界做一些贡献。您能介绍一下您在本科阶段的一些学汉语的事情吗?我们或许能从中得到一些启发。

大山:我是19岁才开始学的中文,19岁之前一句不会,所以,我特别能够理解大家学外语的心情。因为我是学法语的失败者,我学了九年义务教育的法语,学的是哑巴法语,不会说。后来是因为学法语很失败,又有一种学外语的愿望,一个偶然的机会就开始学汉语。

读高三的时候假期打工,挣一些钱准备交大学学费,有一个加拿大华人,工作不忙的时候就跟我聊天。他是越南华人,会法语,会越南话又会汉语,我就觉得他很有意思,有异域文化的吸引力。我让他教我点汉语,他说:"学汉语有两个选择,因为汉语分两种,有我们普通老百姓说的汉语,还有一种是政府官员说的汉语,你得选好了才能学。"我说这还要选啊,我不做政府官员,我就想跟普通老百姓交流，你就教我老百姓的语言。他说："那好，我告诉你老百姓说的那个汉语，我们称之为广东话，政府官员说的是官话，是普通话。"

上了大学之后，才发现多伦多大学也有教汉语的。那个时候，汉语是比较冷门的，你想，多伦多大学还是挺大的，有 5 万多个学生，其中只有 40 个主修汉语，四个年级加起来是 40 个。我就觉得挺有意思的，所以就开始尝试了，后来就主修了，更加投入地去学。大家老问我教材什么的，我们只有前两年用了教材，我觉得教材只能打基础。那个时候世界上比较承认的一个是耶鲁，一个是哈佛出版社出的汉语教材。

海外一般是繁体字和简体字一块学，其实它有好处，帮助你了解这个字是怎么来的，为什么简化。当然，还有汉语拼音啊，笔画部首啊，基本的把字句、被字句啊，基本的句型啊。中国的语法还是很好学，比起我们学的法语那是简单多了，但是汉语四声的腔调还有汉字的写法还是很难的。

从第三年开始，我们不光要学那些写给外国人的东西，还要看中国人写给中国人的东西。我们在三年级看了很多散文与小说，像冰心的《超人》，朱自清的《背影》……朱自清的《背影》，我们真的要学一个月。一个字一个字掰开了揉碎了去学，学得很透。光学小说还不行，你还得读读报啊，学学歌词啊，听听歌也行，只要是中国话的。

我教自己的小孩子学汉语也一样，不学什么唐诗宋词，那是自己学到一定程度之后，有兴趣才去学的。学学这个去旅游，学学那个唱唱歌，只要有兴趣，都能学好的。

讲座时间：2013 年 4 月 23 日
编辑：陈焱松
校对：王瑛楠

黄西：美国相声界的中国人

【嘉宾简介】

黄西，1970年生于吉林省白山市，曾在中国科学院攻读硕士，后获得得克萨斯州莱斯大学博士学位，全职从事科学研究。2009年美国深夜节目收视率冠军《大卫·莱特曼秀》破天荒邀请口音极重的他亮相，近六分钟的演出，观众反应热烈，他也由此一炮而红。"黄瓜的黄，西瓜的西"，黄西用一种完全不同于美国人口水滔滔的话语方式，让爱好脱口秀表演的美国人听到并喜欢上了一个来自中国的声音。

【微语录】

我觉得人生已经不可能用一句话或是一个思想体系来概括，因为人生的意义就在于每一天都要找到一个灵感，这个灵感就在于自己。

不管做什么事情，如果你能让别人产生一种竞争感的话，你就成功了。

学生真正要成为老师，还有另外的关键一步，就是要培养自己独特的东西。我就觉得你们这一代人和我们这一代人都应该找到自己独特的东西，然后给自己创造一个灿烂的人生，也给中国带来一段最灿烂的历史。

⊙ 从小乡村到中科院

首先自我介绍一下。我叫黄西，黄瓜的黄，西瓜的西。我的右眼是近视，左眼不识字儿。我右手能写字，左手还能写医生的药方。

我出生在一个比较贫困的地方，母亲是公社医生，那时候农民没有去医院看病的习惯，所以邻居小孩一生病就送我们家来。我上学后成绩不太好，总爱逃课。高二的时候有一次逃课，被班主任在全班同学面前羞辱了一番，当然这种事儿对我来说是小菜一碟，我甚至引以为豪，但是这个老师在我小的时候给我做过棉袄，所以我站在那里，心里有点过意不去。从那以后我就好好学习，高考的时候我考入了吉林大学。我上大学的时候，比较活跃，当了三年的班长，还喜欢演小品。

大概十七八岁的时候，我开始对"人生的意义"产生兴趣，当时总想用一句话或者一个思想体系就把自己的人生给概括了，好让我以后再也不用想这件事情了，于是我开始从书中找答案。我读了很多哲学方面的书，包括康德、尼采、叔本华等人的，边看书边思考人生。某天我突然觉得自己领悟到人生的意义了，可是到了第二天又觉得昨天想的还不对，就这样持续了好几年。不过到了现在，作为一个四十一岁的人，我觉得人生已经不可能用一句话或是一个思想体系来概括，因为人生的意义就在于每一天都要找到一个灵感，这个灵感就是自己。

我在大学三四年级的时候发现一件事，我看那些研究生物的教授生活得特别好。每天搞搞科研，根本不用想人生的意义，也从来不操心这些事儿，从那以后我就决心要当一个生物学家。我当时的目标是考进中国科学院，然后花了四五个月的时间非常努力地学习，最后以全国第一的身份考进了中科院。进中科院以后发现那里的"出国风"很厉害，我也开始准备托福和GRE，后来我发现里面有太多晦涩的单词，索性就去背词典。我买了一本《牛津词典》，然后从头到尾背了8遍，当时大概记住了85%的单词。

1994年我被美国的一所大学录取，接下来的生活就像发现了新大陆一样。最开始到美国的时候，我感到非常痛苦，尽管在国内的时候我英语学得还不错，但来这儿以后发现跟其他人交流还是非常困难的。和美国人聊天的时候，即使我能够听明白他们在讲什么，对他们讲的事情也没有自己的看法，所以当时有一种丧失自我的感觉，这种感觉持续了两年多。这期间我为了学习美国文化也看了不少书，听了不少广播。过了两年多，我才发现东西方人共通的地方还是比较多的。我给大家举个例子，在中国有京剧的融合，在美国有摇滚乐队的融合，有时候看着他们唱歌的状态也觉得有京剧的感觉，而且我最近发现，中国人对美国人的举止行为也会有所影响，而这些影响有时候是比较微妙的。有一次我和美国学生一起打牌，打到高兴的时候了，就把棒球帽反着戴，其他同学看到后也把棒球帽子反着戴，并且从那以后，我的美国同学也会和我一起去体育馆打羽毛球，或者是到我家一起玩中国的国粹——麻将。

毕业以后我在一家生物技术公司找到了一份工作，是在休斯敦，我工作得很卖力，在2006年的时候还取得过一项专利。

⊙ 初涉脱口秀

搬到波士顿后，我住的地方离哈佛大学不太远。哈佛大学在19世纪创建了一个俱乐部，叫"哈佛讽刺"，这个俱乐部在当时专门负责撰写一些幽默报纸，现在一些很成功的地方节目主持人、单口相声演员、喜剧作家等等，都是从这个俱乐部里面出来的。我表演单口相声的地方离那儿也不远，在我到美国后的第7年，我才发现原来美国有这种单口相声的表演形式。我当时的一个同事，把我带入单口相声俱乐部，那时候我大概只能听懂一半的笑话，但我还是要装作对这里很感兴趣的样子。后来我就开始参加一个单口相声学习班，就是那种网络授课班，把相声的结构、怎样铺垫和抖包袱等基本功教给你，然后就叫你自己出去联系单口相声俱乐部表演。

2006年年初，我第一次登台表演。我大概讲了5分钟，讲完之后，底下有个观众跑过来跟我讲，你讲得挺有意思的，但是我听不明白你在说什么。听了他的话，我没有太泄气，美国有句名言："你需要十五年的时间才能一夜成名。"咱们中国有句类似的话："台上一分钟，台下十年功。"我在刚开始表演的时候，俱乐部老板一看我是新生，不愿意让我上台讲话，后来勉强同意让我上台，但我必须自己带两个观众来。记得是一个大雪纷飞的冬夜，当时我在美国举目无亲，我站在俱乐部的外面，不断地问过往的行人："你想不想看单口相声？"如果有人说想看，我就拜托他告诉俱乐部老板说是来看黄西的。后来我终于拉到了两个观众，于是我就获得了上台表演的资格。美国有些俱乐部老板在挑选单口相声演员时非常苛刻，有一次我给一个老板打电话，他听到我的声音立马跟我讲"不要再打电话给我了"，说完就把电话撂下了。有时候我们等电话，等不及了就打过去，然后就听到那边对我们吼："你算个什么东西"，说完又把电话挂了。等到过了几个月，那个老板又突然打电话给我，让我下星期过来表演。

一开始的表演特别困难。到后来有个从麻省理工学院毕业的人，成立了一个俱乐部，这个俱乐部吸引了很多高智商的单口相声演员，我在这个俱乐部也争取到比较多的演出机会。俱乐部每个星期都有一场比赛，每个单口相声演员能讲5分钟，但是其中必须有1分钟的新段子。有一天晚上我参加了这个比赛，我当时特别兴奋，觉得我这样一个移民也会获得认可，也能像美国人一样说英语，甚至说得比他们还要好，这让我很自豪。后来我参加了喜剧节，进了前8名。

2005年的时候，美国有个深夜脱口秀的名角，叫艾迪·布瑞尔，他在波士顿看过我的表演后对我说，你现在已经有资格上这个秀了，但是回去以后你需要多记一些笑话。我回家以后就整理了一些笑话，发邮件给他，他回复说他喜欢其中的2个，但他需要更多的笑话。我就觉得他对我的表演没有什么兴致，就没再跟他联系。三年后，也就是2008年，有一天他突然来到波士顿，对我的老板说想再看一场我的表演。我在他面前表演完之后，他给我的评价是"你现在已经能上更高层次的秀了"，我听了很高兴，但对自己还不是很有信心。一般来说，当他对谁说你有资格上这个秀了，这个人其实还是要再等几年，因为有很多演员都在等着，这个脱口秀在美国的职业秀里是水准非常高的，而且每年只能有两三个新手上台。

一晃又过了几个月，2009年元旦，我在一场表演成功之后给布瑞尔写了一封电子邮件，内容就是我现在做脱口秀做得非常好。他马上就给我回复，说祝贺你取得成功，但我希望你能够上《莱特曼秀》，《莱特曼秀》目前在世界排名第一，我不仅保证你今年能上《莱特曼秀》，而且你今年能够参加喜剧节的表演。我当时就接受了他的这个承诺。所以，我觉得不管做什么事情，如果你能让别人产生一种竞争感的话，你就成功了。2009年，我带着太太和小孩去参加了《莱特曼秀》，我在台上表演的时候，我的太太和孩子在另一间屋子看电视。儿子在电视里看到我后非常激动，但我太太特别紧张，她捂着眼睛，直到听到观众鼓掌才放心，才敢看。那次演出对我来说非常重要，因为很多美国观众从此知道了我，并认可了我。

⊙ "嗨,黄!"

从那以后,我陆续接到一些脱口秀节目的邀请。有一次美国的广播电视记者协会主席给我打电话,邀请我第二年去他们协会的晚宴表演,并告诉我奥巴马总统也会出席。我获知这个消息后特别激动,从2009年年底,我就开始为这场表演做准备。每天早上送完孩子去幼儿园后,我就跑到一个咖啡馆坐一个小时,写几段再去上班;下班后我一手抱着孩子一手炒菜;吃完晚饭再去表演;表演的时候,我会叫一个观众上台,假装他是奥巴马。然而在记者年会的前两个星期,经纪人突然打电话告诉我奥巴马不能出席。我当时听了非常失望,在美国调侃奥巴马是非常不容易的一件事儿,因为奥巴马总统没有很明显的个人缺点,但是我还是写了很多关于奥巴马的段子,如果讲笑话的时候奥巴马不在场就会很没意思。虽然失望,但我也没有太多时间为自己悲哀,因为我还要准备一些调侃副总统和参议院的笑话。

3月17号那天我和我的太太还有经纪人飞到华盛顿,那天我是压轴表演,我当时坐在主席台上,面对着2400多个刚津津有味吃完晚饭的观众,开始我的表演。最初的5分钟反应不是很热烈,但我有思想准备,因为我在俱乐部表演的时候,大家也不是一开始就笑。并且我知道现场很多人都是广播电视记者,而且还有副总统、参议员、众议员、最高法院的院长,都是些美国的精英人士,也都是搞文字游戏为生,不会轻易买账。但我有信心,我觉得我的笑话会一点儿一点儿把他们征服,所以我也没有太着急,就是一个笑话接着一个笑话地讲,然后大家笑得越来越多,掌声也越来越多,等到我讲完以后,大家都起立鼓掌。

那次表演得到的评价非常高,在那以后,我在哈佛走路,就有很多人过来跟我打招呼:"嗨,黄!"很多哈佛的学生说我是他们的偶像,我觉得那次表演也给中国人增加了一些自豪感,甚至其他国家的一些移民也有这样的感觉。有一次,我在停车库的时候,有个牙买加人问我:"你是不是在记者节调侃的那个呢?"我说是,他就说:"你太棒了!你的表演甚至对牙买加人还有着一定贡献。"我之所以说那场演出对我来讲意义重大,不仅因为我是第一个能够在那么高的平台上表演单口相声的亚洲人,最重要的一点,是能使很多美国人对中国移民高估一次,这让我很欣慰。

⊙ "争取自己的权利"

既然谈到了移民这个事,那我就简单地介绍一下中国人在美国的现状。中国人自清朝以来就开始往美国移民,大多数人到那儿就开始做苦力。1882年美国通过了一个"排华法案",不准华人往美国移民,这个法案一直到二战以后才被取消。上世纪五六十年代的时候,从台湾和香港移居美国的人很多,当时美国还存在"种族隔离",所以那个时候的中国人就遇到一件非常困惑的事情,因为他们到了美国南部后发现有白人专用厕所和黑人专用厕所,但不知道自己该去哪儿上厕所。虽然这种很明显的种族歧视现象现在已经很少看见了,但是有些微妙的东西还是存在,这就是一种"刻板印象"。美国人总觉得亚洲人比较擅长数学,智商比较高,没有幽默感、不善于交际,这些都是对中国人的刻板印象。一般来说,白人对待其他少数民族的态度,是根据对这个民族的内疚感程度来决定的。比如黑人做了四百年的奴隶,犹太人在历史上一直遭受迫害,所以黑人和犹太人在美国的权力机构里还是有着比较高的地位;再往下就是拉丁人和亚洲人。这几年美国政客也开始一点儿一点儿关注拉丁人群体,因为他们想拉选票,但是在美国总统竞选的时候,没有一个人试图拉亚洲人的选票,因为亚洲人只占美国人口的5%,而且亚洲人不像黑人那么有维权意识。

所以这种局面对在美国的普通亚洲人来说是非常不利的,因为公司一般不会给你提升的机会。亚洲人在美国占5%,但是在管理阶层的只占0.3%,当整个结构都在压抑着亚洲人的时候,亚洲人也不会考虑去告他们。不过这几年情况有所好转。前几天有一个亚裔的女经理,被公司辞退后她又告回去,结果真的赢了。亚洲人需要争取自己的权利,这种情况也在一点点改善,美国人也越来越理解和尊重亚洲人的一些习惯了。比如我近几年在春节期间表演单口相声的时候,有些美国人就带着红包去看,于是我就在想啊,他们是不是把我当孙子了。

再讲一下中国崛起的事情。2007年的时候,我被邀请到中国城的学生组织里表演,表演结束以后,有个亚洲小女孩跑过来问我,说中国现在是不是很强大?我说,是的,已经很强大了。结果她说:"我是跟同学这么说的,同学都不信。"她讲的这件事是非常有道理的,因为这也是我在美国待了这么多年的感受。直到2009、2010年的时候美国人才突然意识到，哎哟，中国现在已经成为他们最大的债权国了。现在有很多人觉得中国的科技已经远远领先于美国，还有很多人一直在抱怨基辛格，因为基辛格第一次访华打开了中国的大门，他们就觉得因为这个美国的经济就不好了。但问题是基辛格还一个劲儿地访问法国和其他国家，所以美国经济下滑和基辛格访华没有关系。总之不管什么原因，中国崛起有它的历史必然性。文艺复兴时期西班牙是一个非常强大的国家，因为他们有很多殖民地，掠夺了很多黄金。那个时候的英国没有很多的殖民地，然后它就靠发展制造业，生产商品来换取黄金。英国富裕了以后，他们就主要搞金融，把钱都投到美国，然后美国用这钱来搞制造业。现在中国是世界工厂，那么中国很快也会成为世界强国。但是这里面有一些教训应该吸取，我觉得美国人从小受到的教育都是"我们美国是多么多么的强大，我们生活在美国是最幸福的"。但是在接受这种教育之后，美国人就很少关心外国人是怎样做事的，缺乏向其他国家吸取经验和教训的观念。而我们中国的孩子在接受教育的过程中，总会讲到中国地大物博，人口众多，一穷二白，总这么讲以后，中国人就非常注意向外国人学习，吸取那些好的经验。美国人有一句话叫"学生总有一天会成为老师"，我觉得这句话讲得很对，学生真正要成为老师，还有另外的关键一步，就是要培养自己独特的东西。我就觉得你们这一代人和我们这一代人都应该找到自己独特的东西，然后给自己创造一个灿烂的人生，也给中国带来一段更灿烂的历史。

精彩答问

观众：您在美国说相声的过程中，有什么比较忌讳的东西？

黄西：忌讳的东西其实也很多，你去美国大多数单口相声馆，他们讲的百分之七八十都是性笑话。在美国确实有很多忌讳的东西，你不能拿弱势群体开玩笑，比方说残疾人啊，少数民族啊，不能拿他们开玩笑，这是主要忌讳的东西。

观众：您能给以后要去美国的同学一点儿建议吗？出国留学也好，旅游也好，从文化角度能给我们一点建议吗？

黄西：出国留学开始两年会比较困难，因为语言障碍，你要有这个思想准备。我刚给一批我们的留学生讲课，讲到要有一种生存的信心，周期是3个月。开始去那儿肯定会觉得特别困难，3个月之后，你觉得你能应付下来，然后又发现学得困难，过不下去了，然后又过了3个月以后，又感觉有些信心。但是当时他们没告诉我这些困难是什么，而且也没告诉我这种周期要持续多长时间。我听很多中国留学生讲，他说我给自己5年的时间，如果5年以内我的英语跟不上美国本地人的英语的话我就放弃，但是我当时还在想你怎么知道你5年的时间就够了呢？还有另外一种就是他们感觉用英语表达不全，但是英语已经存在了一千多年，你们应该相信用英语可以表达，一个词不全就用五个词，这样下去就会有长足的进步。一般过个两三年以后大家就会过得可以。我觉得我在美国的同学大部分都实现了自己的理想。

讲座时间：2011年11月21日
编辑：王岚
校对：王瑛楠

李咏、哈文：台前幕后那些年

【嘉宾简介】

　　二十多年前，他们是北京广播学院的同窗，就此谱下一段美好姻缘；毕业后，他们相继进入中央电视台，成了彼此的同事；而如今，他们已相伴二十余载，有个可爱的女儿。

　　一个是台前光鲜亮丽的名嘴，一个是幕后才华横溢的导演，一路携手，他们始终互相扶持；一个回归母校甘做教书匠，一个平步职场誓当女强人，远眺未来，他们继续相濡以沫。

【微 语 录】

　　现场直播的魅力恰恰就在于，所有的人都得打起十二分的精神，所有的演员也都得跟打了鸡血似的兴奋，那种在一起的感觉很刺激，所以春晚需要现场直播。

　　我扭转不了很多偶然之后的必然，所以，只能一步一个脚印地往前走。

　　成就一个真正出色的综艺节目主持人，应该是三个方面：天时，就是需要一种人和节目的共性；地利，就是你真的有一个好的团队；人和，就是主持人的风格和这个节目的风格的契合度越高，就越容易成功。

⊙ 李咏：离开央视　主宰自己的人生

七年前，我和我媳妇来到了学校，今天我又一次回到了学校。回到和来到是不一样的。我说的不一样，指的是身份，想必大家已经知道了，今天我是正式地回到了中国传媒大学，成为这个大家庭的一分子。昨天，我的所有人事关系，已经从中央电视台转到了中国传媒大学的播音主持艺术学院。

我一直觉得我的人生路好像被被动地规划了。如果把我的人生按照"二十二年"来规划的话，那么我22岁的时候，从中国传媒大学毕业，进入到中央电视台；然后在回到传媒大学之前，我在中央电视台工作了22年。后来我就琢磨，如果我足够长寿，一生也就是四个"二十二年"，那么到了第三个"二十二"的时候，我是不是也应该自己想想人生的路了呢？所以我就回到了中国传媒大学。而第四个"二十二"，如果我能活到88岁的话，第四个"二十二"可能就归哈文管了。

是什么原因让我离开央视——一个服务了22年的机构？首先，我很感谢央视让我从一个刚出大学、懵懵懂懂的孩子，变成了现在大家的"好朋友"，我重要的成长阶段都在央视，所以我一定要感谢她。

为什么我从央视来到了传媒大学，因为由我做主的阶段现在开始了。更重要的一点，还因为我是一位丈夫、一位父亲。网上有一篇最新的心理学文章，让我看了之后很受触动，它说人这一生当中，对自己影响最大的人，其实是父亲。虽说一般我们都会认为是母亲，但按心理学来讲，一个孩子的成功有20%靠他自身的努力，剩下80%靠的就是他爹。还有一个数据表明，父亲对孩子的鼓励、肯定的价值是母亲的50倍。所以说，我认为我作为一位父亲，得重视和孩子共同生活、交流的这个阶段，但是电视媒体工作的特殊性，让我只能离开了。

规划的第一阶段是"计划"，更低一级是"想法"，再低一级是"感受"。其实很多所谓的规划是当你看到社会不断进步后，自己不断反馈、思索，才能完善的。你们现在是在用什么样的心理去学习？当你们走出校园之后，你们又会用什么样的状态来对付这个复杂的社会呢？

我可以用我即将要去做的几件事来告诉大家我的规划。我在央视的第一档节目，也就是我被观众熟悉的节目是《幸运52》，而后2003年有《非常6

+1》。今年（2013年）4月，中央电视台一套依然会有我主持的节目——《舞出我人生》，同步在其他卫视可能有一个11集的季播节目《爱拼才会赢》。但是这些都是在我的精力之外的事情，我的主要精力还是在中国传媒大学。

既然来到学校，我总得要表示一下，那我拿什么表示好呢？后来我琢磨着，我应该把我的家属带来，因为哈文同学这两年进步很快，所以我想很多同学也想着跟哈文同学有些交流。

⊙ 哈文：我不适合幕前 春晚为荣誉而战

我其实没有做过主持人，因为我没有李咏同学那么自信。今天就是作为李咏老师的家属，同时我也是中国传媒大学的学生，回到学校与大家交流。因为到学校来特别有压力，我们也怕误人子弟，如果不做够很足的功课也觉得对不起大家。虽然我们不太擅长心灵鸡汤，但是我们有丰富的实战经验，可以和大家分享，未来大家从业的时候，至少可以帮助你们少走很多弯路。

我一路走来其实没有特别多的思考，尤其是前十年，对自己职业的规划和人生的方向，没有那么明确。我的本科是中国传媒大学播音系87级的，1995年我在咱们电视系的电视节目制作专业读了双学位。所以，如果想对自己有一些要求的话，我觉得学东西什么时候都不嫌晚，最主要的是找到一个合适自己的位置。就像我刚才说的，我可能不适合幕前，或者以我的性格也不喜欢幕前，因此我觉得做幕后的导演可能会更适合我，也让我更舒服。所以在后期的职业规划当中，我就会按照我自己的个性和我所擅长的来做。最大的感受就是，前十年你应该让自己先积累一些经验，后十年，如果有一些方向的话，可能就会有一些发力点。人生其实很短，我们能够做成事儿的时间也不是很长，所以一定要认真规划。但我知道，你们在18岁到22岁这个年龄段，不可能理解到我现在的这种感受，但是你们未来慢慢地去消化，就一定会受用。

第一次做春晚的时候，我们其实也挺无知的，就好奇为什么不能录播呢，因为那样晚会各方面都会很完美。后来，我们主管春晚的台领导说，录播无法达到所有的表演者、现场人员和所有电视机前的观众"在一起"的感觉，所以就注定了春晚必须要现场直播。但是春晚需要时间、节目、人员、各个工种的配合，体量很大，所以才会有很多次联排。但这些联排，和最后直播的时候还是不一样，连每一场的观众都不一样。今年（2013 年蛇年）的春晚，我们在联排过程中，对时间的把握是非常准的，包括主持人在短短几十秒钟绝对就位；包括演员，因为歌曲类节目比较好控制时长；语言类的节目因为演员一上包袱，观众的掌声比较长，时间可能就长一点。就在那种情况下，我们的时长还是有富余，可是在直播的时候，我们发现时间还是很紧促。因为直播的时候，所有的气氛都只能由现场来决定，它无法变成我们几次联排的 copy（复制品）。而现场直播的魅力恰恰就在于，所有的人都得打起十二分的精神，所有的演员也都得跟打了鸡血似的兴奋，那种在一起的感觉很刺激，所以春晚需要现场直播。

从职业的心理状态上来说，职业和梦想到底有什么不一样的地方呢？走到今天我可以告诉大家，这两者其实真的很不一样：职业是基本要求、底线，可以用四个字来概括——尽职尽责。换句话说，用大学考试的成绩衡量，就是必须 60 分；但是如果你要是想让它更好、更完美，这真的是需要梦想，如果没有关于电视的梦想，是做不到那个非常高的层次的，那么梦想也可以用四个字来概括——尽心尽力。做职业的时候你可能不太会挖空心思，而实现梦想是不求回报的，你会有一种这个事情过程痛苦，但过程之后的成就感、愉悦感是不能拿金钱来衡量的感觉。这也是作为一位职业电视人发自内心的高兴。

我可以告诉你们，我们的整个春晚团队，无论是主管、总监，还是正、副台长，很多都是我们中国传媒大学的，包括团队里的导播，是中国传媒大学 92 级播音系的；歌舞组导演是 2000 年以后毕业的录音系学生；导演是毕业于新闻系的于磊。

第一年春晚，我们的心情就是"我们为什么而战"，因为当时没有什么东西能够让我们亢奋、充满激情、不求回报，那么我们作为一个团队是"为荣誉而战"。但是到第二年，台里说，你们还要继续做第二年春晚，我们团队里面就有人问："哈姐，我们为什么还要做春晚呢？"然后我说："我们为捍卫荣誉而战。"所以我要分享的是，做电视一定要有梦想，如果你没有尽心尽力、不求回报的想法，你是无法做出这种重体力劳动和重脑力劳动高度结合的晚会的，毕竟它是目前中国最大的一台晚会。

李咏：我不是一个精于算计的人，要不然我就从清华数学系毕业了。我媳妇哈文总爱说，你做这一行，怎样能够超越你的职位，怎样能够做得更加出色，那么必然你要比别人付出更多。而我扭转不了很多偶然之后的必然，所以，只能一步一个脚印地往前走。我认为冥冥当中有一条不算定律的规律，有时候走十步就会遇到一次偶然的机遇，但是有太多人在第七步的时候就走不下去了，或者改道了，但是我就傻了吧唧地、"咔咔"地往前走，一下子就踩到第十步上了。人生当中总共就那么几个台阶，所以我觉得要想有所建树，首先要看好你自己所在的位置和你对面的人，比如教你知识的这个人，你要记住；你的恩人，或让你敬仰的人，你也要记住；你的敌人，和你携手的好朋友，让你冷静的、帮你改掉毛病的、给你无限春风的，你都得记住。最终，偶然之后的那个阶段，就得靠自我了。

我来学校干什么其实是特别重要的。由于我的从业经历，我和大家交流的可能并不是我的成功，而是我的偶然；我也不会讲我有什么样的经验，而是会讲很多实战的案例。所以说，我的最大价值是当我参与了最新颖的节目后，我可以赶紧回来跟我们的同学讨论，综艺节目主持人面对这类节目、环境、格式时应该怎么办。综艺节目主持人，往大里说太复杂，但就我们学校来讲，它应该成为一个独立的学科，因为它包容的东西太多太多。我在学了四年播音主持之后，曾经抱着一个非常单纯的心态去接触这个工作，结果一看，发现不对，因为四年只是整个职业生涯中的一点点而已，之后我需要无数个四年把那么多东西都压缩到我的实战中去。所以，综艺节目主持人独立成学科，也是我对我们中国传媒大学播音主持艺术学院的建议。

哈文：从电视导演的角度来看，综艺主持人需要什么样的品质呢？我其实很幸运，既学过播音又学过电视，还从事了那么多年幕后工作，所以我有一些心得体会。播音员，需要的是字正腔圆，但是主持人，需要的是综合能力。这个综合能力的培养仅靠四年的大学生活是不够的。

但是一个好主持人一定得有几个要素。首先，是你爱不爱这个行业。之前李咏也说了，《幸运52》很火的时候，他说他是走了狗屎运。如果一个人要出名，一定要有个人的热爱为依据，你不热爱它，就直接出名，这是不可能的。所以热爱是非常重要的，你要有志于去做这样一件事。在这个过程当中，我觉得成长的过程就是学习的过程。我们四年的集中学习，可能大部分围绕基础课程，但是真正历练综艺节目主持人，靠的是实战经验，这个经验可能是控场的经验、跟观众交流的经验、语态控制的经验。这就是为什么中国的综艺节目主持人其实都是缺的，尤其是缺特别好的，因为我觉得这个历练的过程，也是个大脑提升的过程，它没法一蹴而就。

另外一个非常重要的因素就是做主持人一定要特别。无论如何你也不能说是这个事儿张三干也行，李四干也行，一旦这样你就没有存在的价值了。你要有个性，要与众不同。就像李咏，不管是说他大长脸也好，说他"方便面头"也好，哪怕所谓的光头，至少在形象上，你都有自己的特点，并且这个形态和节目的契合度很高。

所以成就一个真正出色的综艺节目主持人，应该是三个方面：天时，就是需要一种人和节目的共性；地利，就是你真的有一个好的团队；人和，就是主持人的风格和这个节目的风格的契合度越高，就越容易成功。

⊙ 同窗、同事、夫妻：大学求知求偶　回家不谈工作

哈文：我们上大学的时候，没像现在的学生如此缺乏安全感，因为那时候大学毕业还包分配，所以我们没有太多的职业规划，上学的时候也没有那么多困难，最大的困难无非就是怎么通过考试了，而现在的孩子们社会压力都特别大。

我记得那时候"广院之春"比现在还要 high（火爆）。那可是我们大学生活当中最快乐的事情。你只要说开始"广院之春"了，所有的同学都会去看。我们那个时候还有军训，全穿着军装，准备好脸盆、哨子，到台底下起哄。那个时候就有种说法：如果能够在广播学院（中国传媒大学）的舞台上站住脚，那这个人的心理素质就是真的高了。那是 80 年代中后期嘛，思想都很开放，更何况我们也没有那么多压力，所以"广院之春"比现在的气氛可能更 high。而且我曾经还登上过"广院之春"的舞台。

这是我们这一代人非常幸运的地方，我们没有那么多压力，当时非常高兴，玩得也特别 happy（开心），上大学就是来求知、求偶，真的是非常实在，这两样任务完成了之后就等着分配一个好工作就行了。

李咏：我在大学的时候，最痛苦的就是怎么把她（指哈文）追到。

哈文：我们一直秉承着一个原则：回家，不谈工作。这是我们两个人坚持到今天为止，一直这样做的一件事。所有该工作的地方，我们都去工作，但是只要打开家门，就只有家庭生活。我跟李咏是大学同学，在中央电视台又是同

事，后来变成了夫妻，同时我们还有很多节目合作。所以我觉得找准自己的位置就可以了。我是一个节目的制片人，上班时间，我就做制片人的事情，回到家，我就是妻子。李咏也一样，跟我们团队合作时，于我们是主持人，回到家，他就必须是老公，也就不再是著名主持人了。

精彩答问

观众：我想请问哈导，今年春节联欢晚会，我相信很多同学都是一边在看电视，一边在刷人人网。第一个问题就是，开心麻花的小品里"贴小广告"那段，我不知道您当时是怎么想的，是自己黑自己吗？（同学们笑声起）

哈文：开心麻花的那个小品，还真不是我的想法。其实小品在第一次审查的时候，就因为剧情需要，他们当时设计了那个梗，什么叫做传媒？"一传就没"。所以传媒大学都是这样的，传媒大学都是设计小广告的，不是发小广告的。但是在一审的时候，是给毙掉了，因为我觉得这样的话，传媒大学的学生会没人要。但是后来我们在二、三次联排的时候，它改成了传媒学院，可是传媒学院的包袱一点儿都不响，笑点就没有了。最后我们那个审查小组，就觉得还是叫传媒大学吧，因为我们当时在座的审查的领导们全是传媒大学的。最后我们就说，传媒大学应该有这个胸怀吧，我们不一定不可以设计小广告吧。所以这事的来龙去脉是这样的，真的跟我们春晚剧组的关系不是特别大。

观众：因为春晚它不仅仅是一个电视节目，也不仅仅是一个艺术创作作品，比如刚才提到了包袱的问题和"响不响"的问题，提到了传媒大学，当然这样是没有问题的，但是包袱更重要呢，还是它表达出来的信息、产生的连带反应更重要呢？

哈文：既然我们叫传媒大学，我们就必须知道什么叫做传媒。我们真正懂传播吗？传播分有效传播和无效传播，我们举个例子，我在舞台上想表达的，和受众得到的是不一样的，那么这个叫做无效的表达。语言类节目在春晚的舞台上一定是要承载欢乐的，它一定是要带来笑声的，那么这个诉求，传播出去达到了吗？达到了。可能电视机前的观众还没有那么深的认识，但是微博上很欢乐，大家觉得很好玩、很有意思，那么这个传播就叫有效传播。当然可能有一些东西是你无法控制的，那些东西就属于小插曲，但是无论是什么东西，大家在微博上吐槽吐槽，实际上就是要看你的内容。如果这个内容能够带来欢乐，那么它跟春晚的诉求是一致的。但是如果说，我的这个东西恰恰是跟我想要传播的效果相反，那就叫做无效传播，也就很失败了。所以我们既然做传媒，就一定要懂得如何把我们想要传播的东西传播出去。

讲座时间：2013 年 3 月 21 日
编辑：章文颖旨
校对：余佳遥

图书在版编目（CIP）数据

传媒！传媒！——在中国传媒大学听讲座/孙靖主编. —北京：
中国传媒大学出版社，2015.4
ISBN 978 – 7 – 5657 – 1306 – 4

Ⅰ. ①传… Ⅱ. ①孙… Ⅲ. ①传播媒介 – 文集 Ⅳ. ①G206.2 – 53

中国版本图书馆 CIP 数据核字（2015）第 050507 号

传媒！传媒！——在中国传媒大学听讲座

主　　编	孙　靖
副 主 编	王　静　李　伟　张　芊
责任编辑	黄松毅
责任印制	曹　辉
封面设计	拓美设计
出 版 人	王巧林
出版发行	中国传媒大学 出版社（原北京广播学院出版社）
地　　址	北京市朝阳区定福庄东街 1 号　邮编 100024
	电话：86 – 10 – 65450532　65450528　传真：65779405
网　　址	http://www.cucp.com.cn
经　　销	全国新华书店
印　　刷	北京艺堂印刷有限公司
开　　本	710×1000mm　1/16
印　　张	15.75
版　　次	2015 年 4 月第 1 版　2015 年 4 月第 1 次印刷
书　　号	ISBN 978 – 7 – 5657 – 1306 – 4/G·1306　定价 56.00 元

版权所有　　翻印必究　　印装错误　　负责调换